中国日常食史の研究

A Study on the Daily Meal in China
during Qing Dynasty and Republic of China

中 林 広 一 著
Hirokazu NAKABAYASHI

2012

汲古書院

前　言

　そもそも、『中国日常食史の研究』なる表題は大仰に過ぎる。
　その意味するところは読みすすめてもらえれば得心いただけることでもあるが、本書のカバーする範囲は、「中国日常食史」の名称を冠する割には、地域（華中・華南）・時代（清から中華民国）共に大きく限定されている。また、研究の主題、すなわち検討の対象とする食物も、題目に「日常食」の語を含めているにもかかわらず、穀物やイモ類などに限られていて、各種蔬菜や肉類・魚類などの動物性タンパク質の類に対する言及はほとんどなされない。
　当然のことながら、学術書としてこのような名実のアンバランスは好ましからざるものであるが、無論読者を意図的に欺こうとしてこのような表題を選定したわけではない。本書は筆者が 2007 年度に立教大学に提出した博士論文『中国史上における日常食　──清〜民国期、華中・華南地域を中心に』を基にしているが、やたらと冗長なこの標題はそれ故にそのまま書名として用いることには躊躇を覚えるものでもある。さりとて、本書の取り扱う対象・時代・地域を読者に誤解なく、かつ端的なフレーズで伝えることのできる書名はないものか、と頭をいくら捻ってみたところで、筆者に元々そうしたセンスが欠落している以上、適切な名称が思い浮かぶはずもない。要は筆者の非才がこのような大仰な書名の採用に至らしめたわけである。書店にて、或いは図書館にて本書を手にとっておられる方々には、以上のような命名の経緯と本書の具体的な検討対象についてご周知いただき、書名から思い描いていた内容と大きくかけ離れたものと感じられた方は、本書をそっと書架に戻していただければと思う。
　このように本書は名称にいささかの不備を持つものではあるが、それでは上記の如く限定された検討内容そのものもまた不備を抱えるものか、理由

もなく恣意的に選定されたものかと問われれば、そうではない。穀物・イモ類という対象、華中・華南という地域、清から中華民国という時期はいずれもしかるべき理由の下に設定されたものである。それらの理由については序章にて具体的に言及するので、ここでは触れずにおく。

差し当たって、ここでは以上に挙げた検討の対象、そしてその結果として明らかにしえた2つの点、すなわち華中・華南ではコメ以外の各種穀物やイモ類に多くを依存する食生活が見られたこと、そしてそうした食生活の成立は単純に低い農業生産力や国家・地主などの収奪に帰せられるものではないこと、これらをまず提示して本書の対象と主張を明確にしておきたい。

当然、こうした検討結果を目にされた方の中には「そのようなことは自明のことであり、仰々しい形で改めて論証すべきことでもない」と感じられる向きもあろう。現に筆者はこれまでそうした趣旨の内容を助言や批判など様々な形で享受してきた。

ただ、本書の内容に対して以上のような感想をお持ちの方には、「コメ以外の作物に依存する食生活」という生活像が、中国史の専門家であるか否かを問わず、決して広く知れわたった認識ではないことを指摘しておく。これは特に根拠となるデータがあるわけではなく、筆者がこれまで多くの研究者との間で交わした対話を経ての印象に過ぎないが、とりわけ1960年代以降に生まれた世代の大半にはこの傾向が強く見られる。恐らくこれは幼少期より「主食＝コメ」という生活が常態であったこの世代の生活環境と密接に関わるものであろうが、戦前・戦後の食糧難を体験した世代が今後減少していくことと併せて勘案すると、こうした傾向は今後益々強まっていくと推測される。とするならば、本書のようにかつての日常食の姿を実証的に提示することは中国の伝統的な社会・生活の姿を理解するための基礎的な作業として必要とされよう。

また、以上のことに加えて、本書が単に日常食の内容のみを追究したものではないことも指摘しておきたい。すなわち、標題に日常食の名を掲げてはいるものの、本書は食物史あるいは食生活史といった枠組のみに止まるも

のではなく、農業史研究の一端を担うべく消費の観点から中国の伝統農業の姿を捉え直すことをも企図している。この点については序章で触れているが、これまでの農業史研究では農業技術や生産力・生産関係などに研究の重点が置かれてきたが故に、生産されたものがどのように利用されているのか、という消費の側面は等閑視されてきたきらいがある。しかし、この消費に着目することで初めて視野に入ってくる農業の姿や作物の存在があり、そしてそれらは農民の再生産活動にとって重要な意義を有している。本研究はこのような従来見落とされてきた部分を掬い上げて明示しようと試みたものでもある。

　以上、本書の研究対象・主張に加えて本論に先立って申し添えておきたい諸点について簡単に述べておいた。本書に目を通していただくに当たってはこれらの点を頭の片隅にでも入れておいていただければ幸いである。それでは本論に移っていきたい。

目　次

前言……………………………………………………………… i

序章……………………………………………………………… 1

　1.　食に関わる従来の研究　　4
　2.　研究の諸前提　　14
　3.　本書の課題と構成　　27

第1章　「穀」考　－中国史における「穀」分類をめぐって…… 39

　はじめに　　39
　1.　問題の所在　　41
　2.　史料に見える「穀」　　49
　3.　アサ利用の歴史と「穀」　　51
　4.　「穀」概念の変遷　　61
　おわりに　　63

第2章　宋代農業史再考
　　　　　　　－南宋期の華中地域における畑作を中心として…… 73

　はじめに　　73
　1.　華中地域における開発志向と畑作　　75
　2.　農業技術普及の実態　　77
　3.　農村における穀物消費　　81
　おわりに　　89

第3章　都市の食、農村の食
　　　　－清末民国期、湖北省における日常食の階層性……97

　　はじめに　97
　　1.　漢口における日常食　98
　　2.　農村部における日常食　104
　　3.　農民のコメ利用とその背景　117
　　おわりに　120

第4章　移住・開発と日常食
　　　　－清〜民国期、湖南省永順府を事例として…………129

　　はじめに　129
　　1.　清代永順府概観　132
　　2.　営農状況　134
　　3.　永順府における日常食　139
　　4.　畑作作物利用の背景　143
　　おわりに　146

第5章　中国におけるソバについて………………………………155

　　はじめに　155
　　1.　ソバの植物的特徴と名称　157
　　2.　ソバの起源と普及　158
　　3.　ソバの利用法　161
　　4.　ソバの分布　165
　　5.　ソバ栽培の実際とその役割　171
　　おわりに　178

第 6 章　中国におけるヤマイモについて……………………… 189

　はじめに　189
　1．ヤマイモの品種　190
　2．六朝以前のヤマイモ　197
　3．唐以降のヤマイモ　200
　おわりに　215

第 7 章　中国における食芋習俗とその展開……………………… 225

　はじめに　225
　1．食芋習俗の分布　227
　2．食芋習俗の実態　236
　3．食芋習俗の展開とその背景　243
　4．食芋習俗の歴史的展開　246
　その後の海南島　－おわりにかえて　252

終章……………………………………………………………………… 263

後記……………………………………………………………………… 273

索引

中国日常食史の研究

序章

はじめに

　本書は漢族の日常食、すなわち日常的に食卓に供される食事を議論の中心に据え、それにまつわる諸相を明らかにすることを目的とするものである。検討に当たっては特に清代から民国期にかけての華中・華南地域に焦点を定めるが、論述の対象をこれらの時代・地域に求める理由については後に触れることにし、まずは本研究がその主題として日常食を採り上げる理由を述べておきたい。

　その際まず確認しておくべきは人間も含めた生物一般が外部からエネルギーを取り入れることなくして生命活動を維持することができないことである。植物ならば大気中から二酸化炭素と水分を取り入れ、それらから太陽エネルギー利用して炭水化物を生成することで生体維持のためのエネルギー源を確保し、動物ならばそうした植物や他の動物を食べることでそのエネルギーを己が物とし、生命の維持に資している。人間のエネルギー獲得方法が後者に当たることは言うまでもないが、そのような動植物を体内に取り込む行為こそが食事である。

　そして、ここではこの食事について2つの特徴を強調しておきたい。1つは、消費されるエネルギーを補うために食事は定期的に行われる必要があること。もう1つは、生命の維持に食事を必須とするメカニズムが、人種・性別といった生物学的条件や職業・身分・階層といった社会的条件を問うことなく全ての人間に共通するものであることである。これらの特徴からは、あらゆる人間は食事を日常的にとる必要に迫られているという事実が導き出され、転じて日常食が人間のあらゆる活動の基盤をなしていることをも意味す

ることとなる。

　日常食の存在意義はこうした点に求められるが、このような日常食についてその実態を追究する作業は、人間の歴史的な営みの基礎的な部分を明示することにもつながっていく。日常食を検討の対象として採り上げることの社会経済史的な意義はここに求められよう。

　しかし、従来の歴史学はこの日常食に冷淡であったと言ってよい。それは歴史学の中に存した卑近な事柄を研究の対象とすることへのためらいによるところが大きいが[1]、日常食があらゆる生産活動の主体となる人間を根底で支える存在である以上、それをないがしろにした歴史学、とりわけ経済史・社会史研究は現実性を欠いたものにならざるをえない。

　ここでそうした事例として漢族の日常食に対して従来抱かれていたイメージを採り上げ、その問題点を指摘しておこう。漢族の日常食について最も人口に膾炙したイメージとしては華中・華南地域をコメ食文化圏として捉えるものがある。このイメージは淮河と秦嶺山脈に沿う線を境界として中国を南北に分け、北をコムギと雑穀を利用する地域、南をコメを利用する地域と見なすものである。「南米北麦」や「南稲北麦」或いは「南粒北粉」・「北麺南飯」など「南●北▲」といった形、またはその応用で表現されることの多いこの認識は現代中国の食文化を論じる上で頻繁に用いられるが[2]、それは前近代の中国社会に対しても適用される。ここではその一例として森鹿三氏や三田村泰助氏、或いは近年では尾形勇氏の描かれる歴史像に触れておくだけに止めるが[3]、これは何も森氏や三田村氏・尾形氏の創見にかかるものではなく、『清稗類鈔』のような各種史料において既に述べられているイメージである[4]。

　しかし、この「南米北麦」式の歴史像には大まかに分けて2つの問題が存在する。1つは地域性と階層性に関する問題である。南北の内、華北についてはムギを始めとする各種穀類について触れられており、それが華北内の各地域やそれぞれの階層の食の様相を広くカバーすることを可能にしているが、一方で華中・華南について見てみると、果たしていずれの地域、あらゆ

る階層においてもコメ一色の食事がとられていたのかという疑問が湧き上がってくる。この点地域や階層ごとの差異を踏まえつつ検討する必要が求められよう。

　そして、もう1つの問題はそのイメージが歴史的に転用可能なものなのかという点である。論及の対象がコメの高い生産性を実現させた現代の中国であるならばともかく、未だ農業の近代化・機械化が広く行きわたっていなかった中華民国期以前の中国に対しても同様のイメージを当てはめることは可能であろうか。後節でも指摘するが、少なくとも現段階においてそれを実証するような研究は存在しない。むしろ、周藤吉之氏や川勝守氏・北田英人氏らによる農業史研究の成果は中国南部においてコムギが栽培・利用されていた事実を提示しており(5)、それは「南米」のもたらすイメージとは別のベクトルを指し示すものだと言える。つまり、民国期以前の華中・華南社会全体を対象として検討を行うならば、イネ以外の作物についても配慮が求められる。

　以上の事例は日常食をめぐる認識と実態のズレを示すものである。ただし、このズレの影響は食という場のみで完結されるものではない。イネ（コメ）やコムギと関わりを持つ諸要素、例えば土地制度・租税制度・商業形態・流通・物価・開発などに対するイメージにもまた実態から乖離した部分を生み出し、その修正が必要とされることになろう。

　このように細部に対する認識の欠落は結果としてその経済・社会の全体像にも影響を及ぼし、その歴史像と実態との間に大きなズレを発生させている。このズレを修正するためには、社会の基盤を形成する直接生産者が再生産活動に従事する背景にはどのような食生活が展開していたのかを追究する基礎的な作業が必要とされ、ここに本書において日常食を採り上げる理由が存する。

　以上、本書の目的を提示できたところで、次に従来の研究が食というテーマをどう捉えてきたのかを概観していこう。この作業を通じて従来の研究の傾向とそれが内包する問題点を確認でき、また本書で採るべき研究の方向性

もまたより明確に打ち出すことができよう。

1. 食に関わる従来の研究

　本節では食に関わる従来の研究について確認し、またそれらの研究について本研究での関心に引き付けつつ問題点について簡単に指摘しておきたい。

　さて、ここで言及する食物史という研究分野は料理そのもののみならず、食材や調理法或いは調理器具や食器といった道具、食事のマナーなども研究対象とするが、無論それだけで食にまつわる諸相を描き尽くせるわけではない。食物史の研究によって明らかにされる事実は主として消費の側面からなされるものであるが、それに加えて料理の材料となる食材はどのようにして獲得されたのかという生産の側面からの検討もまた必要とされ、そうした両面からの検討を経ることで、初めて当該社会における食の占める位置を確認することが可能になろう。

　それでは、食を構成する食材はいかにして獲得されていたのか。一般に食材と言うと、それは穀物・蔬菜・果実・魚介類・海藻・肉類・鶏卵などから成り、これらの直接的な獲得は農耕・漁労・狩猟・採取などを通じて行われる。しかし、後に言及するように中華民国期以前の中国では摂取カロリーの大半は穀物から獲得され、蔬菜や魚介類・肉類といった食材から得られるカロリーは1割前後に止まっていた。このような食の傾向は、農耕が食材の獲得において漁労・狩猟・採取といった手段を遥かに上回るウエイトを占めており、またそれ故に日常食の歴史を生産の側面から捉えるには農業史研究に対する理解が何よりも重視されなければならないことを示唆する。

　そこで、以下では食物史・農業史の研究動向について概観し、その特徴と問題点について指摘していきたい。

(1) 食物史の視点から

　まず中国食物史の研究から見ていこう。日本や中国におけるこの分野の研究を眺めていくと、それが決して近年になって目を向けられた分野ではなく、またその研究の量も少なくないことに気づかされる。食物の歴史について触れた著作としてはすでに 1911 年に張亮采『中国風俗史』が出版されており[6]、またそれにやや遅れて 1929 年には董文田「中国食物進化史」[7]、1931 年には陸精治『中国民食論』[8]、1938 年には尚秉和『歴代社会風俗事物考』[9] が、そして 1940 年代後半には青木正児の飲食に関する一連の著作が世に送り出された[10]。

　以上の論著の他にも、20 世紀初頭以来食物史に関する著作は数多く発表されている。それらは対象とするテーマや時代をより限定したものであり、そこには研究成果の着実なる蓄積が見受けられるわけであるが、一方で通史的かつ実証的に中国食物史を取り扱った著作となると、その出現にはもう少し時間が必要とされ、日本では 1974 年に篠田統『中国食物史』[11] が、中国では 1999 年に徐海栄編『中国飲食史』[12] が公刊される。これらの著作は原始社会から 20 世紀に至るまでの食物の歴史を叙述の対象としたものであったが、特に後者は全 6 巻、4000 ページにわたる本格的な通史であると言ってよい。

　個別の実証研究に目を向けても、質の高い成果が見られる。近年のものに限って言えば、中村喬氏の一連の研究は、料理書を始めとした各種史料を博捜することで様々な料理や調理技術の実態、そしてその変遷を明らかにした極めて実証性の高いものであったし[13]、塩卓悟氏は各種史料から宋代の肉食とそれを忌避する言説を分析し、肉食をめぐる諸現象とその背後にある社会状況との関わりを明らかにされた[14]。また、実証的な研究ではないものの、梅原郁氏の成果は食に関する実態を採り上げ、またその背景についても言及されている[15]。

　また、食物史という枠組みからはやや外れるが、清代中国における食糧需給状況を論じた安部健夫氏や王業建・黄国枢両氏の研究もまた食の問題に

- 5 -

関わる成果である[16]。これらの研究は档案史料の網羅的な収集とそれを基にした分析を通じて地域ごとに食糧生産に余剰のある地域と不足する地域とを明らかにし、また流通・漕糧・倉穀・米価など食糧に関わる問題に議論を波及させつつマクロな視点から食糧の需給状況について論じたものである。

これらの研究成果に加えて、『中国食経叢書』のような史料の収集・刊行[17]や史料の訳注作業[18]、中国の食物に関する各種事典類の公刊[19]もなされている。こうした成果は中国の食物史或いは食文化そのものに対する関心の高まりを示すものとして見てよい。

無論、以上に採り上げた著作や論考は当然のことながら膨大な数にのぼる諸研究の内の一端にすぎない。これらの論著の存在は中国食物史研究が盛んに行われていることの証左ともなるが、一方でこれらの研究にはいくつかの点において問題が指摘されるのもまた事実である。1つは、従来の研究には関心が食材や料理そのもの、或いは調理法にのみ向かっているものが多いことである。そのためその研究は食材や調理法の変遷といった歴史的な側面やその食物が食べられた時代背景などに触れることがなく、食材や料理名の羅列に終わってしまい、平板な印象を与えるものも少なくない。むしろ、先に名を挙げた方々の成果は例外的なものであると言える[20]。

もう1つは研究の対象に偏りが見られることである。しかも、この偏りは2つの面において見られる。すなわち、実際に食事をとる主体の属する階層という面と、食事がなされる状況という面である。この2つの偏りは本研究とも深く関わる特徴であるので、ここでは両者について具体的に見ておきたい。

まずは前者の階層性の問題について。これまでの研究において特徴的であったのは、『随園食単』などのような料理書と呼ばれる史料が研究の対象として高い頻度をもって取り扱われていることである。確かにそこに見える料理や調理法からは当時の中国における食材の多様性や調理技術の高さを見て取ることができ、これらの史料が食物史について論じる上で重要なものであることは否定できない。しかし、これらの史料がいずれも識字能力の高い

知識人層によって書かれたものであることには注意する必要がある。

　例えば、『随園食単』の作者である袁枚もそうした知識人の一人である。袁枚は乾隆朝初期の官僚として江南の各地において知県を務め、辞職後は任期中に南京の地で購った別荘にて詩作と遊歴、そして美食に明け暮れる余生を送っている。こうした袁枚の生活を支えたのは官僚時代の蓄財と退任後の文筆活動であった。特に売文によって袁枚の懐は相当豊かなものになったようであり、それが彼に豪奢な生活を許していた[21]。『随園食単』はこうした生活の賜物であるが、当然そこに載せられたそれぞれの料理もまたその生活に見合うだけのものであった。

　無論、料理書の編纂に携わった士大夫が全て袁枚のように恵まれた環境の下にいた人物であるわけではない。しかし、料理書の内容を検討すれば、その内容が一定の水準を上回る階層の生活を反映したものであることは自明であると言え、そこに農民や工業労働者のような生産の現場に直接携わる低い階層の人々の食事が採り上げられることはなかった。こうした意味において料理書を用いた研究が、用いる側が意識するか否かを問わずして高い階層の食事を強く反映させたものになっていたことは否めない。

　同様のことは『東京夢華録』や『夢粱録』といった都市の生活を扱った史料、或いは「清明上河図」などの絵画史料を用い、当時の飲食について言及した研究についても言うことができる[22]。これらの史料は、中国史においていわゆる社会史を構成する史料が極めて少ない中で、その生活様式について細部に至るまで言及しているという点において高い評価が与えられるべきものである。ただ、一方でこれらの史料に描かれた社会にはある種のバイアスがかかってあえて触れられていない側面もまた存在している。例えば、塩卓悟氏は宋代における肉食文化を検討する中で、ウシ・イヌ・ロバ・ウマ・カエル・ヘビといった動物が食材として扱われている様が上記の都市史料では記されていないことを指摘し、こうした現象の背景に、ウシ・イヌ・ロバ・ウマなどを食べることが反社会的活動とされていたこと、カエル・ヘビは悪食の対象として見なされていたことなどの食物観を見出されている[23]。

このように史料中に記されない存在に対しては様々な理由によって説明されうるが、その主たるものに都市史料が都市の華麗なる姿を描き出そうとする方向性を有していること、換言すれば都市の中の醜いもの、汚いものを意図的に排除する性格が見られたことは確かである。であるからこそ、都市史料の書き手である知識人は高い階層の文物・生活に紙幅の多くを割くこととなり、庶民の生活に触れる機会は自然と減少する。上の例に即して言えば、カエルが庶民にとって重要なタンパク源であったにもかかわらず、史料中でそれに触れられることがないというアンバランスはこのような理由に依拠するところが大きく、そして同様の理由によって記述を忌避される庶民の食事は数知れぬほど存在すると考えられる。このように食にまつわる記載がなされる背景には執筆者が己に向けてかける意識的或いは無意識的なバイアスが想定されるが、従来の研究にそこに留意した研究は少なく、結果としてそれら史料を利用した成果も同様の性格を帯びることになる。

　次にもう1つの偏り、すなわち食事がなされる状況という点について見ておこう。食事がなされる状況という表現では理解しづらいかもしれないが、ここで採り上げたいのは、研究者の関心が食卓に毎日あがる日常的な食事と非日常的な食事のどちらに向いているのかという問題である。この両者を比べるならば、従来の研究は圧倒的に後者に傾いていると言いうる。そして、非日常的な食事の中でもとりわけ研究者の関心を引いたのが宴会の場に出される料理と元宵・重陽といった節句の日に出される料理であった。

　前者の宴会の料理については史料が比較的残っていることもあり、それに言及する研究は多い。前掲『中国飲食史』など中国食物史に関する専著の大半は宴会の食事を取り扱っている。また、中国の節句に対しては民俗学的な関心から着目されたこともあって数多くの論著が公刊されてきたが、特定の節句に食べられる料理に限ってみてもその研究は枚挙に暇はない。王仁興『中国年節食俗』[24]や中村喬『中国の年中行事』[25]、中村裕一『中国古代の年中行事』[26]はこうしたテーマを取り扱った論著であり、そこでは年糕・粽子・菊花酒といった料理について史料を広く挙げてその起源から説き起こし

ている。

　こうした傾向は史料の残存状況によるところが大きい。前掲『随園食単』などのような料理書は当時宴席において供された料理を数多く記録し、また節日については『荊楚歳時記』を始めとする歳時記が節日について詳細な記録を残し、これに加えて前掲『東京夢華録』を始めとする都市史料或いは各種筆記史料もまた節日の料理について言及している。無論、これらの史料が食物史研究にとって重要な史料であることは言をまたないが、それのみを利用して中国における食生活を論じようとしても、そこからは必然的に一面的な食の様相しか浮かび上がってこない[27]。従って、食の総体的な姿を浮かび上がらせるためには、欠落した日常の食の情景を描こうとする姿勢が求められよう[28]。

　このように従来の中国食物史研究はその成果によってかつて中国において営まれた食生活の諸相を明らかにすることに成功したが、一方でそれが問題点を抱えていたこともまた否めない。特に研究対象の偏りという問題は本書のテーマと密接に関わるところであるが、同様の問題は中国農業史研究の中にも見ることができる。次項では清代を中心とした農業史研究の動向とその問題点について見ていこう。

(2) 農業史の視点から

　改めて指摘するまでもないが、日本における中国農業史研究は加藤繁氏のそれを嚆矢とする。加藤氏の研究はイネやダイズ・サトウキビなど個々の作物を採り上げ、それらについて検討を加えるものであった[29]。特にイネの品種に着目した2編の論考においては、各種史料よりイネに関する記載を広く収集して、その品種の整理・分析を通じて早稲から中稲・晩稲への品種の分化や二期作の存在について言及し、後の議論の礎を築き上げられた。

　しかし、戦後研究の潮流が「世界史の基本法則」が中国史に適用されうるか否かを検証する方向へと向かっていったことから、研究者の関心は農業そのものからややずれた分野へと移行した。例えば、この時期の論争として

は西嶋定生氏の研究に端を発する明清期の商品生産をめぐる論争や宮崎市定氏と周藤吉之氏との論争を中心として展開した地主佃戸論争が代表的なものであるが[30]、ここで主たるテーマとして扱われたのが農村工業であり、地主制であった。これらの研究は生産活動としての農業に直接関わるものではなかったため、この時期に明清期の農業について正面から論じ、研究成果を世に送り出していたのは天野元之助氏のみであったと言いうる。

天野氏の中国農業史研究は時代・地域・テーマいずれにおいても幅広い対象を扱ったものであったため、明清期の農業のみを研究対象としたわけではないが、それでも各種食糧作物や商品作物の栽培或いは農業技術・作付様式・農業経営等について言及し、明清期の農業の全体像を提示された点においてその功績は大きい[31]。

そして、こうした天野氏の成果を踏まえつつ明清期の農業の実態をより深く立ち入って解明しようとしたのが足立啓二氏や川勝守氏・北田英人氏である。足立氏による研究成果は小経営生産様式の歴史的発展を明らかにすることを意識したもので、この問題意識は氏の参加した中国史研究会における共同討議を踏まえて生み出されたものであった。そもそも中国史研究会は議論の目的を中国前近代社会の発展諸段階の明確化に定めていたが、そのため指標として用いられたのが小経営生産様式という概念あり、それは下戸・奴婢・均田農民・部曲・荘客・佃戸・傭工など各時代に様々な形で存在していた自作農の経営形態を指していた。雇用関係や身分関係など直接生産者にまつわる各種社会関係を捨象し、生産に携わる者全てに共通する要素としての自作農の経営形態に着目し、そこに見られる生産力とその歴史的発展を捉えることで、上述の目的を達成しようとした[32]。

足立氏の各研究はこうした問題意識のもとに進められ、清代を対象に含めたものに限ってみても、華北から江南の各地方、そして主穀生産から商品作物生産に至るまで、当時の農業のあり方について実に手広く言及されている。まず、江南地方の農業については、停滞的に捉えられていた従来の見解に対し、農業技術や耕地条件・品種の改善が見られたこと[33]、また商業的農業

を推進する富農も現れ、こうした経営が一定の広まりを見せていたことを明らかにされ[34]、そしてこうした富農経営を支える存在であった大豆粕などの肥料に対しても検討を加え、その利用や流通及びそれと連動した農業経営の変化についても論じられた[35]。一方、華北地域の農業については、各種農書の検討結果を踏まえて華北農業から3つの類型を抽出し、それぞれの類型に見られる技術・経営上の特徴とその変質を指摘された[36]。

一方で、川勝氏の研究は明清期の江南地方に対象をしぼりその農業経営や農業技術の実態の解明に実証的に取り組んだものであった。とりわけ江南地方の地方志を網羅的に渉猟し、それらの史料の分析を行論に生かしている点に氏の研究の特徴があると言え、中でも稲の品種の地域性とその特質を明らかにした研究[37]や春花と呼ばれる冬植え作物を栽培サイクルに組み込む現象を長江流域の各地域に見出した研究[38]、綿花栽培の実態とそれに対する地主と佃戸との対応の様を描いた研究[39]はこうした研究の代表的なものである。

また、北田氏は太湖デルタ地域における二毛作の普及という問題を宋から清という長いスパンの中で検討された[40]。北田氏はデルタ内の土地条件及び生態条件の差異を踏まえた二毛作の普及状況について検討を行い、詩文も含めた史料の博捜とその整理・分析によってその変遷を明示されている。

こうした日本での研究状況に対して、国外の農業史研究はどのような展開を見せたのか。中国における研究は70年代に至るまで生産関係が主たる対象として取り扱われていたため、多方面からの総合的な研究は80年代を待たねばならず、また欧米の研究状況も70年代以前においては決して活発であるとは言えない。そうした中でD・H・パーキンス氏が1969年に*Agricultural Development in China*を公刊されたのは特筆に価する[41]。パーキンス氏は明代から20世紀半ばに至る期間を対象として土地所有形態や生産性・各種農業技術など多方面にわたる検討を行い、その結果として明清期の農業について耕地面積の拡大が確認されるものの、農業技術の発展についてはわずかなものに止まったとする見解を提示された。

80年代以降中国では『農業考古』・『中国農史』など中国農業史の専門誌が創刊されたことと相俟って研究が一層盛んになっていくが[42]、このような中で明清期の農業を停滞的に捉える見解を支持する論者は多い。王業鍵氏や川勝守氏はそうした論者の代表であるが[43]、こうした趨勢に対して李伯重氏は明清期の江南地域の農業を対象とした研究を行い、それを通じて当該時期の農業生産活動の中に発展性を見出された[44]。李氏は従来の研究が農業技術の発明された時期にとらわれていることを批判すると共に、経済的に重要な意味を持つのが技術の改良と普及であることを指摘し、そうした視点の元で栽培品種・耕作技術・肥料・栽培サイクル・労働効率・生産性などの諸要素について再検討を行われた。そして、明から清という時代の流れの中で江南農業の中にも変質は各方面に見られ、それは発展として捉えることのできるものであったことを指摘された。

　李氏の研究の特徴は欧米社会に基盤を持つ尺度によって経済史を理解することに疑義を呈し、中国の農業にまつわる生産条件を重視した上で歴史像を構築しようとする点にある。水稲作に基盤を置く江南農業は人力への高い依存性を特徴とし、欧米の農業とは大きく異なることから、中国の農業発展を評価するには内在的な論理をもって行うべきとする主張がそこではなされているわけであるが[45]、こうした研究の姿勢とそれに基づく成果は極めて高く評価されるべきものであろう。

　以上、明清期の農業史研究に関する代表的な成果について概観してきた。これらの研究を通じて我々は明代以降の中国農業の全体像を看取することができるわけであるが、一方で先に指摘したように従来の研究には偏りが見られたこともまた否めない。その偏りとは、1つは研究対象に当時の農業経営の先端にあった地域が多かったこと、もう1つは特定の作物のみが研究対象として採り上げられたというものである。

　まず前者から見ていこう。農業経営の先端に当たる地域とは言うまでも無く集約的な富農経営を実現させた江南地方であり、また二年三作の栽培サイクルを定着させ、各種商品作物の生産基地にもなった華北平原のことであ

る。これらの地域における農業生産が清朝にとって重要な意味を持っていたことは否定すべくもないが、一方で華中・華南の大半を覆っていた山地にはこれまで目が向けられてこなかった。無論、「山区経済」という概念を提唱された傅衣凌氏の成果は山地における商品生産が清朝経済の一翼を担っていたことを示す極めて重要なものであるが[46]、山地或いは山村に対する日本史や民俗学の成果と比べるならば、それは量的に劣ると言わざるをえない[47]。農業史研究にこうした傾向が見られるのは戦後の中国経済史が発展の軌跡を追うことに重点を置いていたこと、そのためには経済の先端を体現する分野・地域に対する検討を進める必要があると認識されていたことに原因があるが、少なくとも特定の時代に対する総体的な評価を下すに当たって、先進的な要素のみを採り上げ、比較検討の対象とすることはそれほど大きな意義は持ちえない。むしろ、後進地域も含めた形でどの程度の生産性が見込まれたのかを把握する必要があるように思われる。

次に後者について。ここで言う特定の作物とはコメやムギの穀物、ワタ・タバコ等の商品作物、そしてトウモロコシ・サツマイモといった新大陸作物のことを指すが、上記の諸研究を見ても分かるように従来の研究はこれらの作物が常に論述の中心にあった。無論、これらの作物に研究者の関心が集中し、その認識が深められてきたのは故無きことではない。これらの作物はいずれも明代以降の中国社会にとって欠かすことのできないものであり、前節で採り上げた清代の社会を特徴付ける諸要素はいずれもこれらの作物を抜きにしては語りえなかった。例えば人口の増加とそれに伴う移住・辺境開発を支えたものがトウモロコシやサツマイモであったし、また江南を中心として展開した手工業の発達と深い関わりを見せていたのがワタやタバコであった。そしてこの江南地方における各種経済活動は各地から送られてくるコメ・ムギといった食糧作物に頼ることで初めて成立可能となるものであった。

しかし、従来の農業史研究が何をどのように生産するかという点を重視してきた半面、そのような作物がどこで誰によって消費されたのかという点には関心を向けてこなかったこと、そしてそれが故に従来の研究では視界に

入ってこなかった作物があることには注意すべきであろう。網野善彦氏の指摘によれば前近代日本においてコメは貨幣としての性格も持ち都市や非農業的な生業が営まれる土地に流れていき、イネを生産する場である農村地帯ではかえって雑穀が重要な食料源であったという[48]。こうした見解は生産物がどのように利用されたかという消費の視点を強く意識したものであり、またそれ故に都市から農村、高い階層から低い階層まで広い範囲に配慮した見解になりうる。言うまでもなく、こうした視点は従来の農業史研究には見受けられない。消費よりも生産、換言すればどう利用されたかよりもどう作られたかに関心が集まり、それに生産力の先端を追究する研究志向が加わった結果として、農業史研究では特定の作物しか扱われないという傾向が色濃く見られた。

　以上のように、従来の農業史研究も食物史研究と同様に偏向を見せていた。そして本書のテーマである日常食の実態を明らかにしていくためには、これまで光の当てられなかった部分に目を向けていくことが要請されよう。

2. 研究の諸前提

　さて、次章以降では先に提示した問題意識を受けて日常食をめぐる諸問題について検討していくわけであるが、それに先立ちここで検討の前提となる2つの事柄について確認しておきたい。

　1つは検討の対象となる時代と地域についてである。冒頭で触れたように本書は清から中華民国という時代、華中・華南という地域を中心として検討を行うが、時代・地域をこのように限定する理由はどこにあるのか。それを確認するために清から中華民国にかけての華中・華南地域がどのような社会であったかを概観しておきたい。

　もう1つは日常食という言葉が示す内実である。同様に冒頭において日

常食を「漢族の食卓に日常的のぼる食事」と表したが、その食事がいかなる食物で構成されていたかを見ておく。当然のことではあるが、中国で利用されたありとあらゆる食物が本書で言及の対象になるわけではない。それは食物ごとに利用頻度が大きく異なり、その全てが日常食たりえたわけではないからである。そこでいかなる食物が日常食としての条件を備えているかを大まかながらも確認し、検討対象を限定することに対する妥当性を提示しておきたい。

以下、この2つの事柄について見ていくことで、検討の対象を明確にしておく。

(1) 清－民国期、華中・華南社会概観

17世紀に中国全土に対する統治を実現させ、20世紀の初頭にその幕を下ろす清という国家はこれまで様々な形で論じられてきた。非漢族を皇帝に擁しながらも数世紀にわたって膨大な人口の漢族と広大な領土の統治を実現させた国家であるために、そしてその後期には頻発する反乱と西洋近代国家の圧力にさらされた国家であるために、清朝は様々な角度から語られてきた。よって清朝を論じる上でのキータームは数多く存在するわけであるが、論述の対象を華中・華南の社会に限定するならば、移住という現象が極めて重要な意味を持つことは誰も否定できない。そこでまずはこの移住に目を向けてみたい。

人口史研究の成果に従うならば、中国の人口は北宋の後半に入って1億人を突破し、それから清朝の成立に至るまでの間、政治的分裂と統合、社会的混乱と安定を繰り返す中で1億のラインを突破するかしないかの水準を保っていた。無論、王朝交代期におこる戦乱などによる増減は見られたが、それも多くとも4000万人程度の増減に留まるものであった。しかし、清朝の成立を経たのち人口は急激な増加の趨勢を見せ、18世紀末には3億人を、清末民初に当たる20世紀初頭には4億人を超える勢いを示す[49]。

このように増大する人口は必然的に耕作地の不足をもたらし、人口過密地

域から過疎地域への移住を促すことになる。それも一部の地域のみに限られた話ではなく、華中・華南全体を巻き込んだビリヤード現象として現れる。従来の清朝史研究はこうした各地で発生する移住の様子を的確に捉えている。鈴木中正氏[50]や安野省三氏[51]の研究は四川・陝西・湖北にまたがる秦嶺山脈に移住・開発の手が伸びる様を論じ、山田賢氏の一連の成果は四川への漢族の移住・定着という現象を特定の宗族をモデルとしつつ描いている[52]。

　四川へと向けて流れていく人の波は、江西から湖北・湖南へ、湖北・湖南から四川へという東から西への動きであったが、清代の移住現象は止まることを知らず、針路を南へと向けていく。すなわち、四川や湖南で飽和しつつあった人口は雲南・貴州・広西の各省へも押し寄せ、土着の非漢族との間で摩擦を起こしつつもその生活圏を拡大させていく。塚田誠之[53]・武内房司[54]・菊池秀明[55]等各氏の成果は、そうした南へと進出してくる漢族と、適合・反発など多様な形でそれに対応する非漢族の姿を明らかにしている。

　このように清代を通じて絶え間なく見られた移住と定着という動きは当然のことながら移住先での開発を進展させる。それは農・林・工・鉱と様々な産業の形で見られたわけであるが、各地での産業の発展は地域間の結びつきを強固なものにし、市場圏とでも言うべきものを構成していった。山本進氏の指摘に従うならば、それは一極的な市場構造から多極的なそれへの展開である。すなわち、明代までは産業の進展が著しかった江南地方が市場の中心となり、当時の市場は、商品生産に従事し周縁に向けて各種生産品を提供する中心（江南）とそれを享受しつつ中心に向けて食糧を供出する周縁地域という関係から成り立っていたが、清代に入ると各地で砂糖やタバコなどの高付加価値商品やワタ・絹といった移入代替製品の生産が発展し、一極的な市場構造からの脱却が図られた。その結果として、湖北・湖南・四川、四川・雲南・貴州、福建・台湾、広東・広西といった4つの市場圏が新たに析出され、それぞれの圏内で生産品と食糧のやりとりがなされることになる。そして、こうした市場構造は清末にインド棉を始めとする外国製製品・原料の流入によって変質を来たすまで維持されていた[56]。

無論、市場の多極化はそれぞれの市場圏が孤立化を選択していったことを意味するわけではない。市場圏の間での商品のやりとりが途絶することはなく、それは中村治兵衛氏や北村敬直氏・安部健夫氏の諸研究からも明らかであるが[57]、一方で市場の多極化は確実に各地域に固有の問題を生み出していった。食糧の供給はそうした問題の1つであり、慢性的な食糧不足に悩む地域と穀倉地帯を擁する地域との間で食糧をめぐって激しいやりとりが繰り広げられることとなる[58]。また、食糧不足は各地で民衆暴動の呼び水にもなったため[59]、清朝政府はこうした流通のあり方について極めて過敏になり、その対応におわれた。

　清朝の華中・華南は一貫して上記のような社会・経済の下にあった。そこには漢族の生活・活動範囲の面的拡大とそれに伴う開発の進展・産業の発達が見られた反面、在地民と移住民の摩擦・民族問題・食糧問題・地域間格差の拡大など各種の問題をも胚胎させていた。漢族の生活圏の拡大という現象はプラスの側面のみならずマイナスの側面をも伴うものであったと言える。

　ところで、このような社会的変化が清代に入って初めて顕現することには注意を要する。華中・華南に限って述べれば、明代以前と清代では社会の様相は大きく異なる。明代までの社会は江南地域と沿岸部を中心とした発展を見せるが、清代に入ると内陸部でも経済的な発展は顕著なものとなり、ついには上に見たように一体性を持った市場が地域的に形成されるに至る。

　以上の現象の起爆剤となったのは人口の増加とその未開地への移住であったが、人口増と移住に端を発する社会の変化は中華民国期の華中・華南社会においても依然として続いていた。特に雲南・貴州といった西南中国へ向けた移民の動きが活発であり、漢族社会は着実に拡大していた。

　これに加えて、19世紀後半以降進められた西欧列強の進出もまたこうした人や物の動きを一層進めていく。欧米各国や日本の商社は茶や綿布・植物油等の産品を目的として沿岸地域はもとより内陸部へも進出を果たすことが可能になり、その結果各地で莫大な投資が行われ、産業の活性化や各種インフラの整備が促された。

本書が清・民国期の華中・華南地域に着目するのはこうした状況を踏まえてのことである。確かにこの時期を通じて「伝統中国」と称される社会、中華人民共和国成立以前の旧農村社会は形成されるが、それは激しい社会経済的変動を背景として地域ごとに多様な形で展開していったものであって、決して静的に把握されるべきものではない。このような社会の下にあって、当時の食のあり方は「南米」という形で簡単に済ませられるものなのか。清から民国期の華中・華南社会を眺めていくと、平坦な日常食像に対する疑問が改めて喚起されるが、本書が上述の通りに時代・地域を絞り込むのはこうした社会状況を踏まえてのことである。

(2) 検討対象としての日常食

　次に本書の主題である日常食の内容となる食物について確認しておくが、一概に食物と言っても、それは実に様々な動植物を含んでいる。ただ、先に触れたようにこれらの食物いずれもが日々の食卓に並んでいたわけではない。特に本書で中心として取り扱う直接生産者の日常食について言うならば、食物の中には毎日のように目にする食物もあれば、1年に数度の割合でしか供されない食物もあり、更には一生口にすることの無い食物すらあるため、あらゆる食物を日常食として扱うことは適切ではない。よって議論を進めていくに当たっては、いかなる食物が日常的な食生活の中に登場したのかという問題に対する回答を提示し、以後の検討における対象を明らかにしておく必要があろう。

　上記の問題に対して、ここではロッシング・バック氏の手になる農村調査報告に依拠しつつ考察を進めていきたい。バック氏は農業経済学者として日中戦争直前まで金陵大学に奉職していたが、1929年から33年にかけて東北地方を除く中国全土を対象として大規模な農村調査を実施し、農業経済に関わる様々な項目について調査を行っている。その調査結果は本文と統計資料・地図からなる *Land utilization in China* として公刊されたが[60]、その調査項目の中には農民の栄養状態に関するものも見られ、そこからは中華民国期の

農村における食の実態を窺うことも可能である。以下、上記の調査報告より日常食の様相を探っていくが、本調査は中国全土を対象としたものであるため、ここでは差し当たり本書に関わりのある華中・華南地域の調査結果に限定して議論を進めていきたい。

　以下に挙げる表0-1はこの方針に従って本書統計集の第三章第五表「毎成年男子単位毎日消費熱量総計及各類食物所供給熱量之百分比」を再編集したものである。一見して分かるように、本表は調査地域の偏りなどの短所を抱えており、これに全面的に依拠した議論を行うことは差し控えなければならないが、これらのデータをもとに日常食に関する大まかな特徴をつかむことは許されよう。

　まず、エネルギー摂取量について見てみると、バック氏も指摘しているように、大半の調査地では摂取水準を満たしていたことが窺われる[61]。仮にここで検討の対象とする漢人像を男性・30～49歳の肉体労働者と擬定し、現代の栄養学の成果よりエネルギー必要量を求めるならば、それは3,050kcalとなるが[62]、多くの県ではエネルギー摂取量が3,000kcal前後に達しており、この必要量を満たしていたことになる。一方で、全67県中それを大幅に下回るのは泰・徳清・桐廬・南平・彭沢・都昌・遂寧・達・容・邕寧・南雄・定番の12県に止まり、全体の5分の1以下にすぎなかった。無論、後に見るようにバック氏の調査は富農層の生活を強く反映したものであるため、こうしたエネルギー摂取状況をそのまま受け入れるべきではない。貧困層の食生活を考慮するならば、この摂取量はいくらか下方修正せねばならない。とは言え、修正前の摂取量が3,000kcalという高い数値にあるならば、修正を施したとしてもその摂取量は人を直ちに飢餓状態に至らしめるような値になることはないと推測される。従って、調査当時にあって中国の民衆は再生産活動が可能な程度のエネルギー量は摂取していたと見なすことができる。

　それでは、こうして摂取されたエネルギーがいかなる食物から獲得されていたのか、次にこの点を見てみよう。ここで特徴的なのはエネルギーの大

表O-1 地域別エネルギー摂取状況

県名	カロリー摂取量	供給カロリー占有率							
		穀類	豆類	植物油類	芋薯類	蔬菜類	動物製品	果実類	糖類
安徽									
鳳陽	3,006	76.1	20.9	1.1	0.4	0.8	0.7	0	—
和	3,962	92.6	0.3	2.4	0.9	0.6	2.7	0.1	0.4
合肥	3,026	94.6	0.8	1.2	1.2	0.8	1.3	—	0.1
六安	3,732	90.5	3.1	2.3	—	0.6	3.2	0.1	0.2
太湖	3,070	80.5	4.0	5.6	1.9	1.9	4.9	0.2	1.0
蕪湖	4,539	94.3	0.5	1.7	0.1	0.6	2.5	—	0.3
休寧	4,172	83.4	3.7	5.4	0	3.7	3.3	—	0.5
江蘇									
常熟	2,999	83.6	7.0	1.7	0.6	1.5	2.5	0.1	3.0
阜寧	3,730	91.0	4.1	2.1	1.3	0.8	0.7	—	—
淮陰	2,981	66.7	3.6	3.7	23.8	1.0	1.2	0	0
江都	4,471	73.9	2.7	6.5	0.3	0.7	12.8	0.2	0.9
泰	2,642	94.3	1.5	2.3	0.5	0.8	0.6	0	0
武進	4,261	86.3	4.1	2.4	1.7	1.4	2.9	—	1.2
武進	3,576	82.3	7.5	2.4	1.7	1.2	3.9	0.1	0.9
浙江									
嘉興	3,012	72.4	15.2	4.8	0.6	0.1	4.0	—	2.9
徳清	2,352	84.6	6.1	2.2	2.1	0.7	2.4	0.2	1.7
余姚	3,843	92.3	2.0	1.6	3.3	0.6	0.2	—	—
奉化	3,107	82.8	1.7	0.6	5.7	4.1	3.5	0.1	1.5
臨海	2,919	76.9	7.4	—	7.5	1.9	4.9	0.1	1.3
麗水	2,946	71.4	5.5	4.6	10.7	1.0	5.1	0.1	1.6
淳安	4,003	85.4	5.3	1.9	0.5	1.0	5.3	0.1	0.5
湯渓	3,347	85.5	5.8	2.0	1.0	1.0	4.2	—	0.5
桐廬	2,630	88.0	0.7	6.5	0.6	1.6	2.1	—	0.5
桐廬	2,984	87.3	1.1	4.9	2.0	2.0	2.2	—	0.5
永嘉	4,062	89.5	1.2	1.3	3.3	1.2	2.8	0.2	0.5
福建									
南平	2,088	94.0	0.7	0.4	0.5	1.9	2.1	0	0.4
恵安	3,134	28.2	8.8	4.0	50.0	0.7	7.1	—	1.2

莆田	3,335	72.0	4.6	7.8	11.0	0.5	2.9	0.5	0.7
江西									
彭沢	1,882	89.7	1.2	3.2	0.6	1.2	3.2	—	0.9
浮梁	4,463	91.0	1.1	3.8	0.1	1.1	2.5	—	0.4
高安	2,979	82.0	4.5	7.9	0.9	1.6	2.6	—	0.5
南昌	4,767	88.4	2.3	5.3	0.2	1.9	1.7	—	0.2
徳安	3,267	70.5	2.7	3.9	10.0	7.5	4.0	0.1	0.3
都昌	2,507	85.6	6.1	2.7	1.7	1.0	2.3	—	0.6
湖北									
鍾祥	3,910	88.4	4.9	2.6	0	1.3	2.3	0.1	0.4
棗陽	3,557	87.7	5.9	3.3	1.3	0.5	1.2	—	0.1
応城	3,963	86.1	3.2	5.6	0.1	1.9	2.5	—	0.6
雲夢	4,172	87.9	1.9	4.9	0.2	1.7	3.1	—	0.5
湖南									
常徳	5,252	91.8	2.5	3.2	0.1	1.2	1.0	—	0.2
新化	3,471	88.4	1.3	2.5	5.5	0.4	1.9	—	—
武岡	3,912	90.6	0.5	2.0	2.7	1.0	2.9	0.2	0.1
益陽	4,080	89.8	2.1	3.1	1.3	0.8	2.7	—	0.2
四川									
崇慶	3,520	79.4	3.9	0.3	0.4	3.7	11.4	—	0.9
涪陵	2,882	89.9	2.9	0.9	3.0	0.4	2.3	0.1	0.5
綿陽	2,935	78.2	5.1	2.3	4.0	4.7	4.8	0.2	0.7
遂寧	2,758	76.8	6.8	0.0	4.2	4.4	6.4	—	1.4
達	2,513	86.2	2.9	2.7	4.4	0.2	3.0	—	0.6
広西									
容	2,307	85.6	2.1	4.7	3.8	0.5	2.4	0.1	0.8
邕寧	2,745	87.7	0.7	3.9	1.0	0.3	5.2	0.1	1.1
広東									
潮安	4,878	91.7	1.3	0.2	2.8	0.6	1.8	—	1.6
中山	3,372	90.3	0.3	3.7	1.2	2.0	1.5	—	1.0
掲陽	3,534	87.9	1.2	0.8	2.1	0.6	5.8	—	1.6
高要	3,127	86.6	3.1	4.0	3.0	0.7	2.0	—	0.6
曲江	3,437	78.7	1.0	6.3	7.0	1.9	3.4	0.1	1.6
茂名	3,576	87.2	1.6	3.8	5.6	0.3	0.8	0.2	0.5
南雄	2,665	76.8	0.9	8.8	10.5	1.6	1.1	—	0.3

貴州									
安順	3,840	91.0	1.9	0.2	0.4	1.7	4.1	0.3	0.4
盤	3,385	87.0	4.7	0.3	1.6	1.9	3.6	0.3	0.6
定番	2,171	82.8	5.6	0.4	0.5	3.4	6.7	0.2	0.4
遵義	4,121	87.6	4.5	—	1.0	1.7	4.5	0.3	0.4
独山	3,360	91.0	1.7	—	0.8	2.2	3.9	0.2	0.2
雲南									
宜良	3,185	83.1	5.9	1.1	1.1	0.9	6.4	0.3	1.2
蒙自	3,158	76.0	3.9	1.7	2.6	4.8	9.6	0.4	1.0
賓川	4,050	69.9	14.1	2.4	0.2	3.5	7.5	—	2.4
楚雄	3,074	88.1	5.1	—	0.2	0.8	4.9	0.3	0.6
元江	2,916	85.2	1.5	—	0.5	1.5	7.9	0.5	2.9
玉渓	3,854	88.5	2.1	0.2	2.2	1.3	4.6	0.2	0.9

※ Jhon Lossing buck, Land utilization in China, Statistics : a study of 16,786 farms in 168 localities, and 38,256 farm families in twenty-two provinces in China, 1929-1933, Nanking, 1937. p.73. 第五表「毎成年男子単位毎日消費熱量総計及各類食物所供給熱量之百分比」より作成。

※ 「—」は数値が 0.05 以下であることを示す。

部分が穀物類やイモ類といったいわゆる食糧作物から獲得され、植物油・蔬菜・畜産物・果実・砂糖などから得られるエネルギーは 1 割から 2 割程度に止まっていたという事実である。この点もまたバック氏の指摘するところであるが、より具体的に見れば、穀類とイモ類の割合を加えた数字が 9 割を超える県は 25 県、8 割以上・9 割未満の県は 35 県、8 割未満の県は 7 県となっており、9 割弱の県がエネルギーの 8 割以上を食糧作物に依存していたことになる[63]。

ところで、従来バック氏の調査結果に対しては疑義が呈されてきた。例えば、調査対象の選出において見られる恣意性への指摘はそうした批判の 1 つである。この批判によれば、調査は金陵大学の卒業生によって担われてい

- 22 -

序章

たが、当時子弟を大学に通わせられる家庭には富裕層が多く、そのような調査員によって選出された調査対象には偏りが見られたとされる[64]。また、実際に食物に関わる調査の対象地域を地図上で確認しても、それは華北地域と長江下流域に集中していることは一見して明らかである[65]。

以上のような調査環境のもとでなされた調査結果は確かに農村地域における食の様相を余すところなく描き出したものであるとは言いがたい。例えば、富農層への偏りという点で言えば、従来の研究で明らかにされてきたサツマイモなどイモ類の果たす役割の大きさがこの数字には反映されておらず、このデータから貧困層の食の実態を摑み取ることは困難である。

しかし、貧困層の食事内容を考慮したとしても、それはイモ類の摂取量の増加につながるだけで、食糧作物が総摂取量の大半を占めるという結果自体に変化はない。また、仮に蔬菜・果実の割合が上昇してもそれは傾向の大勢に影響を与えるものになるとは考えられず、さらには高級食材であった畜産物や砂糖の摂取量の増加といった現象もありえないので、結局のところ調査結果に修正を施したとしても、食糧作物が占める割合の大幅な低下にはつながらない。つまり、少なくとも民国期以前の人々が日々の食の大部分を穀物・イモ類からなる食糧作物に頼っていたという事実は否定できない[66]。

とはいえ、そのような極端に偏った食物利用にあって人間は生命活動を維持しうるのかという疑問もまた禁じえない。そこで次に栄養学の見地からこの問題を考察してみよう。次に挙げる表0-2・0-3はコメのご飯と蒸しサツマイモが持つ栄養素についてまとめ、それに農民の穀物消費量から算出した1日当たりの栄養素の摂取量と厚生労働省の公表する「日本人の食事摂取基準（2005年度版）」を併せて載せたものである。

本表の作成に当たっては『五訂増補食品成分表』所掲の数値に準拠し、各種食品に関するデータの中から「水稲めし」（玄米、食品番号01085）と「さつまいも」（塊根・蒸し、食品番号02007）の数値を採用した。これらの食物を採り上げたのはより実態に即した栄養摂取状況を勘案してのことである。すなわち、食物の栄養素は加工過程を経て変化を来たすため、検討対

表0-2 「水稲めし」の栄養素

栄養素	Car	Pro	Lip	Na	K	Ca	Mg	P	Fe	Zn
単位	g	g	g	mg	mg	mg	mg	mg	mg	mg
100g毎の値	35.6	2.8	1.0	1	95	7	49	130	0.6	0.8
800g毎の値	284.8	22.4	8.0	8	760	56	392	1,040	4.8	6.4
摂取基準	−	50	11.0	600	2,000	650	310	1,050	6.5	8

Mn	VA	VD	VE	VK	VB1	VB2	N	VB6	VB12	Fo	Pan	VC
mg	μg	μg	μg	μg	mg	mg	mg	mg	μg	μg	mg	mg
1.04	0	0	0.5	0	0.16	0.02	2.9	0.21	0	10	0.65	0
8.32	0	0	4.0	0	1.28	0.16	23.2	1.68	0	80	5.20	0
4.0	550	5	8	75	1.2	1.3	13	1.1	2.0	200	6	85

表0-3 「さつまいも」の栄養素

栄養素	Car	Pro	Lip	Na	K	Ca	Mg	P	Fe	Zn
単位	g	g	g	mg	mg	mg	mg	mg	mg	mg
100g毎の値	31.2	1.2	0.2	4	490	47	19	42	0.6	0.2
800g毎の値	249.6	9.6	1.6	32	3,920	376	152	336	4.8	1.6
摂取基準	−	50	11.0	600	2,000	650	310	1,050	6.5	8

Mn	VA	VD	VE	VK	VB1	VB2	N	VB6	VB12	Fo	Pan	VC
mg	μg	μg	μg	μg	mg	mg	mg	mg	μg	μg	mg	mg
0.50	0	0	1.5	0	0.10	0.03	0.7	0.23	0	46	0.97	20
4.0	0	0	12	0	0.80	0.24	5.6	1.84	0	368	7.76	160
4.0	550	5	8	75	1.2	1.3	13	1.1	2.0	200	6	85

※栄養素の略号は右の通り。Car-炭水化物、Pro-蛋白質、Lip-脂質、Na-ナトリウム、K-カリウム、Ca-カルシウム、Mg-マグネシウム、P-リン、Fe-鉄、Zn-亜鉛、Mn-マンガン、VA-ビタミンA、VD-ビタミンD、VE-ビタミンE、VK-ビタミンK、VB1-ビタミンB1、VB2-ビタミンB2、N-ナイアシン、VB6-ビタミンB6、VB12-ビタミンB12、Fo-葉酸、Pan-パントテン酸、VC-ビタミンC

※「摂取基準」は「日本人の食事摂取基準」の数値。掲載に当たっては男性・30〜49歳のものを採り、また「良好な栄養状態を維持するのに十分な量」を示す目安量の数値を優先的に載せている。目安量が示されていない場合には「日本人の必要量の平均値」である推定平均必要量の値をもって補った。

象のデータは調理による加熱処理の影響を反映したものでなければならず、またその調理方法自体も中華民国期以前におけるそれと大差ないものが望ましい。加えて、穀物ならば精白作業を経ていないことが求められるが、そうした条件を満たす食品として挙げられるのが「水稲めし」と「さつまいも」である。

さて、「水稲めし」と「さつまいも」をそれぞれ 1 日当たりの穀物消費量（800g）[67]から獲得される栄養素の量を摂取基準に照らし合わせてみると、以下のことが判明する。まず、「水稲めし」の摂取によりマグネシウム・マンガン・ビタミン B1・B6・ナイアシンについては摂取基準を満たしている。また、脂質・リン・鉄・亜鉛・パントテン酸の摂取量は基準値にやや達しないがとりたてて問題とするほどの不足でもない。一方で、摂取量が基準値の半数以下を示す栄養素が見られることも事実である[68]。具体名を挙げれば、蛋白質・ナトリウム・カリウム・カルシウム・ビタミン A・D・E・K・B2・B12・C・葉酸などである。しかし、この不足分については他の食物によって補うことが可能である。例えば「さつまいも」の数値を見てみると、カリウムやカルシウム・葉酸・ビタミン C といった栄養素を「水稲めし」より豊富に含んでおり、こうした食物を組み合わせて利用することでその不足分は補われる[69]。また、エネルギーの不足分についても、摂取量はさほど多くないものの蔬菜類や植物油脂の利用を考えるならば、それによっていくらかは補われていたと推測される。こうした食の状況を踏まえるならば、摂取食物の大半を穀物に依存する食生活は栄養学的に見てもただちに生命活動に危機を及ぼすものではない。

無論、こうした栄養摂取の状況は現在におけるそれと見比べると相当に見劣りするものであることは否定できない。先に見てきたように、各種栄養素の中には現代人にとっての摂取基準を満たしていないものが見受けられる。また、そもそも民国期以前の人々全てが上記のような栄養環境の下で生活を送っていたわけではないだろう。食物・栄養が欠乏する状況もまま見られたと考えられるし、1 日 800g という穀物摂取量も万人に保障されていたわけ

ではない。当然こうしたエネルギー・栄養の不足はその生活に多少なりとも影響を与え、恐らくは欠乏症や抵抗力の減退など様々な形として各人の身の上に現れていた。また、そうした状況下において飢饉や流行病の発生は大いなる脅威として眼前に立ちはだかったはずである。しかし、そのような非日常的な状況の下になければ、この身体状態は直ちに死に直結するような性質のものではない。例えるならば、いつ落下するとも知れぬ崖の際を歩き続けるようなもので、そこからは肉体的に常時不安定な状況にありながらも生産活動を継続し続ける姿が想定されるべきであろう。食糧作物に過度に依存した食生活はそうした不安定性を招来しつつも、直接生産者の再生産活動をかろうじて可能なものにしていた。

以上の検討より明らかなように、中華民国期の華中・華南社会においては穀物類によって食事の大半が賄われ、また再生産活動の維持も一応保障される生活が送られていた。そして、19世紀後半に始まる中国の近代化の影響はいまだ中国社会の深層にまでは浸透しておらず、農業生産や食生活の状況にあっては清代と中華民国期との間に大きな差異は見られなかったことから[70]、こうした生活様式は清代以前の社会に敷衍しても差し支えないと考えられる。

こうした点を踏まえるならば、各種穀物類に焦点を絞って検討を行うことにより清から民国期の日常食についておおよその実態を捉えることは可能であると言える。ただ、近年の農業史・食物史研究の成果においてはサトイモなどの各種イモ類もまた食糧として重要な役割を果たしていたことが指摘されていることから[71]、サツマイモのみならずサトイモ等もエネルギー源として重要な存在であったことは想像に難くない。そこで本書では日常食を構成する作物として各種穀物類とイモ類を措定し、これらの作物を検討の対象としていくこととする。

3. 本書の課題と構成

　さて、先に概観した研究動向からも明らかなように、本書で取り扱おうとしている中国における日常食というテーマは従来注目されることのないものであった。食物史研究において研究の進展が見られたのは高い階層における食事や非日常における食事であり、農業史研究において好んで採り上げられたのはコメやムギといった穀物類であった。食物史で扱われた諸要素が日常食の実態を反映したものではないことは明らかであり、またコメやムギは日常の食に供されることもある反面、商品作物としての側面も併せ持っていたことを鑑みるならば、それらを中心とした農業史の成果からも日常食の全体像を描き出すことは叶わない。

　とするならば、日常食の実態を提示していくに当たっては何が求められるのか。差し当たっては各種史料に当たりつつ、イネやムギの他にどのような作物が栽培され、食されてきたかを明らかにする作業が求められよう。そしてそれらの作物に焦点を当て、どのような環境の下でどのような階層の人々に利用されてきたのかを分析し、またそのような利用状況をもたらした歴史的背景についても明示する必要があろう。

　本書ではこうした課題を設けた上で以下のような構成を取ることとする。なお、カッコ内の雑誌・書籍名は原載誌を示すが、これらを本書に掲載するに当たって表記の統一等の修正を施してある。また、第3章については原載誌の都合で割愛した史料を追加するなど大幅な改稿を行っているが、論旨自体に大きな変更はないことを付記しておく。

　　序章　　（書き下ろし）
　　第1章　「穀」考　――中国史における「穀」分類をめぐって
　　　　　　　　　　　　　　　　　　（『上智史学』52、2007）
　　第2章　宋代農業史再考　――南宋期の華中地域における畑作を中心として

(『東洋学報』93 － 1、2011)
第3章　都市の食、農村の食
　　　　　――清末民国期、湖北省における日常食の階層性
(『中国研究月報』64 － 5、2010)
第4章　移住・開発と日常食　――清～民国期、湖南省永順府を事例として
(『上智史学』54、2009)
第5章　中国におけるソバについて
　　　(「中国におけるソバについて」(『史苑』66 － 1、2005) 及び「中国におけるソバ食について」(木村茂光編『雑穀Ⅱ　――粉食文化論の可能性』青木書店、2006) を再構成)
第6章　中国におけるヤマイモについて　　(『東洋史学論集』4、2002)
第7章　中国における食芋習俗とその展開　(『史苑』70 － 1、2009)
終章　(書き下ろし)

　序章においては今まで見てきたように、日常食という研究テーマが有する意義や、検討の対象を清代以降の華中・華南地域に限定した理由を説明すると共に、従来の食物史・農業史研究の抱える問題点と課題を指摘している。
　第1章・第2章では第3章以降での検討の前提となる事柄について論ずる。第1章では各種史料に見られる「穀」という分類概念が持つ意味を考える。この「穀」について明確な形で理解しておくことで後に行う実証作業がよりスムースなものとなろう。また第2章では本書で検討対象とする華中・華南地域において清代以前にはどのような農と食の姿を目にすることができたのかを考察する。この検討結果を踏まえることで清代以降におけるそれとの比較も可能になり、清代から民国期の日常食の特徴も明らかにすることができると考えている。
　第3章・第4章では食事を取る主体が置かれる環境の違いによって見せる日常食の差異について検討していく。第3章で主題に据えるのは階層性である。都市と農村において日常食のあり方にどのような差異が見られたのか

序章

を検討し、経済的階層や職種、或いは都市と農村の立地条件など様々な環境を考慮しつつ、日常食の実態を明示したい。そして第4章では地域性に目を向けた検討を行い、開発の最前線に当たる地域においていかなる作物が日常食とされていたのかという問題を追究する。そこでは清代以降の開発の展開とその特徴を見ていくと共に、そうした開発の場においてとられた食事を見ていきたい。開発の前線は生活のあり方が江南のような経済的な先進地域とは当然異なるはずであり、地域間でどのような違いが確認されるのかを捉えていくこととする。

　第5章から第7章では、第4章までの検討によって華中・華南地域における重要性が確認されるものの、従来の研究では注目されることのなかった作物を俎上に上げて考察を行う。第5章ではソバを第6章・第7章では各種イモ類を検討対象として採り上げ、その利用が見られた地域を明らかにし、またそうした利用を促した社会的背景について検討する。この検討を通じて従来光が当てられてこなかった作物の役割が明示されると共に、食の地域性や階層性など第3章・第4章で取り扱ったトピックを別の角度から検証することもできよう。

　終章では以上の検討を踏まえた上で、本研究の到達点と今後の課題について述べていく。具体的には清代から民国期にかけての華中・華南地域の日常食についての実態についてまとめつつ、その特質を指摘する。また、本研究が明らかにしえた農業史・食物史における新たなる側面についても言及し、またそれが研究の進展に対していかなる貢献を果たすかを提示したい。

　本書は以上の構成をもって議論を展開させていく。前置きはこの程度に止め、以下具体的な検討に移っていこう。

注
(1) 原田信男『木の実とハンバーガー』（日本放送出版協会、1995）の序章においても同様のことに言及がなされている。

(2) 例えば木村春子『火の料理 水の料理』（農山漁村文化協会、2005）など。

(3) 森鹿三「中国の衣食の歴史地理」（森鹿三・織田武雄編『歴史地理講座』2、朝倉書店、1958、のち『東洋学研究（歴史地理篇）』（東洋史研究会、1970）に再録）、446ページ（東洋学研究版）、三田村泰助『黄土を拓いた人びと』（河出書房新社、1976）、61ページ。尾形勇ほか編『中国の歴史』12（講談社、2005）、38ページ。

(4) 『清稗類鈔』飲食類、南北之飯

南人之飯、主要品為米、蓋炊熟而顆粒完整者、次要則為成糜之粥。北人之飯、主要品為麦、屑之為＝、次要則成條之麵。

(5) 周藤吉之「南宋に於ける麦作の奨励と二毛作」（『日本学士院紀要』13 － 3・14 － 1、1955、のち『宋代経済史研究』（東京大学出版会、1962）に再録）、川勝守「清代江南の麦租慣行について」（『中村治兵衛先生古稀記念東洋史論叢』刀水書房、1986、のち『明代江南農業経済史研究』（東京大学出版会、1992）に再録）、北田英人『「宋元明清期中国江南三角州の農業の進化と農村手工業の発展に関する研究」研究成果報告書』（1986 ～ 87 年度科学研究費研究成果報告書（一般研究Ｃ）、1988）。また、周達生氏は華中・華南においても華北の影響を受け小麦粉の使用が見られたことを論じられている。詳しくは『中国の食文化』（創元社、1989）158 ページ、及び「中国のコムギ食とコメ食」（『しにか』1998 － 10）を参照。

(6) 張亮采『中国風俗史』（商務印書館、1911、のち《民国叢書》編輯委員会編『民国叢書』第 1 編（上海書店、1989）に再録）。

(7) 董文田「中国食物進化史」（『燕大月刊』5 － 1・2、1929）。

(8) 陸精治『中国民食論』（商務印書館、1931、のち《民国叢書》編輯委員会編『民国叢書』第 5 編（上海書店、1996）に再録）。

(9) 尚秉和『歴代社会風俗事物考』（商務印書館、1938、のち秋田成明編訳『中国社会風俗史』（平凡社、1969）として訳出）。

(10) 青木正児『抱樽酒話』（弘文堂、1948）、『華国風味』（弘文堂、1949、のち『青木正児全集』9（春秋社、1970）に再録、また 1984 年に岩波書店より再刊）、『酒の肴』（弘文堂、1950）。

(11) 篠田統『中国食物史』（柴田書店、1974）。

(12) 徐海栄編『中国飲食史』（華夏出版社、1999）。

(13) 中村喬『宋代の料理と食品』（中国芸文研究会、2000）、『明代の料理と食品』（中国芸文研究会、2004）。

(14) 塩卓悟「宋代牛肉食考」（『中国　－社会と文化－』16、2006）

(15) 梅原郁「中国の食思想」（安本教伝編『講座人間と環境』6、昭和堂、2000）。

(16) 安部健夫「米穀需給の研究」（『東洋史研究』15－1、1957、のち『清代史の研究』（創文社、1971）及び東洋史研究会編『雍正時代の研究』（同朋舎出版、1986）に再録）、王業建・黄国枢「十八世紀中国糧食供需的考察」（中央研究院近代史研究所編『近代中国農村経済史論文集』中央研究院近代史研究所、1989）。

(17) 篠田統・田中静一編著『中国食経叢書』上・下（書籍文物流通会、1972）。

(18) 青木正児訳注『随園食単』（六月社、1958、のち『青木正児全集』8（春秋社、1971）に再録、また1980年に岩波書店より再刊）、中山時子ほか訳『随園食単』（柴田書店、1975）、布目潮渢・中村喬編訳『中国の茶書』（平凡社、1976）、中村喬編訳『中国の酒書』（平凡社、1991）、同編訳『中国の食譜』（平凡社、1995）、田中静一ほか編訳『斉民要術』（雄山閣出版、1997）

(19) 田中静一ほか編著『中国食品事典』（書籍文物流通会、1970）、木村春子ほか編『中国食文化事典』（角川書店、1988）、田中静一ほか編著『中国食物事典』（柴田書店、1991）、林正秋主編『中国飲食大辞典』（浙江大学出版社、1991）。

(20) このような理由により、ここでは食物史に関する研究を個々に採り上げてその内容を確認する作業は行わない。それらの研究については注（12）前掲書の第1編・第6節の2「辛亥革命以来的中国飲食史研究」・3「海外的中国飲食史研究状況」、及び趙栄光「中国食文化研究述析」（同著『趙栄光食文化論集』黒龍江人民出版社、1995）、徐吉軍・姚偉鈞「二十世紀中国飲食史研究概述」（『中国史研究動態』2000－8）、張玉欣「中国・台湾の飲食文化研究の現状」（『Vesta』58、2005）などが網羅的に採り上げているので、それらを参照されたい。

(21) 以上、袁牧の生涯については青木正児「袁随園の生涯」（注（18）前掲岩波書店版訳注所収）を参照した。

(22) 例えば、胡建華「宋代城市副食品供応初探」（『河南大学学報（社会科学版）』1993

－ 4）、呉濤「北宋東京的飲食生活」（『史学月刊』1994 － 2）、姚偉鈞「宋代開封飲食生活的歴史考察」（『中南民族学院学報（哲学社会科学版）』1995 － 4）、冷輯林・楽文華「論両宋都城的飲食市場」（『南昌大学学報（哲学社会科学版）』28 － 1、1997）など。

(23) 塩卓悟「宋代の食文化」（『大阪市立大学東洋史論叢』特別号、2005）。

(24) 王仁興『中国年節食俗』（北京旅游出版社、1987）。

(25) 中村喬『中国の年中行事』正（平凡社、1988）、『中国の年中行事』続（平凡社、1990）。

(26) 中村裕一『中国古代の年中行事』1 ～ 4（汲古書院、2009 ～ 2011）。

(27) 同様のことは档案史料を用いた研究に対しても当てはまる。注（16）に掲げた安部氏の研究は雍正期中国の日常食についても論じられるが、華中・華南地域におけるそれについてはオオムギの役割を低く評価され、またコメ・ムギ・サツマイモ以外の作物には言及されていない。後章にて論じるように、華中・華南地域にあってはオオムギが農家の食として重要な存在として扱われていた地域も見られ、またソバやサトイモなどの作物も食糧として大きな意味を持っており、こうした見解は決して首肯できるものではない。

　安部氏が上記のような見解に至るのは安部氏自身の理解の問題以上に、議論を進めていく際に依拠した『雍正硃批諭旨』という档案史料が持つ性格に起因するところが大きい。周知の通り『雍正硃批諭旨』は官僚の上奏文と雍正帝による硃批から成る史料であるが、上奏文の内容自体は下級行政機関から寄せられる情報の集積である場合が多いため、農業生産の現場に踏み込むほどの具体性を伴っているわけではない。従って、そこで言及される作物も生産物の一部にすぎず、そうした作物の記述を元に食生活像を描き出したとしても、それは一面的なものであるにすぎない。

　同様の傾向は王業鍵らによる成果（王業鍵・謝美娥・黄翔瑜「十八世紀中国的輪作制度」（『中国史学』8、1998）、「十八世紀中国糧食作物的分布」（郝延平・魏秀梅編『近世中国之伝統与蛻変』中央研究院近代史研究所、1988）など）についても指摘することができるが、これらの研究をより実態に即したものとして発展させていくためには、そこに描かれていないものを意識しつつ考察することが求められよう。

(28) これまで日常食に関する知見を提供してきたのは食物史研究ではなく、農民の

消費形態を取り扱った調査・研究であった。ロッシング・バック氏の調査（後掲）や天野元之助氏による成果（『中国農業の諸問題』上、技報堂、1952）、方行氏の研究（「清代江南農民的消費」『中国経済史研究』1996－3）などはその一例である。

ただし、これらの成果は調査地が一部の地域に限られている。方氏の研究は江南地域のみを対象としたものであったし、バック・天野両氏の成果は依拠する資料が華北と長江下流域に集中していた。また、バック氏の調査は後述するように調査対象に富農層が多く、方氏が食物消費について論じる際に挙げた『補農書』も富農の生活像が強く反映されたものであった。そのため、これらの成果だけをもって華中・華南地域における一般的な日常食を描き出すことは差し控えなければならず、そこには再検討の余地が残されている。

(29) 加藤繁「支那に於ける甘蔗及び砂糖の起源に就いて」（『東亜経済研究』4－3、1919）、「支那に於ける占城稲栽培の発達に就いて」（『史学』18－2・3、1939）、「支那史上に於ける稲作特にその品種の発達に就いて」（『東洋学報』31－1、1947）、「満洲に於ける大豆豆餅生産の由来に就いて」（小野武夫博士還暦記念論文集刊行会編『東洋農業経済史研究』日本評論社、1948）。なお、全てのちに『支那経済史考証』（東洋文庫、1952）に再録。

(30) これらの論争ついて触れることは本書の趣旨から外れるので、ここでは行わない。その詳細については谷川道雄編著『戦後日本の中国史論争』（河合文化研究所、1993）所収の各報告（宮澤知之「宋代農村社会史研究の展開」・岩井茂樹「明清時期の商品生産をめぐって」）を参照。

(31) 天野元之助「明代農業の展開」（『社会経済史学』22－5・6、1958）「清代の農業とその構造（一）」（『アジア研究』3－1、1956）、「清代の農業とその構造（二）」（『アジア研究』3－2、1957）。

(32) 例えば、中国史研究会編『中国史像の再構成』（文理閣、1983）所収の諸論文を参照。

(33) 足立啓二「明清時代長江下流域の水稲作発展」（『熊本大学文学部紀要』21、1987）。

(34) 足立啓二「明末清初の一農業経営」（『史林』61－1、1978）。

(35) 足立啓二「大豆粕流通と清代の商業的農業」（『東洋史研究』37－3、1978）。

(36) 足立啓二「清代華北の農業経営と社会構造」(『史林』64－4、1981)。

(37) 川勝守「十六・十七世紀中国における稲の種類・品種の特性とその地域性」(『九州大学東洋史論集』19、1991、のち「十六・十八世紀中国における稲の種類・品種の特性とその地域性」に改題して『明清江南農業経済史研究』(東京大学出版会、1992)に再録)。

(38) 川勝守「明末清初長江沿岸地区之『春花』栽種」(中央研究院近代史研究所編『近代中国農村経済史論文集』中央研究院近代史研究所、1989、のち日訳し「長江沿岸地域の「春花」栽培」として『明清江南農業経済史研究』に再録)。

(39) 川勝守「明末清初、長江デルタにおける棉作と水利 (一)」(『九州大学東洋史論集』6、1977)、「同 (二)」(『九州大学東洋史論集』8、1979、のち (一) と (二) を合わせて「長江デルタにおける棉作と水利」として『明清江南農業経済史研究』に再録)。

(40) 北田注(5)論文。

(41) Dwight H. Perkins, *Agricultural Development in China, 1368-1968*, Aldine Publishing Company, Chicago, 1969.

(42) 差し当たりここでは明清期の農業を多方面から取り扱った論著として以下のものを挙げておく。龔勝生『清代両湖農業地理』(華中師範大学出版社、1996)、耿占軍『清代陝西農業地理研究』(西北大学出版社、1997)、李根蟠『中国農業史』(文津出版、1997)、馬雪芹『明清河南農業地理』(洪葉文化、1997)、王社教『蘇皖浙贛地区明代農業地理研究』(陝西師範大学出版社、1999)、李令福『明清山東農業地理』(五南図書、2000)、彭朝貴・王炎編『清代四川農村社会経済史』(天地出版社、2001)、王双懷『明代華南農業地理研究』(中華書局、2002)、高寿仙『明代農業経済与農村社会』(黄山書社、2006)、成淑君『明代山東農業開発研究』(斉魯書社、2006)。

(43) Wang Yeh-chien, 'Secular Trends of Rice Prices in the Yangtze Delta, 1632-1935', in Thomas Rawski, and Lillian Li, eds., *Chinese History in Economic Perspective*, The university of California Press, Berkeley, 1992.

(44) 李伯重『江南農業的発展』(上海古籍出版社、2007)。

(45) 李氏のこうした主張は、アジア農業における手鋤手耨という特質を欧米農業か

ら峻別するための指標とする西山武一氏の見解に通じるものがあると言える。なお、西山氏の見解については「アジア農業の源流」(『アジア経済』6 − 3、1965、のち『アジア的農法と農業社会』(東京大学出版会、1969)に再録)を参照。

(46) 傅衣凌「中国封建後期湖南山区商品生産的一個実例」(『抖擻』43、1981、のち『傅衣凌治史五十年文編』(厦門大学出版社、1989)に再録)。また上田信「中国における生態システムと山区経済」(溝口雄三・浜下武志・平石直昭・宮嶋博史編『アジアから考える』7、東京大学出版会、1994)もこうしたテーマを取り扱う。

(47) 近年の成果としては白水智『知られざる日本』(日本放送出版協会、2005)がある。

(48) 網野善彦・石井進『米・百姓・天皇』(大和書房、2000)。特に第2章と第3章。

(49) 趙文林・謝淑君『中国人口史』(人民出版社、1988)。

(50) 鈴木中正『清朝中期史研究』(愛知大学国際問題研究所、1952)。

(51) 安野省三「中国の異端・無頼」(木村尚三郎編『中世史講座』7、学生社、1985)。

(52) 山田賢「清代の移住民社会」(『史林』69 − 6、1986、のち「四川省雲陽県」として『移住民の秩序』(名古屋大学出版会、1995)に再録)、「清代の地域社会と移住宗族」(『社会経済史学』55 − 4、1989、のち「移住民社会と地域エリート」として『移住民の秩序』に再録)。

(53) 塚田誠之「チュアン族と漢族との通婚に関する史的考察」(『民博通信』43、1989)、「明清時代における漢族移住民とチュアン(壮、Zhuang 族)との関係」(竹村卓二編『漢族と隣接諸族』(『国立民族学博物館研究報告別冊』14、1991)、のち共に『壮族社会史研究』(国立民族学博物館、2000)に再録)。

(54) 武内房司「清代貴州東南部ミャオ族に見る「漢化」の一側面」(竹村卓二編『儀礼・民族・境界』(風響社、1994))、「歴史のなかの苗族」(『へるめす』54、1995)、「清代「封禁」論再考」(『白山史学』42、2006)。

(55) 菊池秀明「広西藤県北部の移住と太平天国」(『中国近代史研究』7、1992)、「太平天国前夜の広西における移住と『客籍』エリート」(『史学雑誌』101 − 9、1992)、「清代広西の新興宗族と彼らをめぐる社会関係」(『社会経済史学』59 − 6、1994)。

(56) 以上、山本進『清代の市場構造と経済政策』(名古屋大学出版会、2002)所収の

諸論文による。また、稲田清一「「西米東運」考」(『東方学』71、1986) も参照。

(57) 中村治兵衛「清代湖広米流通の一面」(『社会経済史学』18 － 3、1952)、北村敬直「清代の商品市場について」(『経済学雑誌』28 － 3・4、1953)、安部注 (16) 論文。

(58) 山本進「清代前期の平糶政策」(『史林』70 － 6、1987、のち『清代の市場構造と経済政策』に再録)、則末彰文「雍正期における米穀流通と米価変動」(『九州大学東洋史論集』14、1985)、「清代中期の経済政策に関する一試論」(『九州大学東洋史論集』17、1989)、「清代中期の浙西における食糧問題」(『東洋史研究』49 － 2、1990)、「清代における「境」と流通」(『九州大学東洋史論集』20、1992)。

(59) 堀地明「清代前期食糧暴動の行動論理」(『史林』77 － 2、1994)、「清代嘉慶・道光年間の搶糧搶米風潮」(『大阪市立大学東洋史論叢』13、2003)、「清代搶糧搶米風潮の年表及び長期傾向分析」(『北九州市立大学外国語学部紀要』111、2004)。

(60) Jhon Lossing buck, *Land utilization in China: a study of 16,786 farms in 168 localities, and 38,256 farm families in twenty-two provinces in China, 1929-1933*, vol.1, Nanking, 1937. 日訳として三輪孝・加藤健訳『支那農業論』上・下 (生活社、1938) 及び塩谷安夫・仙波泰雄・安藤二郎三訳『支那の農業』(改造社、1938) がある。

(61) *ibid*, p. 408.

(62) 当然のことながら、エネルギーの摂取比率と食物摂取量の比率とは必ず比例するものではない。それは蔬菜のようにカロリーの低い食材を大量に摂取するケースを考えれば容易に想像のつくことであるが、後にも触れるようにそれによってなされる比率の修正は穀類・イモ類の減少と蔬菜の増加に止まる。そして、穀類・イモ類の摂取量がその比率を低下させるとしても、その下げ幅は論旨の変更を促すほどのものではないと考える。例えば、朱徳が幼少期の食事について毎食 1 鉢程度の野菜の煮物が出たことを回顧しているが (アグネス・スメドレー『偉大なる道』上 (岩波書店、1977)、31 ページ)、このような当時の蔬菜の摂取状況を見る限り、著しい量の蔬菜が食されていたわけではないことが窺われる。

(63) ここで用いたエネルギー必要量は厚生労働省の定める「日本人の食事摂取基準 (2005 年度版)」に従っている。なお、大半の漢人は肉体労働に従事していたと仮定しているため、本基準内の身体活動レベルは「移動や立位の多い仕事への従事者」を対象とするⅢと定め、その数値を

採用している。

(64) バック氏の調査については牧野文夫「中国農業生産高の推計（1931 〜 1947）」『東京学芸大学紀要（第3部門）』54、2003）も参照。

(65) Jhon Lossing buck, *Land utilization in China, Atlas: a study of 16,786 farms in 168 localities, and 38,256 farm families in twenty-two provinces in China, 1929-1933*, Nanking, 1937, pp.127-138.

(66) 史料にも「常人日び恒に蔬食たり。尤も貧者南人漬塩の菜を以って米飯を佐け、北人醺塩の葱を以って麦飯を佐け、味を兼ぬる無し。且つ烹治に待さざるなり」（『可言』巻 12）と蔬菜のみのわずかな副菜のみで食事を済ませている様子が確認され、バック氏の調査結果が荒唐無稽なものではないことが窺われる。

(67) 費孝通氏が 1957 年に開弦弓村で行った調査によれば、村の老人は全時間就業する男性労働者にとって十分な食糧の量を1ヶ月 50 斤（25kg）としている（費孝通著・小島晋治ほか訳『中国農村の細密画』（研文出版、1985）、228 ページ）。1ヶ月 50 斤という量は1日の消費量に換算すると 1.67 斤、すなわち 835g となる。ただ、費氏がこの数字をやや多めと見積もっていることや計算の便を考慮し、ここでは1日 800g として計算している。

(68) ただし、当時利用されていた穀類は精米技術の未熟さ故にかえって各種栄養素が保存されていたという天野元之助氏の指摘（注（28）書、218 ページ）を踏まえるならば、本表の数値はいずれも幾分の上方修正が施されるべきであるかもしれない。

(69) ナトリウムは食塩に、カルシウムはダイズや果実に、ビタミンKはダイズ油に、ビタミンA・B 2・Cは蔬菜・果実類の摂取によって得ることができる。またビタミンDは紫外線を浴びることで体内に生成され、ビタミンB 12 も腸内細菌によって生成される上に体内に常時数年分の備蓄のある栄養素なので毎日の摂取は必要とはされない。

(70) 中華民国期において農業の近代化は顕著な進展を見せてはいない。ここで言う近代化とは農作業の機械化・化成肥料及び化成農薬の使用・改良品種の導入などを指標とした概念として用いているが、零細な農戸が多数を占める華中・華南社会においてはいまだ近代化は広範囲の普及を見せてはいなかった。

　足立啓二氏の分析に従えば、1930 年代、華中・華南の各地域における農村の階層構成は3つの類型に分類される。すなわち、大規模経営の農家が比較的多い第1類型（華北諸省・四川省）、

零細経営が大半を占める第 2 類型（山東省・長江中流域・華南諸省）、小規模経営・中規模経営を主体とする第 3 類型（江蘇省南部）の 3 類型であるが、このうち近代的な農業の導入の様子が窺えるのは第 3 類型のみである。一方で、華中・華南地域において多く見られた零細経営（第 2 類型）の農家は近代化を受け入れるだけの資金を確保することができなかったことから、その生産形態は清代以来のそれを受け継いだものであったと推察される。

　以上の生産環境の様相から、華中・華南地域の農業生産は一部の先進地域を除いて清から中華民国へという変遷の中にあっても大きな変質を被ることはなかったと推測される。そして、そうした生産の実態は食生活のあり方とも連動することを加味するならば、中華民国期における食生活もまた清代におけるそれと大きく異ならせるものではなかったことが想起されよう。すなわち、清代における食生活もまた穀物に多くを頼るものであったとすることができる。

　なお、足立氏の分析については「清～民国期における農業経営の発展」（中国史研究会編『中国史像の再構成』文理閣、1983）を参照。

(71) 大川裕子「中国古代におけるイモ」（『日本女子大学大学院文学研究科紀要』6、2000）、「中国史における芋類の地域性」（『史潮』新51、2002）、村上陽子「中国史における糧食としての「芋」利用」（『上智史学』49、2004）、陳虹「四川芋薯類作物的消長的研究」（『農業考古』2002 − 3）、李慶典・李穎・周清明「中国古代種芋法的技術演進及其対現代農学的貢献」（『中国農史』2004 − 4）、陳光良「海南"薯粮"考」（『農業考古』2005 − 1）など。

第1章　「穀」考 ──中国史における「穀」分類をめぐって

はじめに

　「穀」とは何か。この問いに答えることが本章の目的である。この問いはより正確に表現するならば、前近代中国において使用された分類概念としての「穀」とはどのように定義されうるのか、ということを問うている[1]。

　なぜ、ことさらにこの「穀」という概念を俎上にのせて問題にしようとするのか。そもそも穀という文字が、現在や過去、中国や日本といった時代・場所を問わず、日常的に用いられていることを考慮すれば、このような問いを発すること自体が無意味であるようにも思えよう。しかし、本草書や地方志など各種史料において実際に「穀」という分類に接してみると、そこでは実に多様な植物が採り上げられており、それらが一体どのようなまとまりを持った集合体なのか戸惑うこともしばしばある。その一方で、従来の研究を振り返って見ると、そこでは前近代中国において穀という言葉が持っていた意味を明らかにし、そしてその検討を踏まえた上で「穀」を定義するという作業が全く行われていないことに気づかされる。

　このことは農業史や食物史の研究成果に実際に接してみると明らかである。これらの分野における研究は、日中両国において数多くの碩学がその精力を注いできた分野であり、その成果も重厚さを伴ったものであると言える。中でも穀物には強い関心が向けられており、それらを対象とした研究は枚挙に暇が無いほどである。天野元之助氏[2]・篠田統氏[3]・万国鼎氏[4]・李根蟠氏[5]・游修齢氏[6]などの諸氏によってなされた研究はそうした研究の代表とも言え、各種穀物が前近代中国において果たした役割を提示し、研究史上大きな意義を有するものであった。ただ、それらの研究では五穀と称され

る穀物群に関心が集まり、とりわけイネ・ムギ・アワなどの特定の穀物が研究の対象とされるという研究対象の偏向が見られた。さらに、これらの研究では穀が何を示す言葉なのかを定義することなく進められたという性格も認められる。このことはこれらの研究では穀にまつわる現代的なイメージを史料上に照射した上で穀という言葉を理解してきたことを示しており、またそれが故にその理解は現代的なイメージの制約を強く受けてなされたものと見なすことができる。

このように従来の研究において穀の字そのものに着目されることがなかった以上、「穀」という概念もまた等閑視されてきたことは言うまでもないが、当然それは穀という言葉の持つニュアンスが太古の昔から現代に至るまで一貫して同質性を保ってきたことに起因するわけではない。とするならば、具体的な検討を経ずして、「穀」なる分類概念を現代的な感覚をもって理解することは許されない。

ところで、穀という言葉を現代的な感覚で扱うことに慣れてしまっている我々に対して新鮮な刺激を与えてくれるのが、増田昭子氏が「沖縄・八重山の五穀」という小文の中で提示された全国各地における「五穀」である[7]。増田氏はプーリィ（豊年祭）において「稲、粟、麦、モロコシ、さつま芋」が「五穀」として捧げられている石垣市の事例などを挙げて、「五穀が、五種類の穀物である必要はない。その地方で大切であった作物五種類を挙げたものということもできるし、あるいは、その五種類の作物で代表させたともいえよう」（20ページ、傍点は原文ママ）と述べられている。無論、こうした「五穀」のあり方は日本の一地方におけるものに他ならず、それを中国における「穀」概念に当てはめることは適当ではない。しかし、普段我々が穀物と認識していない作物が「五穀」として扱われている事例からは、そもそも穀とは何なのか、どのような意味を持つ言葉なのかという疑問が強く喚起され、改めて「穀」なる概念に正面から向き合ってみる必要性が感じられよう。

以上のような「穀」という概念が持つ曖昧さとそれに無頓着なまま行わ

第1章　「穀」考

れてきた従来の農業史・食物史研究の現状を踏まえると、「穀」が前近代社会においてどのように捉えられていたかを明らかにすることは農業史・食物史研究において重要な意味を持つと言える。なぜならば、農書や本草書・地方志といった史料が農業史・食物史研究を行うに当たっての基本的な史料である以上、それらにおいて採用されている分類の内実を明示することはこれらの研究における基礎的な作業と言いうるからである。後に触れるように、「穀」分類の中にはアイやシソなどいわゆる穀物の範囲には入らない作物の名も見られるが、そのような性格付けの困難な「穀」概念が整理されることなくこれらの史料を安易に利用し立論することは、農業史・食物史研究の深化に伴って新たな混乱を発生させていくことになろう。そして、本論における日常食の研究においても「穀」に載せる記述を史料として多用するため、そうした混乱を防ぐための基礎的な整理作業が強く求められる。本書の冒頭に本章を据えた理由はここにある。

　さて、「穀」概念についての検討を行うに際し、以下の節では、まずこの「穀」の概念をめぐる問題点を提示することから始めたい。そして、この問題点の整理を通じて、中国における「穀」がどのような概念であったかを明らかにしていくという手順を採ることとする。

1.　問題の所在

　「穀」概念の持つ問題点を抽出するに当たり、まずは現代の日本において穀がどのようなイメージで捉えられているかを確認しておこう。しかる後、「穀」に組み込まれている植物を明らかにし、時と場所を異ならせることで発生する「穀」概念のギャップを指摘することで、「穀」概念が持つ問題点を浮かび上がらせていくこととしたい。

　さて、まずは現代日本において穀という字がどのような意味で使用されて

いるかを見ていく。日本では穀の字がそれ単体で使用されることは少ないため、それがどのような意味をもって使用されているかを知ることは困難であるが、例えば穀物や穀類などの穀を使用した熟語がどのように定義されているかを検討することから、穀の持つイメージを知ることは可能であろう。そこで、以下各種辞書類に見える穀物の定義を挙げる。

1. 「〔いね・むぎ・あわ・ひえなど〕人間の主食となる作物。穀類。」
 （金田一春彦・池田弥三郎編『学研国語大辞典（第二版）』学習研究社、1988）
2. 「農作物のうち、種子を食用とするため栽培されるもの。米・麦・粟・稗・豆・黍・とうもろこしなど。多く、主食とされる。穀類。」
 （松村明編『大辞林』三省堂、1988）
3. 「主食とする農作物。米・麦・豆・アワ・ヒエなど。穀類。」
 （梅棹忠夫他監修『日本語大辞典（第二版）』講談社、1995）
4. 「種子を食用とする作物で、多くは人類の主食となるもの。すなわち、米・大麦・小麦・燕麦・粟・稗・黍・玉蜀黍・豆など。穀類。」
 （新村出編『広辞苑（第五版）』岩波書店、1998）
5. 「種子を食用とするために栽培される農作物。米・麦・あわ・ひえ・きび・豆など。主食とされ、粒食のものと粉食のものに分けられる。穀類。」
 （森岡健二ほか編『集英社国語辞典（第二版）』集英社、2000）
6. 「人類が主食とする農作物。稲、麦、アワ、ヒエ、豆などの類。穀類。」
 （日本国語大辞典第二版編集委員会・小学館国語辞典編集部編『日本国語大辞典（第二版）』小学館、2000～2002）
7. 「いわゆる五穀を中心とし、その他粒状の子実（穀実）を食用とする農作物の総称で、穀類ともいう。イネ・コムギ・オオムギ・ライムギ・エンバク・トウモロコシ・モロコシ・ヒエ・キビ・シコクビエなどのイネ科穀類のほか、ソバ（タデ科）も穀類に含まれる。」

第 1 章　「穀」考

(相賀徹夫編『大日本百科事典』小学館、1969)
8.「イネ、コムギ、トウモロコシなど種実を収穫することを目的として栽培される一年草または二年草の作物、およびその種実の総称。」
(平凡社編『大百科事典』平凡社、1984)

以上の諸定義においては、1〜7が主食としての利用に、2・4・5・7・8が種子の利用に言及している。全ての定義においてこれら2つの条件が満たされているわけではないが、いずれも2つの条件に背く内容を持ってはいないことから、現代の日本では上記の条件を満たす作物が穀と見なされていることが窺われよう。なお、後文における検討のため、ここではこれらの条件の内、前者を用途条件、後者を形態条件と名づけておく。

それでは、前近代中国で使用される「穀」とはどのような内容を含むものであったのか。それについて検討するに当たって助けとなるのが農書・本草書・類書・地方志等の史料で使用されている「穀類」・「穀属」・「穀部」といった「穀」にまつわる分類概念である。分類という行為が持つ意味については後章でも言及するが[8]、それはこの世界のあらゆる存在の中からある共通の特徴を持つ個体を選別してグループ化し、それらに他の集団から区別するための名前を与える行為であった。史料上では、例えば、「蔬」・「果」・「草」・「薬」・「獣」・「羽」・「魚」・「介」・「虫」・「貨」など数多くのカテゴリーが作られてきたが、「穀」もまたそうしたカテゴリーの中の1つである。

ところで、以上のような分類概念としての「穀」の性格を鑑みるならば、「穀」に含まれる各種植物を採取し、それらに共通する特徴を見出すことができれば、それは「穀」という概念の持つ内実に迫ることになるはずである。そこで、以下ではまず各種史料において「穀」として扱われる植物を列挙してみたい。

さて、次に掲げる表1−1は各種史料において「穀」に分類される植物を示したものである。ここで採り上げた史料には農書・本草書・類書・地方志が含まれており、それぞれの持つ性質は異なるため、その内容を均一的に捉え

表1-1「穀」を構成する植物

時代	書名	構成内容
後漢	『神農本草』	胡麻・青蘘・麻蕡・赤小豆・大豆黄巻・腐婢
魏晋以前	『名医別録』	飴糖・酒・粟米・秫米・粳米・青粱米・黍米・丹黍米・白粱米・黄粱米・蘗米・小麦・大麦・穬麦・䕩豆・豉・醋・稲米・稷米・醤・陳廩米
梁	『神農本草経集注』	胡麻・青蘘・麻蕡・飴餹・赤小豆・大豆黄巻・酒・粟米・秫米・粳米・青粱米・黍米・丹黍米・白粱米・黄粱米・蘗米・小麦・大麦・穬麦・䕩豆・豉・醋・稲米・稷米・腐婢・醤・陳廩米
唐	『芸文類聚』	穀・禾・稲・秔・黍・粟・豆・麻・麦
唐	『新修本草』	胡麻・青蘘・麻蕡・飴餹・赤小豆・大豆黄巻・酒・粟米・秫米・粳米・青粱米・黍米・丹黍米・白粱米・黄粱米・蘗米・小麦・大麦・穬麦・䕩豆・豉・醋・稲米・稷米・腐婢・醤・陳廩米
北宋	『太平御覧』	穀・米・麦・禾・稲・秔・秫・稷・粟・豆・麻・黍・稌・粱・東薔
北宋	『開宝重定本草』	胡麻・青蘘・麻蕡・胡麻油・飴餹・灰藋・生大豆・赤小豆・大豆黄巻・酒・粟米・秫米・粳米・青粱米・黍米・丹黍米・白粱米・黄粱米・蘗米・舂杵頭細糠・小麦・大麦・穬麦・䕩豆・豉・䔟豆・醋・稲米・稷米・腐婢・醤・陳廩米・罌子粟
北宋	『嘉祐補注神農本草』	胡麻・青蘘・麻蕡・胡麻油・白油麻・飴餹・灰藋・生大豆・赤小豆・大豆黄巻・酒・粟米・秫米・粳米・青粱米・黍米・丹黍米・白粱米・黄粱米・蘗米・舂杵頭細糠・小麦・大麦・麹・穬麦・蕎麦・䕩豆・豉・䔟豆・白豆・醋・稲米・稷米・腐婢・醤・陳廩米・罌子粟
北宋	『経史証類大観本草』	胡麻・青蘘・麻蕡・胡麻油・白油麻・飴餹・灰藋・生大豆・赤小豆・大豆黄巻・酒・粟米・秫米・粳米・青粱米・黍米・丹黍米・白粱米・黄粱米・蘗米・舂杵頭細糠・小麦・大麦・麹・穬麦・蕎麦・䕩豆・豉・䔟豆・白豆・醋・稲米・稷米・腐婢・醤・陳廩米・罌子粟・師草実・寒食飯・莔米・狼尾草・胡豆子・東墻・麦苗・糟笋中酒・社酒・蓬草子・寒食麦仁粥
南宋	『古今合璧事類備要』	穀・禾・嘉禾・稼穡・黍稷・稲・粱・粳・秫・米
元	『夢梁録』	杭早占城・紅蓮・礪泥烏・雪裏盆・赤稲・黄籼米・杜糯・光頭糯・蛮糯・麦・大麦・小麦・麻・赤・白・烏・黄・豆・大黒・大紫・大白・大黄・大青・大扁・黒扁・白小・赤小・䔟豆・小紅・楼子䔟・青豌・白眼・羊眼・白缸・白豌・刀豆・粟・狗尾・金罌
元	王禎『農書』	粟・水稲・旱稲・大小麦・青稞・黍・穄・粱秫・大豆・小豆・豌豆・蕎麦・萄黍・胡麻・麻子・蘇子
元	『樹芸篇』	黍穄・黒黍・稷・粱秫・梁・萄黍・粟・禾・水稲・旱稲・杭稲・再熟稲・糯稲・開墾荒田法・耕田法・治秧田・甕田・浸稲種・挿稲秧・揚稲・耘稲・春米・収穫・牽礱・舂米・蔵米・刈稲・試種・大小麦・麦・䅟・大小麦・菽・大豆小豆・大豆・紫羅豆・小豆・䔟豆・黒豆・白豆・赤豆・江豆・白匾豆・刀豆・虎爪豆・龍爪豆・平眼豆・麻・黄麻・胡麻
明	『天工開物』	稲・麦・黍・稷・粱・粟・麻・菽
明	『農政全書』	黍・稷・稲・粱・粱秫・萄黍・稗・大豆・小豆・赤豆・蠶豆・豌豆・豇豆・䕩豆・刀豆・黎豆・麦・蕎麦・胡麻

明	『山堂肆考』	稲・禾・米・粟・麦・豆・菽・黍・稷
明	『群芳譜』	麦・瑞麦・蕎麦・苦蕎麦・稲・黍・稷・蜀黍・玉蜀黍・粟・梁・穋子・穄稗・嘉禾・大豆・穭豆・赤小豆・緑豆・白豆・豌豆・蠶豆・豇豆・黎豆・藊豆・刀豆・脂麻・青蘘
明	『本草綱目』	胡麻・亜麻・大麻・小麦・大麦・穬麦・雀麦・蕎麦・苦蕎麦・稲・粳・秈・稷・黍・蜀黍・玉蜀黍・梁・粟・秫・穄子・稗・狼尾草・東蘠・菰米・蓬草子・䔲草子・薏苡・罌子粟・阿芙蓉・大豆・大豆黄巻・黄大豆・赤小豆・腐婢・緑豆・白豆・穭豆・豌豆・蠶豆・豇豆・藊豆・刀豆・黎豆・大豆豉・豆黄・豆腐・陳廩米・飯・青精乾石飼飯・粥・黎・米糕・糵・寒具・蒸餅・女麹・黄蒸・麹・神麹・紅麹・糵米・飴餹・醬・榆仁醬・蕪荑醬・醋・酒・焼酒・葡萄酒・糟・米粃・舂杵頭細糠
明	『唐類函』	稲・秔・秕・黍・稷・梁・粟・穄・豆・麻・麦・米・糠
明	『陶朱公致富全書』	耕種総論・開荒・鋤田・浸種・壅田・挿蒔・耘擺・閣稲・収穫・留種・稲品・種麦・収麦・蔵麦・蕎麦・黍穄・蘆穄・芝麻・蘇苧・棉花・藍
清	『授時通考』	稲・梁・稷・黍・丹黍米・蜀黍・玉蜀黍・野黍・粟・白粟米・秫・麦・黒龍江麦・雀麦・燕麦・蕎麦・黄豆・大豆・小豆・緑豆・白豆・穭豆・豌豆・野豌豆・蠶豆・豇豆・紫豇豆・藊豆・山藊豆・刀豆・黎豆・山鷩豆・苦馬豆・鹿藿・䟽豆・回回豆・麻・大麻・沙蓬米・豆麻・蓖麻・稗・穄子・粮・茵・東蘠・薏苡仁
清	『三農紀』	麦・大麦・穬麦・青稞・蕎麦・苦蕎・御麦・稷・秫・黍・梁・穈・秈・陸稗・薏苡・豆・小豆・緑豆・豌豆・蚕豆・彬豆・抜山豆・泥豆・穭豆・苔子・粳稲・糯稲・稗・水稗
清	『植物名実図考』	胡麻・大麻・薏苡・赤小豆・白緑豆・大豆・白大豆・粟・小麦・大麦・穬麦・梁・藊豆・稷・黍・湖南稷子・稲・雀麦・青稞・東蘠・黎豆・緑豆・蕎麦・威勝軍亜麻子・蠶豆・蜀黍・稔頭・稗子・光頭稗子・穄子・山黒豆・山菉豆・苦馬豆・川穀・山扁豆・回回豆・野黍・燕麦・胡豆・玉蜀黍・豇豆・豌豆・刀豆・龍爪豆・雲藊豆・烏嘴豆・野豆花・黒藥豆・蝙蝠豆・黄麻・山黄豆・山西胡麻
清	『植物名実図考長編』	胡麻・青蘘・麻・薏苡仁・大豆・豉・豆腐・醬・赤小豆・腐婢・小麦・麹・大麦・穬麦・黍・梁・粟・穀・秫・藊豆・粳・稲・糵米・舂杵頭細糠・醋・酒・飴餹・稷・胡豆・黎豆・東蘠・師葉実・䔲米・狼尾草・菉豆・白豆・蕎麦・稗子・穄子・蠶豆・稗子・光頭稗子・穈子・豇豆・刀豆・蜀黍・玉蜀黍・豌豆・雀麦・燕麦・青稞麦
清	『広群芳譜』	麦・瑞麦・雀麦・蕎麦・苦蕎麦・瞿麦・稲・黍・稷・蜀黍・玉蜀黍・粟・梁・秫・穋子・穄稗・粮・䔲・蒯草・東蘠・梁禾・薛草・感禾・楊禾・火禾・木禾・嘉禾・大豆・穭豆・赤小豆・緑豆・白豆・豌豆・蠶豆・豇豆・黎豆・馬豆・藊豆・刀豆・大霊豆・木豆・霊光豆・仏豆・脂麻・青蘘・亜麻
清	『撫郡農産攷略』	粘稲・五十工秥・西郷早・燦穀早・鉄脚硬・大葉芒・細穀早・二夏早・点穀早・穂穀早・銀花早・石灰早・胡瓜早・一節早・三百穂・福建稉・四川早・広東遅・寧都秥・湖南秥・紅穀早・梗頚紅・早紅・遅紅・懶担糞・八月白・柳鬚白・晩白・青稈秥・梨禾白・瘦白白・金包銀・銀包金・硬穀白・遅紅・紅晩・琵琶秥・烏穀紅・柳葉早・二淮・䵚麰老・稞禾・六穀糯・紅穀糯・油麦糯・矮子糯・雲南糯・桂花糯・錫売糯・綿花糯・秋夏糯・挨秋糯・柳條糯・黄頚糯・槐花

- 45 -

		糯・水雞糯・過冬糯・千下椎糯・馬粽糯・寒糯・粱・粟・玉米・大麦・小麦・蕎麦・脂麻・萆麻・黄豆・青豆・烏豆・緑豆・烏豇豆・紅豆・豇豆・花豆・蠶豆・猪肝豆・春豆・豌豆・白豆・刀豆・扁豆・膣豆・泥豆
清	『南高平物産記』	稲・干禾・穜・小麦・大麦・穬麦・蕎麦・蜀黍・木粟・薏苡・粟・黍・玉蜀黍・穆子・稗・穄・胡麻・大豆・小豆・緑豆・雜其豇
清	『湖雅』	稉稲・秔稲・秈稲・粱・黍・稷・玉蜀黍・大麦・穬麦・落麦・蕎麦・黒大豆・白大豆・黄大豆・青大豆・褐豆・虎斑豆・紫豆・黒小豆・白小豆・黄小豆・赤小豆・緑豆・蠶豆・鷺豆・豌豆・豇豆・刀豆・藊豆・麻・胡麻・苴・稗
清	『格致鏡原』	稲・異稲・米・秋・秔・稗・糠・禾・嘉禾・異禾・粟・粱・黍・稷・麦・異麦・豆・麻
清	乾隆『永福県志』	小早・大早・烏蹄早・赤早・黄香・冬瓜・大黄穀・小黄穀・掏来粳・鋪地錦・銀珠・白翎・硬稿・吉州禾・楊桃顆・白皮・稲粳・黄杞秋・白黄鉄錦・矮江・小麦・大麦・麪麦・荳・芋・蕷・薏苡・番薯
清	同治『武陵県志』	稲・粱・高粱・稷・黍・蜀黍・麦・蕎麦・豆・脂麻・甘藷・芋

て比較することは控えなければならない[9]。しかし、それを踏まえた上で表に目を通してみると、「穀」について以下のことを言うことができる。

1つは、「穀」には我々が穀物と見なしている植物は全て含まれていることである。イネ・ムギ・アワ・キビ・タカキビ・トウモロコシなどは皆表にその名を見ることができ、これらが古来より「穀」とされてきたことが確認できる。ちなみに、表上に時折見られる「飴糖」や「醋」といった加工物や「鋤田」・「浸種」などの栽培工程に関する用語はこれらの植物に付随するものとして採り上げられていると見てよい。

もう1つは、以上の植物に加えて我々が穀物とは認識していない植物も数多く見られ、その内実が想像以上に多岐にわたっていることである。それは表中に見えるシソの実（蘇子）やケシ（罌子粟、学名 *Papaver somniferum* L.）・トウショウ（東廧、学名 *Agriophllum squarrosum* Bied.）などが現在穀物としては扱われていないことからも明らかであろう。このように本表は「穀」の内実の多様性を示しているが、この他にもサツマイモを始めとする各種イ

- 46 -

第 1 章　「穀」考

モ類やワラビ・クズなどの植物もまた含まれていて、「穀」というカテゴリーはそこに含まれる植物の多様性を特徴としていた。

　しかし、この特徴が「穀」の性格付けを困難にしていることもまた事実である。それを確認するために、試みに「穀」として扱われる植物を主食であるか否か、そして種子が利用されるか否かという条件の組み合わせからグループ分けしてみよう。このグループはそれぞれ 2 つの選択肢を持つ条件同士の組み合わせによってなされるので、そこからは 4 つのグループが形成される。それは「主食であり、種子を利用するもの」（A グループと略す、以下も同様）・「主食であり、種子を利用しないもの」（B グループ）・「主食ではなく、種子を利用するもの」（C グループ）・「主食ではなく・種子を利用しないもの」（D グループ）となる。ただし、D グループに該当する植物は「穀」の中には見出されないことから、主食ではなく、種子も利用しない植物は「穀」とは見なされていなかったことが分かる。すなわち、ここでは A から C までのグループが検討の対象となる。

　以上のグループについて、まずは A グループから見ていこう。このグループには「穀」に含まれる大半の植物が属しており、その代表としてイネやムギ・アワ・キビ・マメなどが挙げられ、また、ハトムギ・ソバなどの植物もこのグループに当たる。このグループは現代日本の穀物と同じ定義の下にあるので、とりたてて問題にするところもない。むしろ問題は次の B 及び C グループにある。

　B グループに属する植物にはサトイモ・ヤマイモ・サツマイモ・ジャガイモなどのイモ類、そしてクズやワラビなど植物中に含まれる澱粉質を利用する植物が該当し、C グループにはアサ・ゴマなどの各種植物が属するが、その構成要件からして、B グループは用途条件のみを、C グループは形態条件のみを満たしていることが窺われよう。

　「穀」に含まれる植物群は以上のように分けられるため、「穀」全体に共通する特徴を見出すことは大変難しくなる。例えば、用途条件を適用するにしても、タイマやゴマを始めとする、食糧としては利用されていなかった植

物が見られることから、それは成立しないし、また形態条件を適用するにしても各種イモ類やワラビ・クズの存在がそれを許さない[10]。そして、用途条件と形態条件が共に「穀」を定義づけるものとしては不十分であることから、種子を主食として利用する作物を穀物と見なす現代日本における穀観とは別の性格が「穀」には備わっていたと考える必要が出てくる。

　ここに「穀」の定義をめぐる問題の難しさがあるわけであるが、「穀」とは何かという問題に取り組んでいくに当たっては、それに加えて次に挙げる2つめ・3つめの特徴に対しても整合性をもって説明付ける必要がある。2つめの特徴とは明代以降タイマが「穀」から脱落していくことであり[11]、3つめの特徴とは、このようにタイマの脱落が見られるにもかかわらず、同じ「麻」として扱われていたゴマが明代以降も依然として「穀」にとどまり続けていることである。かつては共に「麻」の字が与えられ、「穀」の仲間として認められていた作物であるにもかかわらず、時代の変遷と共に一方は「穀」から外され、一方は依然として「穀」として扱われ続ける。そのような現象が見られるのはゴマが明代以降も「穀」の条件を満たしていた反面、タイマが「穀」の条件を満たさなくなったことに原因が求められるのは明らかであるが、それではその条件とは何なのか。「穀」のイメージをつかんでいくに当たってはこのような「穀」をめぐる諸現象とも矛盾させない努力が求められよう。

　以上のように、「穀」に含まれる植物を確認することによって、「穀」の定義を行うに当たって発生する問題点を提示することができた。後に触れるように、これらの問題点に対して整合的な説明を行うためには「穀」概念の歴史的展開に着目することが必要とされるわけであるが、その前に史料上における「穀」の論じられ方について確認し、具体的な論証作業を行うための準備をしておく必要がある。次節ではこの作業を行っていく。

2. 史料に見える「穀」

　改めて確認しておくが、現代日本の穀が用途条件と形態条件を同時に満たすことが求められた存在であったのに対し、前近代中国における「穀」概念はそのような条件からは外れる植物を含めていた。

　こうした捩れを解きほぐしていくに当たって、まずは各種史料において穀という文字がどのように説明されているのかを確認しておこう。ただ、史料の中に穀の字を説明する記載は思いのほか少ない。字義を知る上では欠かすことのできない史料である『説文解字』ですら、「続なり。百穀の総名なり。禾に从い㱿の声」[12]と穀字を説明するのに穀字を用いているため参考にすることはできず、その他の史料の断片的な記載に頼るしかない。

　そこで他の史料に目を通して見ると、「穀は民の司命なり」[13]、「穀は養なり」[14]など人の生命を維持させるものとして説明する記載が見える一方で、㱿を穀字の音とする『説文解字』の記載に対して「㱿は今の殻字なり。穀は必ず稃甲有り。これ形声を以って会意を包ぬるなり」[15]と穀字と種子が殻に包まれていることとの関連を指摘する段玉裁の注釈もある。言うまでも無く前者は用途条件と、後者は形態条件と関わる説明であり、そこから穀の字に対する理解には2つの系統があったことが想定される。

　しかし、話を分類概念としての「穀」にのみ限定するならば、「穀」は形態条件の影響を強く受けた概念であったと言いうる。後述するように、元代以前の「穀」がアサやゴマのような食糧として利用されることなかった植物を含んでおり、また食糧としての利用が「穀」の構成要件であることを明言する史料、或いはそれを窺わせる事例は明代以降にならないと現れないが、「穀」をめぐるこうした状況は、用途条件を穀の字義とする系統が「穀」概念の実際とはややかけ離れたものであったことを示している。換言すれば、「穀」概念を規定する要件は用途条件よりも形態条件の方に重心が置かれていたと考えられるわけであり、このことは「穀」を構成する各種作物の配列、

或いは作物に関する記載の中からも窺うことができる。

例えば、王禎『農書』百穀譜集之二では「蘇子」が、乾隆『華容県志』巻1、方輿、物産、穀之属では「藍子」が「穀」に含まれているが、シソやアイはいずれも食糧としては利用されない植物である。しかし、シソ・アイ共に「子」の字を伴っていることからも明らかなように、ここで記述の対象となっているのはシソやアイそのものではなく、それらの種子であることから、ここでは利用される部位としての種子と「穀」との関係が強く意識されていることが分かる。

同様のことは道光『晃州庁志』巻37、物産、穀之属に見える薏苡仁の記事からも確認できる。薏苡、すなわちハトムギが「穀」に含まれること自体はさほど珍しいことではないが、ここで薏苡が「仁」の字を伴っていることは、薏苡が「穀」として取り上げられるに当たって、その種子が着目されていることを示すものとして捉えられる。そして何よりも薏苡に対する按語に「この種多く例ね薬類たり。然れども邑産実繁く、かつ本草以って穀部に収む。今これに従う」とあり(16)、薏苡が「穀」に加えられた理由として、『本草綱目』において「穀」として扱われていることと共に、当地の薏苡が実を数多くつけるものであったことが挙げられている。ここでも「穀」に加えられる要件として種子の存在がクローズアップされている。

さらに、光緒『開化県志』での物産（巻2）の内容に目を通してみると、「穀・晩米・粟・豆・麦・蕎麦・油菜・芝蔴・苞蘆……」となっており、普段我々が穀物と見なす作物の中に油菜が混じっていることに気づく。こうした事例は、油菜に対して「三月に黄花を開く。子を収め、油を搾る。その餅は田を肥やすべし」との注が付せられ、その子実の利用が記載の中心に据えられていることから、『開化県志』の編者にとって油菜が形態条件を満たすものとして認識されていたことに理由を求めることができよう。

以上の例からも「穀」が形態条件によってその内容を決定されていたことが窺われるわけであるが、中でも「穀」と形態条件の相関性を示す指標となる植物がアサである。アサがどのように利用され、それと共に「穀」での

第1章　「穀」考

扱いがどのように変化していくかを見ていくと、「穀」の持つ性質がより明らかになろう。そこで次節では「穀」についてアサの利用の歴史を中心に据えつつ検討してみよう。

3. アサ利用の歴史と「穀」

　世間一般においてアサはその名が広く知られた植物であると言えるが、その実、アサと呼ばれるものがどのような植物を指し、どのように利用されているかについてはあまり知られていない。ましてやその利用の歴史ともなると、その認知度はより低いものとなろう。そこでまずはアサそのものに関する基礎的な事項をいくつか確認しておこう。

　一般にアサという言葉は狭義と広義2通りの意味を含んでいる。狭義のアサはタイマ（学名 *Cannabis sativa* L.）のみを指し、広義のアサにはタイマの他に複数の植物が含まれているが、それはチョマ（*Boehmeria nivea* (L.) Gaudich.）・ボウマ（*Abutilon theophrasti* Medik）・ケナフ（*Hibiscus cannabinus* L.）・コウマ（*Corchorus capsularis* L.）・アマ（*Linum usitatissimum* L.）などである。これらはいずれも植物学的に類縁関係には無く、タイマはアサ科、チョマはイラクサ科、ボウマ・ケナフはアオイ科、コウマはシナノキ科、アマはアマ科とそれぞれ異なる科に属する。

　これらの植物の内中国において古くから利用されてきたのはタイマとチョマであるが、タイマには大麻、チョマには苧麻の字が当てられ、同じ麻として扱われていた。ただ、ワタの普及以前においてより広く利用されていたのはタイマであり、また史料中においても麻とあればそれはタイマを示す語として用いられていた。当然、本節で検討の対象とする麻もほとんどがタイマの意として使用されているため、本節でアサとする場合狭義の意にとってタイマを示す言葉として使用することを予め断っておく。

- 51 -

ところで、中国においてこのアサはどのように利用されてきたのか。その利用法は主として繊維作物・食糧作物・油糧作物の3つの側面から成り立っていた。繊維作物としてのアサについては贅言を費やす必要もなかろう。周知の通り、古来よりアサは世界各地でその繊維が利用され、様々な加工物の原料となってきた。中国もまた例外ではなく、まだワタが導入されていなかった時代においては、絹やクズ・チョマなどと共に貴重な繊維作物として扱われていた。その様子は古くから記録に残されており、そうした史料は膨大な数に上るが、ここでは『詩経』に詠われたアサが栽培されている光景や[17]、収穫したアサを水に浸す様子[18]をその例として挙げるにとどめておきたい。

　一方で、食糧作物及び油糧作物としての側面についてはそれほど知られていない。繊維作物としての利用に比べると、それらについて触れた史料は決して多くないが、前者から見ていくと、例えば、『礼記』月令には「麻と犬を食す」・「犬を以って麻を嘗む」と見え[19]、アサが犬と共に食べられていることについて触れられている。また、『詩経』豳風、七月に「九月に苴を叔う」、「十月禾稼を納むるは、黍・稷・重穋、禾・麻・菽・麦」と記される情景もアサの実を食糧としていることと関わりのあるものとして理解されている。前者について言えば、アサの実を拾い集めるのを鄭玄は「麻実の糝」にするためと記し、孔穎達は「麻実を捨取し以って食に供す」ものとして捉えており、後者については孔穎達が先の注の後文にてアサの収穫を「常食に供する」ためとしている[20]。これらの事例から、アサの実は確実に食糧として利用されていたことが分かる。また、アサが『周礼』天官、疾医の鄭玄注、『大戴礼記』曾子天円の盧辯注、『楚辞』大招の王逸注、『荀子』楊倞注などにおいて五穀の1つとして数えられていることも、その食糧としての価値が低いものではなかったことを示すものとして捉えられよう。

　また、油糧作物として利用についてはそれに言及する史料は少ないものの、食用のみならず[21]、照明[22]や繊維製品の防水[23]のために用いられていたことが史料より窺われる。

第 1 章　「穀」考

　ところで、これらの利用全てが、アサの利用が開始された時より一貫して行われてきたわけではない。これらの中では繊維としての利用のみが紀元前の時代から 20 世紀に至るまでの間絶えず確認されるにすぎず、食糧としての利用も油としての利用も決して時代を問わずして見られたわけではない。

　特に早々とその役目を終えたのが食糧としてのアサであった。先に確認したように、アサの実が人々によって食べられていたことは『礼記』などの記載からも明らかであるが、篠田統氏は漢代の時点ですでにアサの実は食べられていなかったのではないかという見解を呈されている[24]。篠田氏はこの見解に対して具体的な根拠を示されていないが、確かに上に掲げた経書を除くと食糧としての利用を示す事例はほとんどなく、同じ五穀の作物でもムギ・アワ・イネ・キビ・マメなどと比較すると、アサの利用についてはそれを記す史料が圧倒的に少ないため、篠田氏の見解はほぼ妥当なものであると見なして良かろう。

　また、これに加えてアサの利用に関する注釈の存在にも着目しておきたい。アサの実を食用に供することについて触れる注釈は、先に挙げたものの他に朱熹の注釈がある[25]。これらの注釈は当然のことながら古代社会においてアサの実が食べられていたことを証明するものとすることができる。しかし、一方でなぜそのことを注釈としてわざわざ残しておく必要があるのかを考えると、食物としてのアサの位置づけがやや変わってくるように思われる。すなわち、他の食糧作物とされる植物、例えばムギ・アワ・イネなどが経書や史書などに記される場合、それらに対していかなる注釈が付せられているかを見ると、そこに「●●は食すべし」といった類の文言が見られることはほとんどない。そもそも注釈の性格が、注釈者の主張を提示するものであると共に、その当時の常識と照らし合わせた時に記しておいた方が読者の理解の助けになると注釈者が判断することによってなされるものでもあることを考えるならば、ムギやアワが食用に供されることを指摘する注釈がないのは、そのような利用のあり方が当時の人々の常識の範囲内にあることであ

ったからに他ならない。つまり、見方を変えると、食用としてのアサの実に関する注釈がつけられたのは、その注釈の記された当時にあってアサの実を食する行為が常識の範囲外にあったことに起因すると考えることも可能である。

　こうした考察が的を外すものではないとしたら、遅くとも朱熹が注釈を施した宋代にはすでに食物としてのアサの利用が廃れていたとすることができよう。現に唐宋期以降アサの実を食用に利用する記録は稀にしか見ることができず[26]、仮にアサの実の利用が続けられていたとしても、それは記録にでてこないほど規模の小さいものであったに違いない[27]。以上の検討から食糧としてのアサは漢代にはすでに衰退しており、唐宋期にはほとんど見られなかったとすることができる。

　このように食糧としてのアサは早い時代にその姿を消すが、ここで注目すべきはそのような現実にもかかわらず、宋元期まで「穀」には依然としてアサが含まれていたことである。試みに表1-2を見てみよう。本表は宋代から明代にかけての地方志を対象として、物産の項目においてアサがどのように分類されているか調査し、それを宋元期と明代に分けて比較したものである[28]。

　さて、本表より明らかなのは、宋元期においてはまだアサは「穀」として扱われることが多かったこと[29]、そしてそうした状況は明代に入ると変化を来たすことである。前者については、宋元期に関する数字が「穀」が 6 例、「穀」以外が 2 例であることから窺われ、後者については、明代に関する数字が「穀」が 25 例、「穀」以外が 99 例とその比率は逆転し、「穀」以外の分類に組み入れる地方志が増えていることからも明らかである。実際のところ宋元期のデータについては現存する地方志が少ないことから、明代との比較にたえるだけの内容を備えているとは言いがたいが、少なくとも宋元期と明代ではその傾向に大きな違いが存することを本表から導き出すことは許されよう。何よりも明代における 25 例と 99 例という圧倒的な差はアサ観とでも言うべきものの大きな変化を示していると言いうる。

第1章　「穀」考

表1-2　地方志における麻の配置

	穀	穀以外	麻無し	その他
宋・元	6	2	2	10
明	25	99	96	62

　このような表1-2の分析からは、「穀」が食糧としてのみ利用されている作物を「穀」として認めていたわけではなかったこと、換言すれば「穀」が用途条件を採用していなかったことを知りうるが、それではなぜアサは「穀」の枠内にとどまり続けられたのか。そしてなぜ明代に入って急激に「穀」として認められなくなっていったのか。その理由を確かめるために、次に油糧作物としてのアサについて見ていきたい。

　現在の中国では、主としてラッカセイ・アブラナ・ダイズ・ワタなどが油糧作物として利用されているが、この内ラッカセイやワタが後代になって中国に移入された作物であることからも分かるように、前近代中国において利用されていた植物油は現代におけるそれとは少々異なっていた。ラッカセイやワタの代わりに他の植物の油が利用されており、アサもまたそうした油糧作物の1つであった。

　そもそもアサも含む植物油が中国でいつごろから利用され始めたかについては明らかではないが、『斉民要術』においてはカブ・エゴマ・ベニバナ製の油について言及がなされていることから[30]、それは遅くとも北魏の時代まで遡ることができる。また、ほぼ同時代の史料として『名医別録』にゴマ油の項目が設けられ[31]、『神農本草経集注』にエゴマ油の記載が見られるので[32]、魏晋南北朝期には植物油の潤滑油や照明油或いは薬としての利用が定着していたと考えられる。ただ、これらの記述は簡略なものであるため、搾油技術など植物油にまつわる詳細については知りえず、それについては元代の王禎『農書』や明代の『天工開物』などの記載を待たねばならないが、エゴマ（『神農本草経集注』）やナンキンハゼ[33]のようにベニバナの他にも

- 55 -

種子から油を採取する記載が史料には見られるので、当時すでに搾油技術も確立していたと見てよい。

そして、こうした環境下においてアサもまた油糧作物として利用されていた。『斉民要術』には「この二実（アサとゴマの種子を指す――筆者注）を収むれば、美燭の費に供するに足る」[34]と賈思勰の注を付すようにアサ油の利用についての言及が見えるが、この記載からもアサがベニバナやゴマと共に古い時代から植物油の需要を支えてきたことは看取されよう。

ところで、植物油そのものの利用の実態については、上記の本草書や農書を除くと、それに触れる史料がほとんどないため、六朝期以降アサ油がどのように利用されていたかを具体的に知ることは叶わない。ただ、先述の通り食用や照明・防水を目的とした利用がなされていたことは確認でき、また唐代には「北土は大麻を以って油と為す」という文言も見られることから[35]、前近代社会にあってアサが油糧作物として重要な役割を果たしていたことは想像に難くない。

しかし、アサ油は明清期に入るとだんだんとその地位を低下させていく。例えば、地方志の物産項を眺めていても、アサ油に関する言及はごく稀にしか見ることができない。油糧作物としての麻が採り上げられる場合、たいていそれはゴマを指した言葉であり、また麻油と言えばそれはアサ油ではなくもっぱらゴマ油のことであった。

このように明代以降アサ油は利用される機会を減少させていったが、それではこうした現象はなぜ起こったのか。その理由としてはいくつか挙げられるが、その１つとして油糧作物の多様化がある。従来利用されていた油は先に挙げたアサやベニバナ・ゴマ・エゴマ・ナンキンハゼ・アブラナなど多岐にわたるが、明代以降においてはワタやラッカセイといった外来作物の栽培が普及したことによって、これらの種子から取れる油も広く利用されるようになる。さらに、外来作物のみにとどまらず、在来作物であるユチャ（学名：*Camellia Oleifera* Abel.）やシナアブラギリ（学名：*Aleurites fordii* Hemsl.）の栽培も盛んになったため、明代以降油の採取や利用をめぐる環境は大きな変

化を見せたと言いうる。

　しかし、アサ油の地位の低下の理由はそれだけにとどまらない。その他にもアサ油の性質そのものや明清期における開発の展開にも理由は求められよう。まず前者から見ていくと、当時アサ油は他の油糧作物と比べて質・量共に劣るものとして認識されていた。それまでアサ油は「缺くべからざる」[36]ものとされていたが、明代の『天工開物』では食用油としては最も質の低いものとして評価されている[37]。そして採油量もまた他の植物と比べると低く、それぞれ1石（107.3リットル）あたりの採油量はワタが70斤（明代の1斤は590.4g）、ゴマ・ヒマ・クスノキが40斤、シナアブラギリ・ナンキンハゼが33斤、アブラナ・ハクサイ・ヒユが30斤、ダイコンが27斤、ユチャが15斤、クロガネモチが12斤、ダイズが9斤であった半面、アサからの採油量は20斤にとどまり、決して高くない[38]。

　ただ、上記の植物の中にはユチャやダイズのように1石あたりの採油量が少ないにもかかわらず盛んに栽培されたものもあるが、こうした状況は明清期における開発の進展との関連において説明することが可能である。当時、中国において産出量の多かった植物油としてはダイズ・ワタ・ラッカセイ・アブラナ・ゴマ・ユチャ・シナアブラギリ・ナンキンハゼなどが挙げられるが、この内ダイズ・ワタ・ゴマは華北地域で、アブラナは長江下流域を中心とした華中全域で、ユチャ・シナアブラギリ・ナンキンハゼは江西・湖北・湖南・四川・福建・貴州等の華中・華南地域で、ラッカセイは福建・広東・広西等の華南地域で盛んに栽培されていた。このように一概に植物油の利用と言っても、その産出と利用には地域的な差異が見られるが、そうした差異を生み出すのが地域ごとの開発のあり方である。

　これら油糧作物生産の地域性と開発との関わりについて簡単に見ておこう[39]。まず華北の植物油の内、特にダイズ・ワタ生産の増大には華北農業における商品作物化の進展と深く関わっており[40]、ユチャやシナアブラギリ・ナンキンハゼの栽培は華中・華南における山地開発に伴って行われたものであった[41]。また、ラッカセイは他の植物に比べて栽培条件が厳しくな

く、特に砂地での栽培も可能であったことともあいまって、従来農業開発の進んでいなかった地でも盛んに栽培され、一方でアブラナ栽培の広まりは、アブラナが秋の終わりから冬の初めにかけて播種され、翌年の2・3月に収穫することのできる作物であることから、二年三作の栽培サイクルの中に組み込まれ、春花（小春）作物として当地の農民に重宝されたこととの関係が大きいだろう[42]。

このように明清期に盛んに使用された油糧作物にはワタやユチャ・ラッカセイのように当時の開発の方向性に適合するものや、アブラナのように各地の栽培スタイルに合ったものが多いことが窺われる。無論、それぞれの油の性質や産油量もまた栽培の普及・促進に対して、強い影響力を持ってはいたが、油糧作物の選択における決定的な契機となったのは、当時の開発や農業のあり方を妨げることなく適応できるか否かという点にあった。

ところで、明清期は繊維作物としてのアサの利用が後退する時代でもあった。無論、それはアサ製衣料が全く利用されなくなったことを意味するわけではないが、この時代は宋代に導入されそれ以降着実に栽培地域を拡大させていたワタの供給量が飛躍的に高まる時期に当たるため、そうしたワタ製の衣料の普及は必然的にアサ製衣料の価値の相対的低下を招くこととなり、当然その生産量も以前と比べて減少していた[43]。

ただ、アサ栽培の後退はこうした外的要因だけに理由が求められるわけではない。佐藤武敏氏や原宗子氏が指摘されたように、アサはその栽培過程において「十耕蘿蔔九耕麻」[44]と称される耕起や、肥沃な土壌を維持するための管理を必要とし、また2メートルを超えるまでに成長するアサの刈り取りや加工には他の作物以上の労力が求められたため、その生産は重労働を伴うものであった[45]。当然それは栽培の拡大に際してはマイナス要因になり、より高い労働効率による経営が可能で、より高い価値が付与される繊維作物が登場するならば、それが生産者のアサ離れを引き起こすことは想像に難くない。明清期以降に起こったアサの生産量の相対的低下にはアサそのものが内包する要因もまた働きかけていた。

第 1 章　「穀」考

　以上の明清期のアサをめぐる状況は以下のようにまとめられるだろう。すなわち、油糧作物としてのアサは、その品質や産油量の面において他の油糧作物に抜きん出る特質を持ち合わせておらず、一方で繊維としてのアサの持つ重要性も相対的に低下していたため、その生産を積極的に進めていく要素を欠いていた。それに加えて、アサの栽培は肥沃な土壌と多大なる労働力を必要とするだけではなく、原宗子氏も指摘されるようにその栽培地や栽培期間が他の穀物と競合する関係にあることもあって[46]、明清期の開発・農業のあり方に積極的に適応する性質ではなかったため、栽培の側面においてもそれを促進させるようなメリットは見当たらなかった。明清期にアサ油の利用が衰退していった背景にはこれらの諸要素も作用していたと考えうる。

　このようなアサ利用の歴史的展開は「穀」概念とどのような関わりがあるのか。簡単に整理すると、まず「穀」においてアサは中国において分類という行為がなされるようになった初期の段階からその中に含められる作物であったが、明代に入ると次第に「穀」から外されるようになり、「布」・「帛」といった繊維作物をまとめる分類や「貨」のような販売を目的とした作物・加工物をまとめる分類に組み込まれていった。一方で、アサは繊維作物・食糧作物・油糧作物という3つの側面を持っていたが、食糧作物としての利用は唐宋期には早くも廃れていき、また油糧作物としての利用も明代前後を境として見られなくなり、清代から民国期においてはその利用を示す記述も姿を消す。また、繊維作物としてのアサも時代の経過と共にその価値を下げつつあったが、前二者のように廃れるまでには至らず、民国期においてもワタ製衣料を補助する繊維として利用され続けていた。

　こうしたアサ利用の歴史的展開を踏まえるならば、「穀」が用途条件に基づく分類であったことはあり得ない。なぜならば、「穀」が食糧としての利用が重視される分類であるならば、食糧としてのアサ利用が廃れていった唐宋期にはすでにアサは「穀」たる資格を備えておらず、それ以降別のカテゴリーに組み込まれるはずであるのに、それ以降も依然として「穀」に含まれているからである。

しかし、「穀」が形態条件に基づいた分類であるならば、こうした問題は解消される。つまり、アサの食糧としての利用が廃れていってもアサの種子はまだ採油対象として利用され続けていたから、唐宋期以降に「穀」にとどまっていても矛盾は発生しない。また、アサが「穀」から外される明という時代はアサ油の利用、換言すればアサの種子の利用が廃れていった時代でもあるため、この2つの事象は符合するものとして捉えられる。

　このように「穀」とアサの関係は「穀」が形態条件に基づく分類であったことを示すが、このことはゴマと「穀」の関係からも見て取ることができる。周知の通り、ゴマの種子は古来より食用にされ、また六朝期には油としても利用されていたが、アサとは異なり民国期に至るまでこれらの利用が廃れることはなかった。一方で、「穀」におけるゴマについて見てみると、それは従来同じ「麻」として認識されてきたにもかかわらず、民国期の時点においても依然として「穀」として扱われ続けていた。

　以上の事実は「穀」が形態条件に基づいていることを如実に示しているが、最後に「穀」をめぐるこうした傾向を言明する事例を2つ挙げておこう。1つは万暦『雷州府志』に見られる事例である。本書の土産項では穀の下位カテゴリーとして麻之種を設けられているが、ここでは芝麻のみが採り上げられている。厳密に言うと、ここでは苧麻・青麻・黄麻に対する言及もなされてはいるが、それは「外に苧麻・青麻・黄麻有り。皆布用を作し、穀品に入れず」というものであった[47]。苧麻（チョマ）や青麻（ボウマ）が穀品に加えられないのは当然のこととして、黄麻（タイマ）まで繊維作物のみの使用を理由として穀として扱われなかったのは、明代の時点におけるアサの種実利用の後退と共に「穀」の構成要件が形態条件を基準としていたことを示すものとして捉えられる。

　そして、もう1つの事例はそのことをより明確な形で示す。光緒『広徳州志』の物産項ではアサが貨之品に、ゴマが穀之品に配されているが、それぞれにその配置に関する注釈を付している。すなわち、アサについては「礼経の謂う所の牡麻・苴麻、是なり。本草に依りて当に穀品に入るべきも、土

人只だその皮を取り以って布を続ぐのみ。故にこれに入る」と[48]、ゴマについては「赤・黒・白の三種あり。赤・白は以って油を搾る。黒は祇だ糖食の用に充つるのみ。旧と雑耕品に入るも、今これに移す」[49]と。

　前者から見ていくと、『礼記』や本草書への言及から本書の編者がかつてアサの実が食べられ、また「穀」として扱われていたことを認識していることは明らかである。それにもかかわらずアサをあえて「貨」のカテゴリーに加え、そしてその理由として地元民がアサを繊維作物としてしか利用していないことを挙げている。ここからはアサ利用の実態に即してアサを分類しようとする編者の意図がはっきりと看取され、そしてその際の分類は形態条件に基づいて行われていることが窺われる。

　一方、後者では、ゴマが油や食用として利用されていることに触れつつ、雑耕品なるカテゴリーから「穀」に移していることが断られている。ゴマを「穀」へ移した理由についてはっきりと触れてはいないが、種子の利用について言及がなされていることからも、「穀」への移入はそれとの関わりで考えるべきであろう。

　これらの事例からも分かるように、「穀」という分類概念は種子の利用を主とした植物であるか否かという点を非常に重視していた。こうした原則は確固たるものであり、宋元期に至るまでそれに反する事例はほとんど現れなかった。しかし、明代以降、それは少しずつゆらぎ始める。無論、明清期においても形態条件という原則は上の『広徳州志』のように当時の人々を強く規定するものではあったのだが、明清期はこの「穀」観がほころびを見せるようになる時代でもあった。次節ではその様子を見ておきたい。

4.　「穀」概念の変遷

　前節の検討からも明らかなように、「穀」とは種子を利用する植物を集め

た分類であった。しかし、明清期、特に清代以降に「穀」の内実をめぐって新たな傾向が見られるようになる。それはサツマイモ・ジャガイモ・サトイモ・ヤマイモといったイモ類やワラビ・クズなど、従来は「穀」に加えられることのなかった植物が「穀」として扱われるという現象である。

　実際のところ、これらの植物が「穀」とされる事例は明代より確認することができるが[50]、そうした現象が広く見られるようになるのは清代に入ってからのことである。それは特に湖南や福建・広東等の地方志でよく見ることができるが、例えば光緒『興寧県志』ではイネやムギ・マメなどの作物に加えて藷・芋頭・蕨などの名が見え[51]、また乾隆『祁陽県志』では穀之属の末尾に「雑糧」というカテゴリーを設けそこに藷・芋頭・蕨を載せている[52]。

　それではこの新しい傾向は何を意味するのか。それを明示するのが地方志の編者によって付せられた按語や注である。例えば、民国『同安県志』の物産の項では穀属の末尾に番薯、すなわちサツマイモに関する記事が見え、それについて「按ずるに、番薯は穀類に非ざるなり。但だ同邑、徧地皆な種え、比戸皆な食し、且つ此物の盛衰を以って年歳の豊歉を卜い、利溥くして用宏きこと幾ぼ五穀と並びて重し。故に特に諸穀属に附し、以って天下の力田者の為に勧む」[53]との按語が記されている。ここではサツマイモが「穀」に加えられた理由として、それが同安県において広く栽培され、その豊凶によっては当地の生活に支障を来たすほど依存しており、民に対する貢献が五穀に比するほどであったことが述べられている。

　ここで注目すべきはサツマイモが「穀類に非ざる」ものとして認識されていること、そして食糧として価値の高さを理由に「穀」に加えられていることである。前者からは「穀」が形態条件を満たす必要のあるカテゴリーであるという原則が働いていることが、後者からはそれにもかかわらず用途条件を満たしているため「穀」への組み入れが認められていることが窺われよう。

　『同安県志』は民国期の地方志であるが、清代においてもこうした事例

第 1 章　「穀」考

は枚挙に暇がない。乾隆『永福県志』において芋・蕷・薏苡・番薯に対して付された「以上の四者皆糧に当つるべし。故に穀に附す」という注釈[54]、乾隆『平江県志』に見られる「旧志、薯・芋・蕨皆な蔬属に入るも、今それを以って民食を裨い、かつ粉餌の類たり。故に改めて穀の末に附す」という按語[55]、同治『武陵県志』の「府志、藷・芋もて蔬類に入るも、今その荒に備うるべきの故を以って穀の末に付す」という甘藷と芋に対する按語[56]はみな同様のことを述べた言説である。つまり、元代以前までは「穀」を構成する要件として用途条件が求められることはなかったが、明代以降、特に清代に入ると用途条件もその構成要件として認められるようになるという変化がこれらの史料から読み取れよう[57]。

おわりに

　以上の検討から、中国における「穀」という分類概念が持つ性格、及びそれに見られた変質について明らかにすることができた。本章で論じたことを簡単にまとめるならば、その成立当初は種子の利用を目的として栽培、或いは採取される作物を集めたカテゴリーであった「穀」は、時代の経過と共に日常的に主食として扱われる作物の集合体という側面をも持ち合わせることになった、ということになる。先に示したグループに即して言えば、従来A・Cグループから成り立っていたものに、後の時代になってBグループが新たに加わるという変遷を「穀」はたどったことになろう。
　この「穀」概念の変質は清代を境に顕著に現れてくるが、残念ながらこうした変化の起きた理由についてはそれを伝える史料が無く、それを明らかにすることはできない。ただ、こうした現象について敢えて私見を呈するならば、筆者は農書の普及が強く作用していたと考える。周知の通り農書は実用性の強い書物であるが、そうした性格は「穀」の内容にも影響を与えてお

り、そこで採り上げられる植物も、形態条件を満たす植物の中から有用性の高いもの、すなわち食糧作物が中心として選別されていた。表1-1の「穀」の内容からもそれは明らかであり、例えば各種本草書における「穀」分類が形態条件を満たす植物を網羅的に掲載しているのに対し、王禎『農書』・『授時通考』・『農政全書』・『三農紀』等の農書における「穀」は大半が食糧作物で占められ、その内容が編者の絞りこみを経た上で成立していることが窺われる。そして、こうした性格を持つ農書が官の手によって広範に配布され、各地の知識人の間で読まれたため、それに端を発して農書の「穀」のイメージが知識人の「穀」観とでもいうべきものに影響を与え、結果として用途条件を「穀」概念の構成要件とする認識が広く受け入れられることとなったと考えられる。

　こうした見解の当否はさておき、従来形態条件のみをその構成要件としていた「穀」が用途条件も含めていったことは確かなことであるが、当然のことながら、そこには新たな要件の追加を契機として発生した矛盾、すなわち「穀」の定義を曖昧にする矛盾も付随していた。こうした状況は実際に「穀」の作成に携わる現場に混乱をもたらすこととなるが、最後にそうした事例を2つ挙げておこう。

　1つは民国『万載県志』においてゴマが「穀」の「附」として扱われるという事例である[58]。ここではゴマが「穀」に正式に属するものとして見なされていないが、そこに見られるのは従来「穀」の一員として認められてきた「麻」が主食として利用されていないがために「穀」に当たらないものとして認識されるという逆転現象である。

　もう1つは民国『建寧県志』において設けられた「麻」というカテゴリーに対し、「麻も亦穀属なり」との注が付されている事例である[59]。一般的に地方志の物産項において、カテゴリーそのものに対して注が付けられること自体が異例であるが、それと同時に、注釈が、「麻」が「穀」に属することを強調する内容になっていることも非常に異例であると言える。特に、日本語にすると「〜もまた」と訳出される「亦」の字を文中に加えている様は、

第 1 章　「穀」考

まるでその事実を読者に確認し、念を押しているようにも感じられ、当時「麻」を「穀」として見なすことへの不安感、換言すれば形態条件を「穀」の構成要件とすることへの不安感が存在したことをそこに看て取ることができる。

　これらの事例からは、当時地方志の編者が直面した混乱と共に、「穀」そのものが抱えるゆらぎをも見出すことができるが、こうした混乱とゆらぎは明らかに用途条件の導入に伴って形成された不整合性によるものであった。そして、これらの事例でとられた対応からは、「穀」をめぐる新たな動きが見られた当時にあって、その不整合性や矛盾が編者の間でおぼろげながらに自覚されていたことが窺われるが、一方でその原因を追究し、混乱を解消しようとする動きが起きるまでには至らなかった。結局のところ「穀」はこうした混乱を孕みつつ近代を迎え、その結果として複雑で容易には捉えがたい内容を持った分類概念へと変わり果てていった。

　「穀」にまつわる問題の淵源はここに見出すことができよう。

注
(1) 本章では現代日本で通用される「穀物」・「穀類」・「主穀」・「雑穀」等の言葉に含まれている「穀」と、中国の史料において植物を分類するカテゴリーとして用いられる「穀」とを区別して使用する。それは、後に明らかにするように、分類概念としての「穀」は、現在使用されている「穀」を含んだ言葉とは微妙に異なるニュアンスを持っているからである。そのため現在使用されている「穀」については第一節で検討するように、「種子を食糧として利用する作物」という定義をもって理解し、以下「　」を付さずに使用することとし、分類概念としての使用には「　」を付して使用する。
(2) 天野元之助『中国農業史研究（増補版）』（御茶ノ水書房、1979）。
(3) 篠田統『中国食物史』（柴田書店、1974）、『中国食物史の研究』（八坂書房、1978）。
(4) 万国鼎『五穀史話』（中華書局、1961）。

(5) 李根蟠『中国農業史』(文津出版、1997)。
(6) 游修齢『稲作史論集』(中国農業科技出版社、1993)、『中国稲作史』(中国農業出版社、1995)、『農史研究文集』(中国農業出版社、1999)。
(7) 増田昭子「沖縄・八重山の五穀」(『民具マンスリー』33 － 6、2000)。
(8) 第 6 章参照。
(9) なお、本表では紙幅の都合から地方志の掲載は行論に関わりのあるものに限っていることを予め断っておく。
(10) 李根蟠氏は、「五穀」の場合の「穀」について「殻を持つ食糧」と定義されている(注(5)書、73 ページ)。こうした定義も「五穀」の場合のみならば通用するものの、各種イモ類やクズ・ワラビまでもが「穀」に含められている状況からして、「穀」の定義として無条件に一般化するわけにはいかない。
(11) アサが「穀」から外される事例は、管見の限りでは、南宋期の地方志『㵦水志』(巻上、物産)が初見であるが、明代に入ってからこうした事例は急激に増加する。そのような諸事例の中でも、光緒『嘉興県志』巻 16、物産、穀類、油麻には「至元志は苧蔴・黄麻を以って穀品に列べ、概称して麻と為し、而して別に油麻一種を出す。今油麻を以って穀品に入れ、その苧麻・黄麻は別に枲類に詳しくす」と見え、元代の『嘉禾志』の時点では麻(カラムシ・タイマ)と油麻(ゴマ)は「穀」と見なされていたが、清朝光緒期に編纂された『嘉興県志』では、苧麻・黄麻を「枲」として扱い、油麻のみを「穀」と見なすことが明記されており、元代と清代におけるアサに対する認識の相違を見て取ることができる。
(12) 『説文解字』第七篇上、穀

　続也、百穀之総名也。从禾㱿声。
(13) 『管子』山権数

　穀者、民之司命也。
(14) 『詩経』小雅、小弁「民莫不穀」に付せられた鄭玄箋に見える。
(15) 『説文解字注』第 7 篇上、穀

　㱿者今之殼字。穀必有稃甲。此以形声包会意也。
(16) 道光『晃州庁志』巻 37、物産、穀之属

第1章 「穀」考

此種多例薬類。然邑産実繁、且本草以収穀部。今従之。

(17)『詩経』斉風、南山

蓺麻如之何、衡従其畝

(18)『詩経』陳風、東門之池

東門之池、可以漚麻

(19)『礼記』月令、孟秋

天子居総章左个、乗戎路、駕白駱、載白旂、衣白衣、服白玉、食麻与犬、其器廉以深。

『礼記』月令、中秋

以犬嘗麻、先薦寝廟。

(20)『詩経』豳風、七月

七月食瓜、八月断壺、九月叔苴　采荼薪樗、食我農夫　九月築場圃、十月納禾稼、黍・稷・重穋、禾・麻・菽・麦

同上、箋

瓜瓠之畜、麻実之糝、乾荼之菜、悪木之薪、亦所以助男養農夫之具。

同上、正義

説文云、叔、拾也。亦為叔伯之字。喪服注云、苴、麻之有実者。然則叔苴謂拾取麻実以供食也。……下章納穀有麻、在男功之正。此説男功之助、言叔苴者、以麻九月初熟、拾取以供齏菜。其在田収穫者、猶納倉以供常食也。

(21)『雞肋編』巻上

河東食大麻油、気臭、与荏子皆堪作雨衣。

(22)『斉民要術』巻2、種麻子第九

崔寔曰、苴麻、子黒、又実而重、擣治作燭、不作麻。

王禎『農書』百穀譜集之二、麻子

按、麻子・蘇子六蓄所不犯、類能全身遠害者。于五穀有外護之功、于人有灯油之用。皆不可缺也。

(23)『経史証類大観本草』(以下『大観本草』と略称)巻27、菜部上品、荏子所引『四声本草』

人収其子、以充油絹帛、与大麻子。

また注（21）も参照。

(24) 篠田統「忘れられた穀物」（『生活文化研究』5、1956、のち注（4）『中国食物史の研究』に再録）。

(25) 『詩集伝』巻4

麻、穀名。子可食、皮可績為布者。

(26) 例えば、同治『湖州府志』巻32、輿地、物産、穀之属、麻所引談志

続図経載、今郷人種麻、先収牡麻、取其皮以緝布充衣、後収苴麻、取其子以供食。また、嘉慶『石門県志』巻52、物産、枲之属、枲麻にも「子、食すべし」との注が見える。

(27) 『南斉書』巻20、陳皇后伝に「后生太祖。太祖年二歳、乳人乏乳、后夢人以両甌麻粥与之、覚而乳大出、異而説之」と乳母の乳が出ない折、乳母にアサの粥を与えるよう勧める夢を見る記載があるが、恐らくこれはアサの薬効が見込まれた上での利用であるから、食用の事例としては一般化できない。

(28) 本表の作成に当たっては『宋元方志叢刊』・『天一閣蔵明代方志選刊』・『同続編』・『明代孤本方志選』・『日本蔵中国罕見地方志叢刊』・『稀見中国地方志彙刊』・『北京図書館古籍珍本叢刊』所収の地方志を利用した。

また、表の作成に当たっては、それぞれの地方志においてアサ（大麻・黄麻・火麻）の名が「穀」の中に見られる場合と、帛・布・貨など「穀」以外のカテゴリー見られる場合、その名が物産の中に見えない場合に分けてそれぞれの数を集計して示している。なお、地方志の汚損や麻とだけあるような簡潔な記述のため、そこにアサが含まれているかを判別できない場合、或いは「穀」を用いない変則的な分類がされている場合は全てその他に数えている。

(29) 古い時代の「穀」の分類ではアサもゴマも「麻」としてまとめられていることが多く、「麻」が「穀」から外されなかったのはゴマの存在があったからとも考えうるが、中には至元『嘉禾志』（巻6、物産、穀之品）のように麻と油麻に分けて穀之品の中に載せるものも見られることから、アサは依然として「穀」に分類されるべき作物として認識されていたことが窺われる。

第1章　「穀」考

(30)『斉民要術』巻3、蔓菁第十八
　　一頃収子二百石、輸与圧油家、三量成米、此為収粟米六百石、亦勝穀田十頃。

巻3、荏・蓼第二十六
　　収子圧取油、可以煮餅。

巻5、種紅藍花・梔子第五十二
　　負郭良田種一頃者、歳収絹三百匹。一頃収子二百斛、与麻子同価、既任車脂、亦堪為燭、即是直頭成米。

(31)『大観本草』巻24、米穀部上品、胡麻油所引『名医別録』。

(32)『大観本草』巻27、菜部上品、荏子所引『神農本草経集注』
　　笮其子作油。日煎之。即今油帛及和漆所用者、服食断穀亦用之。名為重油。

(33)『大観本草』巻14、木部下品、烏臼木根皮所引『本草拾遺』
　　烏臼葉好洗皂。子多取圧為油、塗頭令白亦変黒、為灯極明。

(34)『斉民要術』巻2、種麻子第二
　　胡麻、六畜不食。麻子齧頭、則科大。収此二実、足供美燭之費也。

(35)『大観本草』巻27、菜部上品、荏子所引『本草拾遺』
　　江東以荏子為油、北土以大麻為油、此二油倶堪油物。

(36)注(22)所引王禎『農書』。

(37)『天工開物』巻上、膏液、油品
　　凡油供饌食用者、胡麻・萊菔子・黄豆・菘菜子為上、蘇麻・芸苔子次之、樟子次之、莧菜之次之、大麻仁為下。

(38)『天工開物』巻上、膏液、油品
　　凡胡麻与蓖麻子・樟樹子、毎石得油四十斤、萊菔子毎石得油二十七斤、芸苔子毎石得油三十斤、其籽勤而地沃、搾法精到者、仍得四十斤、樟子毎石得油一十五斤、桐子仁毎石得油三十三斤、柏子分打時、皮油得二十斤、水油得十五斤、混打時共得三十三斤、冬青子毎石得油十二斤、黄豆毎石得油九斤、菘菜子毎石得油三十斤、棉花子毎百斤得油七斤、莧菜子毎石得油三十斤、亜麻・大麻仁毎石得油二十余斤。

また、康熙『広済県志』巻4、物産、六穀、麻には「また火麻あり。子粒は油を少なくし、皮は疏悪の布を為す。種うる者甚だ少なし」とあり、アサからの採油量の

- 69 -

少なさとアサの栽培が盛んでないこととの因果関係が見て取れる。
(39) 清代の植物油利用の地域性については徐建青「清代前期的搾油業」(『中国農史』1994－2) も参照。
(40) 足立啓二「明末清初の一農業経営」(『史林』61－1、1978)、「清代華北の農業経営と社会構造」(『史林』64－4、1981)。
(41) 例えば、同治『興国県志』巻 12、土産、食貨類、油、茶油には「興邑の山阜多く茶子を種え」、「商賈の収販すること終歳絶え」ないという当地の状況が描かれている。
(42) 春花や小春は広義ではムギ・マメ・アブラナなどの春熟作物を、狭義ではアブラナを指す言葉である。詳しくは川勝守「明末清初長江沿岸地区之『春花』栽種」(中央研究院近代史研究所編『近代中国農村経済史論文集』中央研究院近代史研究所、1989、のち日訳し「長江沿岸地域の「春花」栽培」として『明清江南農業経済史研究』(東京大学出版会、1992) に再録) を参照。また、中国におけるアブラナ栽培については曹隆恭「我国古代的油菜生産」(『中国科技史料』7－6、1986) にも詳細な言及がなされている。
(43) 例えば、馬雪芹「明清河南桑麻業的興衰」(『中国農史』2000－3) もそうしたアサ栽培の衰退を指摘する。
(44) 『農桑衣食撮要』巻上、種麻
　　古人云、十耕蘿蔔九耕麻。
(45) 佐藤武敏「中国古代の麻織物生産」(『東洋史研究』19－1、1960、のち加筆・修正の上「中国古代の麻織物業」に改題して同著『中国古代工業史の研究』(吉川弘文館、1962) に再録)、原宗子「女事と紡績」(『呴沫集』5、1987、のち加筆の上「麻をめぐって」に改題して『古代中国の開発と環境』(研文出版、1994) に再録)。
(46) 原注 (45) 書、284 ページ。
(47) 万暦『雷州府志』巻 4、土産、穀、麻之種
　　外有苧麻・青麻・黄麻。皆作布用、不入穀品。
(48) 光緒『広徳州志』巻 22、田賦、物産、貨之品、大麻
　　即黄麻。礼経所謂牡麻・苴麻、是也。依本草当入穀品、土人只取其皮以続布。故

第1章 「穀」考

入此。
(49) 光緒『広徳州志』巻22、田賦、物産、穀之品、芝麻

　　赤・黒・白三種。赤・白者以搾油、黒者祇充糖食之用。旧入雑耕品、今移此。
(50) 管見の限りでは、正徳『瓊台府志』巻 8、土産が穀之属に雑食を設け、そこに各種イモ類を始めとした食糧作物を載せているのが初見である。
(51) 光緒『興寧県志』巻5、風土、物産、穀之属。
(52) 乾隆『祁陽県志』巻4、物産、穀之属。
(53) 民国『同安県志』巻11、物産、穀属附番薯

　　按番薯非穀類也。但同邑徧地皆種、比戸皆食、且以此物之盛衰卜年歳之豊歉、利溥而用宏幾与五穀並重。故特附諸穀属、以為天下之力田者勧。
(54) 乾隆『永福県志』巻1、物産、穀

　　以上四者皆可当糧。故附於穀。
(55) 乾隆『平江県志』巻12、物産、穀之属

　　按、旧志、薯・芋・蕨皆入蔬属、今以其神民食且粉餌類也。故改附穀之末。
(56) 同治『武陵県志』巻18、食貨、物産、穀類

　　按、府志藷・芋入蔬類、今以其可備荒故附穀之末。
(57) 嘉慶『常徳府志』巻 18、物産、蔬、蘿蔔の按語には「凶年に遇わば、亦た穀に当つるべし」との文言が見えるが、この場合の穀の字は明らかに食糧の意として用いられている。こうした事例の増加は明清期に入って「穀」に用途条件が適用されだしたことと無関係ではなかろう。
(58) 民国『万載県志』巻四之三、食貨、土産。
(59) 民国『建寧県志』巻27、物産。

第2章　宋代農業史再考
　　　──南宋期の華中地域における畑作を中心として

はじめに

　本章では本論の検討対象である清代以降の華中・華南地域における日常食がいかなる社会経済的基盤の下に成立していたのかを確認していく。より具体的に述べるならば、南宋期の華中地域を対象として宋代農業像の再検討を行い、併わせて日常食の内容について検証することで、次章以降での検討の舞台となる社会の古層とでも言うべきものを本論の読み手に提示すること、これが本章での目的である。

　以下、検討に移っていく前に、まずはこれまでの宋代農業史研究の動向について確認し、検討すべき課題を明示しておこう。戦前より日本における宋代農業史研究は厚い蓄積を見せていたが、研究の重点は長江下流域に置かれていた。例えば、天野元之助氏や周藤吉之氏の成果は江南の農業技術について論じたものであり[1]、また長瀬守氏や西岡弘晃氏の研究は江南デルタ地帯の農業水利について検討を行い、当地における囲田・圩田の実態を明らかにしようと試みるものであった[2]。

　これらの研究は宋代の長江下流域における農業生産の先進性を強調するものであったが、同様の傾向は中国の研究においても見られた。占城稲を始めとする宋代の水稲作について論じた游修齢氏の成果[3]や梁庚堯氏の研究に代表されるような囲田・圩田に関する研究[4]は長江下流域を主たる検討対象としたものであり、また太湖周辺の地域における農業水利を取り扱った論著も枚挙に暇がない[5]。これらの成果は膨大な数にのぼり紙幅の関係もあってとても網羅できるものではないが、そのほとんどが宋代農業における高

い生産性や農業技術の進展を立証しようと試みるものであったことだけは付言しておきたい。

ところで、日本では後にこの先進性が再検討されることとなるが、その契機となったのが 1979 年に開催された「江南デルタ・シンポジウム」であった。シンポジウム上において高谷好一氏ら自然科学系の研究者はイネの品種や土木技術の実態などを俎上にあげて、その専門的な見地から従来の宋代江南開発像に疑義を呈され、先進性を支持する中国史研究者との間に激しい論戦を繰り広げられた[6]。

その後もこうした議論に刺激を受けて宋代農業史研究はさらなる深化を見せる。その中心となる研究を行ったのが足立啓二氏と大澤正昭氏であり、両氏は上記シンポジウムでの議論を踏まえた上で、宋代の江南農業の再評価を試みられた[7]。すなわち、江南地域の耕地を乾田（状況に応じて水のコントロールが可能な耕地）の展開する「高地」と１年を通じて淹没する「下地」という栽培環境によって弁別し、史料中に登場する先進技術は「高地」において展開するものであったことを明らかにされ、さらにこの「高地」を上流域の河谷平野に、「下地」を下流域のデルタ地帯に比定して、デルタ地帯の農業における先進性を否定された。

以上に示した足立・大澤両氏による成果は現時点での宋代農業史研究の到達点と見なしうるが[8]、それらの議論は研究の対象が水稲作に限られていた点に限界が存する。確かに両氏の研究は高い農業技術が展開した地域を稲作・畑作共に営まれる河谷平野に求め、従来のデルタ地域の稲作と集約的な農業生産とを結びつける宋代農業像を退けるものであったが、そこで検討の対象とされたのは主として稲作の技術であり、畑作については簡単に触れられるに止まっていた。しかし、宋代の農業について河谷平野を重視する立場から立論するならば、畑作の実態とその意義を検討する作業は欠かすことはできず、ここに畑作に関する考察が求められることになる。そこで本稿では畑作も視野に収めた上で宋代華中の農業について再検討を行っていきたい。

第二章　宋代農業史再考

1.　華中地域における開発志向と畑作

　宋代華中の農業にまつわる諸点を検討していくに当たって、まずはその前提として華中における移住・開発の志向について確認しておこう。そして、華中の開発史の中にあって宋代ではいかなる立地条件が好まれたのか、またそうした立地条件の下ではいかなる生産形態が選択されたのか、これらの点についてもあわせて見ておきたい。

　さて、周知の通り宋代の華中地域では唐末五代の戦乱や北宋末期の政治的・社会的混乱を受けて華北からの移住・開発が盛んに行われたが、こうした移住・開発の問題を移住先の地理的な立地条件との関わりの中で追究した成果が斯波義信氏と草野靖氏の研究であった。斯波氏は浙江の各地域を事例として定住と開発の歴史を長いスパンで俯瞰し、山間扇状地を拠点として低湿地へと拡大していく定住の傾向を指摘された[9]。また、草野氏は唐宋期の史料を博捜し、その豊富な事例を元に当時の耕地が「古田」・「新田」と呼び分けられていたこと、そして「古田」は山間や山麓の地に設けられた耕地であり、「新田」は低湿地に設けられた耕地であったことを指摘し、開発年代の新旧と地形との相関性を明らかにされた[10]。また、北田英人氏は塢という集落の立地条件を明らかにされ[11]、上田信氏は族譜を用いて浙江省奉化県忠義郷における居住空間拡大の過程を図示されたが[12]、これらの成果においても上流域から下流域へ展開する居住空間の広がりが認められる。

　以上に示した各氏の研究からは河川の上流域で優先的に移住・開発が展開する様を読み取ることができるが、当然のことながらこうした上流域における農業環境は下流域のデルタ地帯とは大きく異なっている[13]。デルタ地帯が平坦な地形と上流から集積する豊富な水に特徴づけられ、水稲作に適した生産環境にあったのに対し、上流域の山間地・扇状地（足立・大澤両氏の用語に従えば河谷平野）は起伏に富んだ地形と決して豊富ではないものの安定した水の供給に特徴が求められ、水稲作と畑作とを組み合わせた農業生産

が行われていた。南宋の王柏が「膏腴は下にして瀕渓に在り、磽瘠は高きにして帯山に居る。下者は秔に宜しく、粳に宜しく、秫に宜し。高者は粟に宜しく、豆に宜しく、油麻に宜しく、又その次は則ち蕎麦・芋・果・蔬・蓏なり」と渓流沿いの水田と高地の畑という対比の中で上流域の農事を描写しているはその典型であるが[14]、こうした点を踏まえるならば、宋代の農業にとって畑作は一定の意義を有していたことが想起される。

しかし、先に触れたように従来の宋代農業史研究では畑作栽培を明確に意識した上で検討がなされることはなかった。唯一の例外が周藤吉之氏による研究であるが[15]、こうした動向は宋代の農業に占める畑作のウェイトに応じてのことではない。むしろ、畑作の重要性は当時官民双方に認識されていた。例えば、朝廷では開墾の際にムギ・アワなどの畑作作物を栽培させるよう求める議論がしばしば交わされたし[16]、また宋代の文集にも畑作の存在に言及する文章がいくつも見られる。曹彦約が言及する湖荘で傾斜地にアワが栽培され[17]、陸九淵の赴任した荊門軍（荊湖北路）でムギ・マメ・アワといった穀物や野菜・クワ・アサが植えられていたのはそうした事例であり[18]、中には紹慶府（夔州路）のように「本府の地産全て麦・粟の二種に仰ぎ、以って人民を養い、以って軍食に応ず」[19]る地域も存在した。また、宋代の詩には麦秋の情景を題材としたものが数多く存することも付言しておく。以上の史料を踏まえた時、宋代の華中社会において畑作は存在感を持つ生産形態であったと見なすことが可能であろう。

無論、華中における農業環境は多様であり、長江下流域のように水稲作が盛んな地域も存した。しかし、移住・開発の基点が山地・扇状地（河谷平野）に求められたことを踏まえるならば、上流域で見られた稲作と畑作の組み合わせからなる農業経営は宋代の農業を考えるに当たって重視されねばならない。

2. 農業技術普及の実態

　以上に述べた点を前提としつつ、次に畑作栽培の重要性について宋代の農業技術水準の観点からも考えてみたい。宋代華中地域の農業技術については、上述したように足立・大澤両氏がその成果の中で言及されている。そこでは钁（大ぐわ）を利用した深耕・丁寧な中耕除草・整備された灌漑施設・優良品種の利用といった特徴に宋代の農業技術の発展を見出された。

　当然のことながら、研究史上においてこれらの成果が持つ意義は大きい。それは、その成果が我々に農業技術の発展を時系列に沿って俯瞰し、中国農業史上における宋代農業の位置づけを試みることを可能にしたからである。ただ、これらの技術が当時の社会においては先進的なものであったことには留意すべきであろう。つまり、こうした技術はその先進性故にその速やかな導入や広範な普及がただちに実現したとは見なすべきではなく、従って当該時期における農業技術の最先端を追い求める手法は宋代の一般的な農業生産のイメージを思い描く際には決して有効ではないということになる[20]。

　そのことは史料の扱い方からも窺われる。一例として陳旉『農書』（以下、『農書』と略す）を採り上げてみよう。12世紀の湖州の人陳旉の手になる本書は陳旉自身の経験や見聞を元にして記された農業指南書とでも言うべき著作であり[21]、宋代の農業を論じる上で必ずと言っていいほど言及される史料である。

　そして、そこに記される農業技術の数々はこれまで宋代農業の先進性を明示する論拠として用いられてきたが、実のところこれまで本書の記載を元に議論を展開させるに当たって、本書の有する農業指南書としての性格が意識されることは少なかった。本書は陳旉の経験と見聞によって培われた最良の農業技術を提示するものであるが、その技術の数々が低い農業技術しか持ちえない農民を啓発する目的から開陳されたものである以上、少なくとも本書が執筆された12世紀の時点で『農書』内の技術や知識が農民にとっては

一般的なものでなかったと考えるのが妥当である。

　無論、それらの技術・知識は机上の空論というわけではなく、実際にこれらの農法に依りつつ農事に従事している農民も存在した。さりとて、数多くの農民の間で『農書』に記された技術・知識が活用されていたかと問われれば懐疑的にならざるをえない。それは『農書』の中には各種技術の普及を疑わせる記載が散見されるからである。例えば、薅耘之宜篇において陳旉は『詩経』や『礼記』を引用しつつ除草した雑草が緑肥として有用であることを指摘するが、その直後に「今農夫は此れ有るを知らず」[22]と農民が緑肥の利用を行っていなかったことを慨嘆している。

　当然、こうした記載の背景にあるイデオロギー性には留意せねばならない。農書や勧農文の著者は自身の主張内容を際立たせるために、主張の内容に沿った箇所についてはプラスの側面を、逆にそれに反した箇所についてはマイナスの側面を強調しがちである。それを踏まえるならば、確かに上記の引用に誇張表現が含まれている可能性は考慮すべきであるが、さりとてレトリックのためにありもしない農民の存在が捏造されたと見なすこともまた不自然である。

　また、さらに踏み込んで考えるならば、むしろこうした農民達が農村社会の中にあって広範に見られたからこそ、陳旉には本書を執筆する動機が存したと見ることもできよう。つまり、『農書』の存在そのものが先進的な農業技術を活用しない、或いはできない農民達が社会の大半を占めていたことの証左となるわけである。

　そして、こうした農民の存在は『農書』はもとより各地で地方官の出した勧農文にもしばしば登場する。そこからは史料にはなかなか浮かび上がってこない農業の現場の様子を垣間見られるが[23]、農事の実態を反映した宋代農業像を構築していくためには、知識人達の非難する農民の姿こそ参照されなければならない。以下、本節ではこうした農民の事例を検討し、先進的な農業技術だけでは論じえない宋代農業の様相を追究していきたい。

　さて、陳旉『農書』や勧農文を通じて窺われる農耕の特徴は2点あるが、1

つは各種農業技術が農民達の間に浸透していないことである。例えば、上記薅耘之宜篇の文章は引用部分に続けて農民が刈り取った雑草を田地の外に捨ててしまうこと、この雑草は緑肥として活用できるにもかかわらずその方法が知られていないことを述べる[24]。また、善其根苗篇には肥料の用い方について述べた後「人の小便を用うるに生もて澆灌し、立ちに損壊せらるるを多く見る」[25]と通常なら調整してから用いるべき屎尿肥料をそのまま用いたがために作物に損害を生じさせた農民について言い及んでいる。こうした農民の存在は肥料の製法にまつわる知識が農民の間では共有されていなかったことを示す。

もう1つの特徴は高収量をもたらす農法に対する農民の消極性である。例えば、陳傅良は桂陽軍（荊湖南路）での耕作について「此の間、施糞を待たず、鋤耙も亦希なり。種うる所の禾麦、自然に秀茂たれば、則ち其の土膏腴たるを知る」と述べ[26]、施肥や中耕除草に熱心ではない農民の存在を指摘する。その前段で耕起作業や施肥・除草などの作業を丁寧に行う福建路・両浙路の農業が引き合いに出されていることから、陳勇や地方官達が農民に精耕細作を求めていたことは容易に窺えるが、この史料は宋代の農村社会が必ずしもそうした理想に合致していたわけではないことを示唆している。

そして、桂陽軍の農民が農事に手間をかけようとしない理由が粗放な農業でも一定の収量が確保できるという地力の潜在的な高さにあったことは注目に値する。なぜならば、当時の農民は一定の収量さえ確保されるならば、それ以上の生産性を求めようとはしないこと、従って先進的な技術を反映した農法は農民にとって必ずしも希求されるものではなかったことがここから窺われるからである。黄震が耕起作業や肥培管理を全く行わない「懶者」を槍玉にあげ[27]、朱熹が時宜に外れた耕起や播種を行い、耕起や施肥を疎かにする農民を「懶惰」と称する背景にも同様の農業観を持つ農民の存在を見て取るべきであろう[28]。

ところで、こうした「懶者」については既に大澤氏によって言及がなされている。大澤氏は「懶者」を農業に手間をかけず、低い生産性を副業や雇用

労働によって補う人々と捉えられているが[29]、わけても注目すべきは先進技術の採用に熱心であった農民について「上等戸の下層から中等戸の上層に当たるであろう」との見解を示されていることである[30]。残念ながら、この点について大澤氏はそれ以上深く踏み込んだ検討を行われていないが、これは農業技術の運用について社会的・経済的に高い階層の農民と集約農法を、低い階層と粗放農法とを対応させる図式で捉える見方であり、筆者もこの関係性には深く首肯するところである。そして、宋代社会を構成する民衆の大半が戸等制における四等戸・五等戸や等外の客戸などに占められていることを勘案するならば、宋代の農村社会において一般的に見られた農業は粗放なものと見なすのが自然であろう。先述したように、陳旉や各地方官が躍起になって啓蒙活動や勧農業務に従事したのもこうした粗放な農業経営が大多数を占めていたからに他ならない。これらの点を加味するならば、宋代農業の基調は粗放な農業経営にこそ見ることができよう。

　以上のように宋代華中の農業技術水準が高いものであるとは言いがたい以上、それに応じて農業生産力の水準も従来の研究から得られたイメージよりは割り引いて見積もらなければならない。こと話を従来重点的に論じられてきたコメに限定しても、水田から得られる収量は低水準に止まる。そして、収穫物の一部が租税や小作料として徴収されることを考慮するならば、各農家が1家の1年間の生活を維持させるだけのコメを確保することは困難であろう。畑作作物はそうした生産環境の中で食糧として高い重要性を保持していたと見て良い。つまり、宋代農業が低い技術水準にあるという条件の下にあって、畑作はコメの不足を補填する存在として重要な役割を担っていたことが窺われよう。

3. 農村における穀物消費

　前節まで宋代農業にとって畑作作物の持つ意義について検討してきたが、この検討結果は利用できる史料の限界もあって十分な論証を経たものであるといは言いがたい。そこで本節では穀物について消費の側面から検討を行い、前節の検討結果を補強していきたい。農村生活において日常的に利用される穀物の種類や利用の傾向を確認することで、前節の検討結果の妥当性を検証することが可能であろう[31]。

　さて、農民の食生活を明らかにしていくに当たり本節では表2-1の検討を中心として行っていきたい。本表は陸游の詩集『剣南詩稿』(以下、『詩稿』と略称)に登場する穀物の件数をまとめたものであり、また表内においては穀物の登場件数を利用された季節ごとに分けてまとめている。本表より南宋期の農村における穀物消費の傾向を分析していくが、それに先立って『詩稿』所載の詩に着目した理由について述べておこう。まず挙げるべきは陸游の詩が持つ歳時記としての側面である[32]。

　周知の通り陸游は南宋の高宗朝から寧宗朝にかけて活躍した官僚・詩人で、とりわけ積極的な抗金論者としての激烈な感情を詩に詠った愛国詩人として著名である。ただし、その文名とはうらはらに官僚としては不遇で、各地で地方官に甘んじることが多く、朝廷の召募を受けて中央の官につくことがあっても、政治状況に翻弄されて政治にかける思いを発揮することも叶わないまま免職処分にあてられている。

　このように政治的に不遇であった陸游は60歳を越えた頃から故郷の紹興府山陰県にて過ごすことが多くなるが、実は『詩稿』に載せる詩の大半はこの時代に作られたものである。陸游はその一生の中で2万首前後の詩を作ったとされているが、その半数にあたる40代以前の作品は『詩稿』の編纂過程において陸游自身によって削去され、『詩稿』には収載されていない[33]。すなわち、『詩稿』には陸游自身とその子孫達の編纂を通じて50代以降の作

- 81 -

表2−1『剣南詩稿』に見える穀物の件数

作物	コメ			コムギ	マメ	アワ	キビ
調理法	米飯	粥	計	餅	豆飯	ー	ー
春	6	5	11	9	2	3	2
夏	17	7	24	2	1	1	0
秋	45	19	64	8	5	2	4
冬	24	16	40	11	4	2	1

作物	オオムギ			ソバ	ヒエ	ハトムギ	マコモ
調理法	麦飯	麨	計	ー	ー	ー	ー
春	3	2	5	0	2	0	4
夏	14	5	19	0	0	0	3
秋	2	0	2	2	1	1	5
冬	1	0	1	3	0	0	1

品が中心として集められており、それは必然的に陸游の山陰県退隠後の詩が多数を占めることを意味する。

　そして、山陰県での生活にあって詠まれた詩には宋の復興を願うような愛国的な詩は数少なく、むしろ陸游自身の日常生活や周辺に見受けられる農村の風景、或いはそこに生活する農民の姿が詩題として採り上げられることが多い。すなわち、『詩稿』に載せる詩の数々は農村風物詩としての色彩が強く、そこには南宋の農村社会の姿が色濃く現れている[34]。このような特徴を持つが故に陸游の詩は農村社会の情景を読み取るのに適した素材であると言える。

　『詩稿』に着目するもう１つの理由は時系列に沿った編纂という編集上の特徴にある。『詩稿』に載せる詩は陸游自身やその子孫達の手によって作成順にまとめられているが、この時系列にそった配列がなされているために、陸游の詩は作成時期を特定することが可能である。特に銭仲聯氏による綿密な考証はそれぞれの詩について、詳細なものでは月単位で、そうでないもの

も季節単位で作成時期を明らかにしているが[35]、こうした成果を援用すれば、『詩稿』に見える各種作物の利用を季節ごとに分析することも可能となり、単なる計量的な分析に止まらず食の季節性をも検討内容に加えた新たな成果を生み出すことが期待できよう。数ある詩文の中から『詩稿』を採り上げて検討行うのはこうした特徴に拠るところが大きい。

　以上の点を踏まえた上で次に表の検討に移っていこう。

(1) 食の季節性

　さて、本表の内容に現れる穀物利用の特徴はいくつかあるが、特記すべきは主食として食される穀物の多様性である。表に見える穀物にはコメの他にムギ・マメ・ソバ・マコモ・アワ・キビなどがあり、陸游を始めとした山陰県の農民の食卓に上がる穀物がコメだけには限られず、実に多様な作物によって構成されていることがそこから窺える。

　こうした食生活は従来の研究では指摘されることはなく、我々の持つ日常食のイメージからかけ離れたものであるが、それではなぜ数多くの作物が利用されていたのか。そしてそのような利用形態はいかなる意味を持つのか。それを考える際の鍵となるのが利用作物の季節性と階層性という特徴である。

　まずは季節性について見ていこう。表中の各作物について利用傾向を見てみると、いずれの作物も1年を通じて一定の利用頻度をもって利用されることはなく、季節ごとの利用にばらつきが見出される。例えば、コメ利用の事例数（米飯＋粥の事例数）は秋に64例、冬に40例と高い数値を示しているのに対し、春と夏の数値は低い。とりわけ春季の利用事例は少なく、1年の内でも春はコメの消費量が最も落ち込む季節であることが窺われる。

　それでは、ムギの消費はどのような傾向を示すのか。ここではオオムギの数値を参考にして見ていくが[36]、そこからは秋と冬の事例数はそれぞれ2例・1例と極端に少ないものの、春に5例とやや上昇し、夏には19例と利用頻度が格段に高まる傾向が見出される。すなわち、春と夏に利用頻度が落

ち込んだコメとは対照的な消費傾向がムギにはあることになる。

　こうした作物利用の季節性から示されるのは様々な作物を組み合わせることによって初めて成立する農村の食生活である。このことを具体的に見ていくにあたって、コメの利用を起点として考えてみよう。イネの栽培サイクルは早稲・晩稲などその品種によってずれがあるが、利用事例が秋季（新暦8月～10月、以下全て新暦で示す）に一番高い数値を示していることからして、山陰県では晩稲が多く栽培されていたと理解される。収穫されたコメは一定の量が租税や小作料として国家や地主に徴収されるが、それでも収穫直後にあってはコメの貯蔵量も十分にあり、表も示すように新米が盛んに食されていた。

　その後日常的な消費を通じてコメは次第に貯蔵量を減らしていくものの、収穫からさほど時間の経過していない冬季の時点では利用事例は40例と決して少なくはなく、依然としてコメが消費され続けていたことが想起される。

　こうした食生活は春季に差し掛かると変化が訪れ、11例と事例数は急激に減少する。「粟困久しく尽き遺粒無し」[37]・「廩粟継かざるを以って遂に粥を食するを罷む」[38]などの言葉に示されているように、その背景にあったのは収穫以来日常的に食べ続けてきたコメが底をつき始めるという事態である。いわゆる端境期の到来をここに見て取ることができるが、春から夏にかけての農村はよほどの富裕層でもない限りこうしたコメの欠乏に見舞われる。

　ところで、夏季における利用事例は24例と春季より増加しているが、これは早稲の収穫によるところが大きい。詩の中に早稲の一品種である六十日白が登場し、夏季の新米として取り扱われていることからもそれは窺われる[39]。早稲の収穫を6月の終りから7月の上旬にかけてのこととすると、コメの端境期は春から6月頃にかけてのこととして見ることができよう。

　以上に示したコメ利用の年間サイクルを勘案すると、春季に端境期を迎えてから6・7月の早稲の収穫に至るまでの時期が最も窮乏した時期であることになる。そして、生活を維持していく上ではこの窮乏にいかに対処する

第二章　宋代農業史再考

かが重要になってくるが、陸游の詩からはその際に採られた方策として2つの方向性が看取される。

1つはコメを食べ尽くす時期を先延ばしにしようとする方向性である。表に即して言えば豆飯・菰飯の存在がそれにあたる。豆飯はコメにマメを加えて炊いたもので、「農を為して飯を得るは常に半菽」[40]との句からして農民の間では一般的な食品であった[41]。また、菰飯も豆飯と同様の調理法を採るもので、マメの代わりにマコモの種子（ワイルドライス）を用いたものである。

このような調理法の採用は、コメにコメ以外の作物からなる増量材を加えて調理することで消費されるコメの量を節約し、コメを食いつないでいくことを目的としている。また、増量材の量もその時の状況に応じて調節されていた。「飯を得るも菰米を多くす」[42]との句からはマコモの占める割合の多い菰飯の利用を見て取ることができるが、この句が夏場に読まれているのは示唆的である。このような調整を行いつつコメの貯蔵量をコントロールし、コメの底をつく時期を早めることないよう努める農民の工夫がこの調理法には働いている。

もう1つは食べつくしたコメの代替物となる作物を求める方向性である。そうした作物として重宝されるのがムギである。前述したようにムギの利用事例数は春・夏に高く、特に夏季には21例と高い数値を示すが、これはコムギやオオムギの収穫時期に対応したものである。コムギやオオムギの栽培サイクルは10月から11月にかけて播種し、翌年の春の終りから夏にかけての時期に収穫するのが一般的であるが、それはちょうど春から夏にかけて起こるコメの欠乏を補う作物としては理想的な存在であった。そのことは「旋春せる麦麨は家餐を続ぐ」[43]・「麦飯葵羹は能く継ぐを貴ぶ」[44]などの句から窺い知ることができるし、ムギが春の飢餓を救う作物であることが熟知されているからこそ、「人言う麦信に春来の好」[45]・「麦熟し家家喜びて涎を堕す」[46]など人々のムギに対する感情を詩中に見ることができる。表に現れる春・夏のムギの盛んな利用は、以上のような作物の特性との関わりで捉え

ることができる。

　ここでムギの利用について具体的に見ておこう。これまで類縁種の総称としてムギの語を用いてきたが、周知の通りムギにはコムギ・オオムギ・ライムギ・エンバクなど複数の品種が存する。このうち陸游の詩に登場するムギはコムギとオオムギの2種である。

　陸游が食したコムギの食品としては湯餅・蒸餅・餺飥・餛飩があるが[47]、このような南宋期のコムギ利用については既に周藤吉之氏によって詳細な検討がなされており、陸游によるコムギの盛んな利用が特異なものではないことはそこから窺い知れる[48]。

　ただし、ムギの利用はコムギのみには限られず、オオムギもまた農村では重要な食糧であった。そのことを示すのが麦飯の存在である。オオムギをそのまま炊くか或いはコメを加えて炊いて作る麦飯はかつて日本の農村社会でも広く食べられたものであるが、表中の 20 例という麦飯の事例数は宋代の華中社会でも食されていたことの証左となる。表の中では事例数が少ないものの、陸游の詩には「韭薤麦飯日び餐に加う」[49]と日常的に麦飯を食す様子を窺わせる句や、「家家に麦飯の美きあり」[50]と麦飯が周辺の農家の間で広く食されていた様子を示す句が見出される。このように麦飯を詠み込んだ詩は陸游以外の詩人にも存することから[51]、農村にあって麦飯の利用は一地域に限定された現象ではなく、ごく一般的なことであったと言いうる。

　これに加えて、オオムギの持つ日常的な作物という性格も強調しておきたい。すなわち、コムギが日々の食事のみならず、節日や客人の来訪といった非日常的な状況にあっても供される作物であったのに対し[52]、麦飯や麨（ムギコガシ）のようなオオムギの食品が特別な状況において利用されることはなく、オオムギはもっぱら日常的な食事の場で利用される作物であった。こうしたコムギとオオムギの利用状況を比較すると、コムギが外向きの性格も有した作物である半面、オオムギが内向きの性格のみを有していたことが導き出され、そこからオオムギは日常生活に密着した作物として位置づけられよう。

(2) 食の階層性

　さて、以上に示した食の季節性に加えて本表からもう1つ読み取れるのは食の階層性である。それを確認するために、以下ソバの利用について見ていこう。まず、本表でのソバの利用事例数を確認してみると、それは5例に止まりコメやムギの事例数と比べてかなり少ないことが分かる。一方で、陸游の詩にあってソバが栽培されている風景はしばしば描写の対象となっており[53]、華中の農村においてソバの栽培は決して稀なことではなかったことが想起される。すなわち、陸游の取り扱うソバには食物の事例と栽培の事例との間に落差を見て取ることができる。

　また、ソバについてはもう一点特徴が見られる。それは陸游自身のソバに対する消極性である。実のところ、ソバを詠んだ詩の中で陸家の食卓にソバが登場する事例は1例（巻64、初冬絶句）にとどまる。他の事例のうち2例は他人の提供するソバ料理の相伴にあずかったことを示すもの（巻33、贈湖上父老十八韻・巻33、題庵壁）、2例は農家の風景を主題としたもの（巻73、秋冬之交雑賦・巻78、農家）であって、陸游自身はソバそれほど食していなかったことがそこから窺われる。ソバをめぐるこれらの特徴はどのように理解すればよいのか。

　こうした問題を解くための鍵になるのがソバと貧困との強い関わりである。陸游の詩の中からソバと生活環境との関わりを明確に知りうることはできないが、それでもいくつかの詩には、断片的ではあるが、両者の関連を示す記載を見出しうる。例えば、前掲「贈湖上父老十八韻」において陸游は知己の父老に迎え入れられてソバ粉で作った餅を振舞われるが、父老の家が「貧舎」と称されていることからして[54]、父老自身は決して裕福な暮らし向きのもとにあったわけではないことが窺い知れる。また、「農家」は農家一般の細かな暮らしぶりを描写した連作であって、特定の農家をモデルにしたものではないと推測されるが、そこでソバの餌を食する農家は「豪家」の「督債」を受ける存在であることから[55]、富農とは言いがたい地位にあったと考えうる。

- 87 -

これらの詩に示されているのは明らかにソバと貧困との関係の深さである。第5章にて詳しく触れることではあるが、ソバは一般的に忌避される傾向にあった。栽培を積極的に行う人々の多くは貧困層に属し、富農にとってソバはイネやマメが水害等で栽培できない状況に陥った際に代替作物として栽培される作物であった[56]。

　官職を退いた後の陸游は決して裕福な経済状況のもとにあったわけではないが、朝廷より祠禄を受けていたことに加えて、自身の所有する畑を耕して野菜を栽培し、また村医者や寺小屋の教師・代書屋などの副業を持っていたことから[57]、極貧の生活を送っていたわけでもないことが窺われる[58]。すなわち、『詩稿』に登場するソバの事例の少なさは、陸游がソバを利用せねばならないほどの貧困を託っていなかったことに原因が求められよう。

　このような食物と階層性との関わりについては他の史料からも窺い知れる。北宋期の史料ではあるが、孔仲武は荊湖路の状況を「窃に以うに、湖南地方の民財は江西の処と等しからず。大抵美壌少くして瘠田多し。故に戸口衆きと雖えども、而れども民富まず、年り有るに遇うと雖えども、中家菽と粟を食すを免かれざれば、則ち其の厚薄は知るべし」と述べている[59]。ここではアワやマメの利用について触れられているが、特に注目すべきは「中家菽と粟を食すを免かれざれば」とする表現である。こうした表現はアワやマメが本来中流の家庭ならば主食として利用されないことを前提としていなければなされないものであり、従って一般にアワやマメは貧困層の食する穀物であったことが分かる。また、南宋中期の人舒璘は「貧民・下戸、陸種に仰給する者尤も衆し」[60]と記していることから、貧困層と畑作作物とは深い関わりの下にあったと考えるべきであろう。

　以上、『詩稿』に見える作物利用の姿を中心として南宋期の農村における日常食の様相を検討してきた。そこから窺われるのは利用される作物の多様性であり、またその背景としての作物利用の季節性と階層性であった。

　そして、こうした特徴が示すものは農民たちの食生活がコメのみで成立していたわけではないという実態である。確かに表に現れる事例数だけで判

断するならば、食生活の中にあってコメは最も重要な作物であったことは間違いない。しかし、表中に示される作物利用の傾向はコメ利用の恒常性を否定している。作物利用の季節性はよほどの富農でもない限り収穫されたコメは翌年の夏までには尽きてしまうことを示唆しており、また階層性の存在は生産性の低下に伴ってコメ利用の頻度も低下し、コメ以外の作物に対する依存度が上昇していったことを示している。

　すなわち、都市民や一部の富農を除くと宋代においてコメのみをもって年間を通した再生産活動を維持することは困難であった。それ故にコメの不足分を補うべくムギを始めとした畑作作物が盛んに利用されたわけであり、ここに農村社会における畑作の重要性を看取することができよう。

おわりに

　以上、畑作という要素を中心としつつ宋代華中の農業生産について再検討を行った。検討内容をここで具体的に繰り返すことは避けるが、宋代華中農業像の前提として農書や勧農文に見られる先端技術が当時の一般的な農業の姿を体現するものではないという現実が存し、またそれ故に稲作の生産力水準は決して高いものではなく、1年を通じてコメを消費できる階層は極めて限られていたこと、こうしたコメの不足分を補う必要もあって華中社会には畑作作物に対する高い需要が存したことを指摘しておきたい[61]。

　これらの諸点は華中・華南の農業生産、そして日常食の実態を考える際に重要な意味を持つものである。とりわけ畑作作物がコメの不足分を補う働きをなしていたことは、華中・華南における農と食のあり方を考えていく上で看過できない。このようなコメと畑作作物との関係性については次章以降で具体的に見ていくこととしよう。

注

(1) 天野元之助「陳旉の「農書」と水稲作技術の展開（上）」（『東方学報』19、1950）、「同（下）」（『東方学報』21、1952）、「宋代の農業とその社会構造」（『人文研究』14－6、1963）、周藤吉之「宋代の圩田と荘園制」（『東洋文化研究所紀要』10、1956、のち補訂して『宋代経済史研究』（東京大学出版会、1962）に再録）、「南宋稲作の地域性」（『史学雑誌』70－6、1961、のち補訂して『宋代経済史研究』に再録）、「南宋に於ける稲の種類と品種の地域性」（『宋代経済史研究』東京大学出版会、1962）、「宋代浙西地方の囲田の発展」（『東洋文化研究所紀要』39、1965、のち補訂して『宋代史研究』（東洋文庫、1969）に再録）。

(2) 長瀬守「北宋末における趙霖の水利政策」（『東洋史学論集』2、1954、のち「北宋末における趙霖の水利学とその展開」に改題して『宋元水利史研究』（国書刊行会、1983）に再録）、「北宋における江南太湖周域の水利学」（『琉球大学法文紀要』22、1979、のち「宋代における単鍔の水利学」に改題して『宋元水利史研究』に再録）、「宋元時代江南デルタにおける水利・農業の技術的展開」（『歴史人類』9、1980、のち『宋元水利史研究』に再録）、西岡弘晃「宋代蘇州における浦塘管理と囲田構築」（中国水利史研究会編『佐藤博士還暦記念中国水利史論集』国書刊行会、1981、のち『中国近世の都市と水利』（中国書店、2004）に再録）。

(3) 游修齢「占城稲質疑」（『農業考古』1983－1）、「宋代の水稲生産」（『中国水稲科学』1986－1、共にのち『稲作史論集』（中国農業科技出版社、1993）に再録）。

(4) 梁庚堯「北宋的圩田政策」（国立台湾大学歴史学系編『世変、群体与個人』国立台湾大学歴史学系、1996、のち『宋代社会経済史論集』上（允晨文化実業、1997）に再録）。

(5) 差し当たってここでは繆啓愉『太湖塘浦圩田史研究』（農業出版社、1985）、鄭肇経主編『太湖水利技術史』（農業出版社、1987）、太湖地区農業史研究課題組編著『太湖地区農業史稿』（農業出版社、1990）、魏嵩山『太湖流域開発探源』（江西教育出版社、1993）などを挙げるに止めておく。

(6) 渡部忠世・桜井由躬雄編『中国江南の稲作文化』（日本放送出版協会、1984）。

第二章　宋代農業史再考

(7) 足立啓二「宋代両浙における水稲作の生産力水準」(『熊本大学文学部論叢』17、1985)、「宋代以降の江南稲作」(高谷好一編『稲のアジア史』2、1987)、大澤正昭「"蘇湖熟天下足"――「虚像」と「実像」のあいだ」(『新しい歴史学のために』179、1985、のち「宋代「江南」の生産力評価をめぐって」に改題して『唐宋変革期農業社会史研究』(汲古書院、1996)に再録)、「宋代「河谷平野」地域の農業経営について」(『上智史学』34、1989、のち『唐宋変革期農業社会史研究』に再録)。なお、以下大澤氏の成果の引用は『唐宋変革期農業社会史研究』のページ数による。

(8) これ以降も中国では宋代農業史に関する研究は盛んになされ、足立・大澤両氏の成果に対して宋代の江南デルタ農業の先進性を強調する研究も見られる(例えば、李根蟠「長江下游稲麦復種制的形成和発展」(『歴史研究』2002 － 5)など)。しかし、それらの研究に「高地」・「下地」の別に着目した両氏の論点に正面から批判を加えたものは見受けられず、両氏の研究を批判的に発展させた成果は未だ現れていない。

(9) 斯波義信「浙江湖州における定住の沿革」(木村英一博士頌寿記念事業会編『中国哲学史の展望と模索』創文社、1976)、「唐宋時代における水利と地域組織」(星博士退官記念中国史論集編集委員会編『中国史論集』1978)。

(10) 草野靖「唐宋時代に於ける農田の存在形態 (上)」(『法文論叢』31、1972)、「同 (中)」(『法文論叢』33、1974)、「同 (下)」(『熊本大学文学部論叢』17、1985)。

(11) 北田英人「中国太湖周辺の『塢』と定住」(『史朋』17、1984)。

(12) 上田信「地域の履歴」(『社会経済史学』49 － 2、1983)。

(13) 流域ごとに異なる生態環境とそれに応じた定住・生産の傾向については斯波義信『宋代江南経済史の研究』(汲古書院、1988) 169 － 174 ページを参照。

(14) 『魯斎集』巻9、水災後箚子

膏腴在下而瀕溪、磽瘠居高而帯山。下者宜秔宜粳宜秋、高者宜粟宜豆宜油麻、又其次則蕎麦・芋・果・蔬・蔵。

(15) 「南宋に於ける麦作の奨励と二毛作」(『日本学士院紀要』13 － 3・14 － 1、1955、のち補訂して『宋代経済史研究』(東京大学出版会、1962)に再録)。

(16) 例えば、『建炎以来繋年要録』巻87、紹興五年三月辛卯条に見える陳桷の「臣

- 91 -

願勅分屯諸帥、占射無主荒田、……因地所宜種麻・粟・稲・麦」という発言など。
(17)『昌谷集』巻 7、湖荘創立本末与後溪劉左史書
　　有田百畝。或雑於其間、或繞其旁、取秔稲於下湿、課粟於坡阜。
(18)『象山先生全集』巻 16、与章茂徳
　　此間田不分早晩、但分水陸。陸田者只種麦・豆・麻・粟、或蒔蔬栽桑、不復種禾。水田乃種禾。
(19)『字渓集』巻 2、与紹慶太守論時政書
　　照会、本府地産全仰麦粟二種、以養人民、以応軍食。
(20) かつて李伯重氏はマーク・エルヴィン氏の説に依拠しつつ、技術の進展について検討するに当たっては技術の発明・生産現場での採用・普及の三区分を念頭に置くことが必要であるとされたが（『江南農業的発展（1620 〜 1850）』（上海古籍出版社、2007）、46 ページ）、農業史研究においてこうした見解は傾聴に値するものと言えよう。
(21) 陳旉『農書』の詳細については大澤正昭『陳旉農書の研究』（農山漁村文化協会、1993）を参照。
(22) 陳旉『農書』薅耘之宜篇
　　詩云、以薅荼蓼、荼蓼朽止、黍稷茂止。記礼者曰、仲夏之月、利以殺草、可以糞田疇、可以美土疆。今農夫不知有此。乃以其耘除之草、抛棄他処、而不知和泥渥濁、深埋之稲苗根下、漚罨既久、即草腐爛、而泥土肥美、嘉穀蕃茂矣。
(23) 例えば、陳旉は天時之宜篇にて「今人雷同し、建寅の月朔を以って始春と為し、建巳の月朔を首夏と為す」と農民を非難しているが、この記述を通じて当時農民が独自の暦に基づき農業を行っていたことを読み取ることができる。また、祈報篇の「今農に従事する者は類ね然ること能わず……烏んぞ能く悉く先王の典故を循用せんや。それ春・秋二時の社祀に于いては僅かに能くこれを挙ぐるも、祈報の礼に至りては蓋し蔑如たるなり」との言からは、農民の間で儒教に基づいた祭礼がないがしろにされていた一方で土地神に対する祭礼は執り行われていたという農村社会における実態が窺われる。
(24) 注（22）陳旉『農書』。

第二章　宋代農業史再考

(25) 陳旉『農書』善其根苗篇

若不得已而用大糞、必先以火糞久窖罨、乃可用。多見人用小便生澆灌、立見損壞。

(26) 『止斎先生文集』巻44、桂陽軍勧農文

閩浙之土、最是瘠薄。必有鋤耙数番、加以糞漑、方為良田。此間不待施糞、鋤耙亦希。所種禾麦、自然秀茂、則知其土膏腴。

(27) 『黄氏日抄』巻78、咸淳八年春勧農文

撫州勤力者、耘得一両遍、懶者全不耘。……撫州勤力者、斫得些少柴草在田、懶者全然不管。

(28) 『朱文公文集』巻99、勧農文

土風習俗大率懶惰、耕犂種蒔既不及時、耘耨培糞又不尽力。

(29) 大澤注 (7)「宋代「河谷平野」地域の農業経営について」270 － 272 ページ。

(30) 大澤注 (7)「宋代「河谷平野」地域の農業経営について」275 ページ。

(31) 朱瑞熙ほか編『宋遼西夏金社会生活史』(中国社会科学出版社、1998) のように宋代の日常食について触れる論者はまま見受けられるが、大半は食品の羅列に終始したものであり、宋代社会と日常食との関わりにまで踏み込んだ検討が行われることはない。そうした中で斯波義信氏の研究は江南地方の民間の主穀について検討を行い、宋代にはコメの品種も数多く確認され、特に占城稲を始めとする低品質のコメは貧しい農民など低い階層の人々の間で食されたことを明示するなど示唆に富む (『宋代商業史研究』(風間書房、1968)、149 － 152 ページ)。斯波氏の提示されるコメの重要性についても筆者は大いに首肯するところであるが、一方でこの議論においてコメ以外の作物の利用実態が踏まえられていない点には注意を要する。すなわち、斯波氏の見解は日常食の総体を反映したものであると言いがたく、さらなる検討が必要とされよう。また、同様の理由により篠田統氏の成果 (『中国食物史』柴田書店、1974) も全面的に依拠できるものとは言いがたい。

(32) 以下、陸游に関する事柄は一海知義氏の解説 (『陸游』岩波書店、1962、のち補訂を加えて『陸游詩選』(岩波書店、2007) 及び『一海知義著作集』3 (藤原書店、2009) に再録) に多くを拠る。なお、本稿では著作集版を参照した。

(33) 『詩稿』の編纂過程については村上哲見「陸游「剣南詩稿」の構成とその成立

過程」(小尾博士古稀記念事業会編『小尾博士古稀記念中国学論集』汲古書院、1983)を参照。

(34) 一海氏はこうした特徴から陸游の詩に「信頼すべき大部の百科事典、あるいは含蓄の深い農村歳時記としての役割をはたす」(注(32)解説、29ページ)との評価を与えられている。

(35) 銭仲聯『剣南詩稿校注』(上海古籍出版社、1985)。

(36) 表中にコムギの数値は掲げてあるものの、実のところコムギの数値は日常食の実態を導き出せる性質のものではない。それは後述するようにコムギは日常的な利用に加えて節日や祭礼、或いは客人の訪問などの機会に供される事例が数多く存し、詩に詠われるコムギの消費が農民の日常的な食事を反映したものか否かを明確に分類することは困難であることによる。そのためここではコムギの数値については分析の対象としない。

(37)『詩稿』巻29、閔雨

粟困久尽無遺粒、涙席嘗沾有旧痕

(38)『詩稿』巻51、晨起、自注

近以病後、晨廃読書、又以廩粟不継、遂罷食粥。

(39)『詩稿』巻33、立秋後四日雨

杯泛鵝児供小啜、碓春雲子喜新甞

『詩稿』巻57、野飯

六十日白可続飯、三千年清向与人　堪笑此翁頑似鉄、還山又食一番新

(40)『詩稿』巻54、飯飽昼臥戯作短歌

為農得飯常半菽、出仕固応甘脱粟

(41) 豆飯の語は『漢書』翟方進伝の出典から貧困の象徴として利用される場合が多く、詩に登場することが即座に実際の豆飯の利用を示すとは限らない。ただ、陸游の詩には「豆飯は沙塲を雑う」(巻43、対酒)・「俄に豆飯の熟するを報ず」(巻50、斎中雑題)・「軟炊せる豆飯日を支うべし」(巻69、泛舟過金家埝贈売薪王翁、第4首)と実際に豆飯を食べていたことを想起させる表現も見受けられるので、豆飯の語は決して修辞上の表現のみにはとどまらず、現実の食生活も反映するものであっ

たと考えても差し支えなかろう。
(42)『剣南詩稿』巻45、貧居

　　得飯多菰米、烹蔬半薬苗
(43)『詩稿』巻21、梅雨

　　剰采芸香辟書蠹、旋舂麦麹続家餐
(44)『詩稿』巻67、菴中紀事用前輩韻

　　山僧野叟到即留、麦飯葵羹貴能継
(45)『詩稿』巻38、春日小園雑賦

　　人言麦信春来好、湯餅今年慮已寛
(46)『詩稿』巻43、雨夜

　　麦熟家家喜墮涎、亀堂依旧突無煙
(47) 餅は小麦粉製品の総称であり、その内容は加熱方法の違いに応じて湯餅・蒸餅などのジャンルに分かれる。餺飥・餛飩は湯餅・蒸餅の一種であり、それぞれ現代の「ほうとう」・「ワンタン」に連なる食品である。
(48) 周藤注（15）論文。ただし、周藤氏の研究は都市における利用に重点が置かれており、またオオムギの利用に対する検討も限定的であって意を尽くしたものであるとは言いがたい。
(49)『詩稿』巻22、自笑

　　自笑胸中抵海寛、韭薹麦飯日加餐
(50)『詩稿』巻30、時雨

　　家家麦飯美、処処菱歌長
(51) 例えば、「田舎人忙麦飯香」（『秋崖集』巻8、山中）・「今年麦飯滑流匙」（『宮教集』巻2、喜晴）・「旋炊麦飯非常飽」（『頤庵居士集』巻下、雨後訪田家）など。
(52) 例えば、立春の日には餅や餺飥が食され（『詩稿』巻35、北園雑詠、第4首・巻56、対食戯作・巻61、自開歳陰雨連日未止）、また病から回復して久しぶりに近隣を散策した陸游を村人が喜びもてなした際に酒と共に供されたのも餅であった（『詩稿』巻27、秋晩閑歩隣曲以予近嘗臥病皆欣然迎労）。
(53) 例えば「蕎麦初熟刈者満野喜而有作」（『詩稿』巻19）など。

(54)『詩稿』巻 33、贈湖上父老十八韻

　　貧舎有盤飡、勿責異味重　麨麪新油香、黍酒甕面濃
(55)『詩稿』巻 78、農家、第 5 首

　　油香麨餌脆、人静布機鳴　県吏催科簡、豪家督債軽
(56) 拙稿「中国におけるソバについて」(『史苑』66 − 1、2005)、同「中国における
　　ソバ食について」(木村茂光編『雑穀Ⅱ──粉食文化論の可能性』青木書店、2006)。
　　なお、第 5 章はこれらの内容をまとめたものである。
(57) 陸游の経済状況については一海注(32)解説及び一海知義「村医者・寺小屋・
　　村芝居──陸放翁田園詩ノート(一)」(『近代』57、1981、のち『一海知義著作
　　集』3(藤原書店、2009)に再録)を参照。
(58) 無論、『詩稿』には自身の貧しさを嘆く詩が多々見られるが、自身の邸宅や耕
　　地を所有していたことや、畑の耕作を担う下男や家事を行う婢を雇うだけの金銭的
　　な余裕があったことから経済的には最下層に属していたとは言いがたい。
(59)『清江三孔集』巻 16、代上執政書

　　窃以、湖南地方民財不与江西処等、大抵美壌少而瘠田多。故戸口雖衆、而民不富、
　　雖遇有年、中家不免食菽与粟、則其厚薄可知。
(60)『舒文靖集』巻下、与陳倉

　　矧此邦山多田少、貧民・下戸仰給于陸種者尤衆。
(61) こうした点を勘案すれば、大澤氏や長井千秋氏の採られた、コメのみを対象と
　　して穀物消費量を算出し、その数値を前提に小農家庭の再生産活動を論じる手法に
　　ついても修正の必要があろう。両氏の研究については大澤注(7)「宋代「河谷平野」
　　地域の農業経営について」及び長井千秋「南宋時代江南の小農経営と租税負担」(『東
　　洋史苑』47、1996)を参照。

第3章　都市の食、農村の食
——清末民国期、湖北省における日常食の階層性

はじめに

　序章でも指摘したように、従来の中国食物史研究には、共通する特徴として平面化された描写が挙げられる。すなわち、叙述の対象は高い階層に属する人々の食事及び非日常的な食事に絞られ、また食という行為をめぐる時代ごとの変遷に目が向けられるばかりで、その同時代的な差異を重視した分析はなされてこなかった。ここで言う差異とは地域性や経済的な階層性を指しているが、従来の研究はそうした視点を欠いてきたがために、特定の時代に対する食の描写も単調さを帯びてしまったという点は否めない。つまり、一言に日常食と言っても、それは当然のことながら時代や地域を問わず均質な形で存在したわけではない。それぞれの時代・地域にまつわる諸条件によってそれは大なり小なり様相を異にしていたと見るべきであろう。中国の日常食をめぐる諸相を明らかにしていくためにはこれらの要素もおさえた上での検討が求められよう。

　そこで本章と次章では特定の地域を採り上げ、その事例の検討を通じて日常食の内実を明らかにしていくが、本章では食の階層性というテーマに着目して、それがどのような形で存在したのかを見ていきたい。ただ、そこでは富裕層と貧困層といった経済的な階層性に関わる分析のみにとどめることはせず、都市と農村それぞれにおける日常食についても採り上げ、その比較もまた行っていくこととする。

　こうした都市－農村間の比較は、食糧をめぐる都市と農村の関係が日常食の内容にも影響を及ぼしているとの想定に基づくものである。両者の関係

に目を向けると、古来より都市が農村より食糧を吸い上げて活動資源とする関係を確認することができる。無論、飢餓状態にある農村に向けて都市が食糧を供出する賑恤が行われることもあったが、それはあくまで非日常的な事態を対象とした行為であり、通常食糧は農村から都市へという一方的な移動を見せた。周知のように食糧の移動は国家による租税の徴収という形や貨幣を媒介とした商取引という形を通じて行われたわけであるが、当然食糧を移出する側と移入する側との間には対等な力関係が存在するわけではない。状況によって程度の差こそあれ、膨大な量の食糧、高い品質の食糧が権力や経済力といった点でより優位な者の手に渡っていったと見るべきであろう[1]。こうした点を考慮するならば、都市と農村との間にも食の階層性が存することは想像に難くない。本章で都市と農村の関係にも目を向ける理由はここにある。

　本章では以上のような問題意識の下で検討を進めていく。具体的には清末から民国期にかけての湖北省を個別事例として採り上げ、検討を行っていく。そして、そこでは具体的には都市・農村という生活環境の差異と富裕層・貧困層という経済的な階層性の2点を分析の軸に据えつつ日常食の実態を提示し、華中・華南地域の食の多様な側面を明らかにしていきたい。以下、検討に移っていこう。

1.　漢口における日常食

　まず、本節では都市部における日常食の諸相を提示し、またそこに見られる食の階層性について検討していく。その際華中・華南の各地に点在する都市の事例を採取して包括的な日常食を提示するのではなく、特定の地域に対象を絞って検討を進めたほうが、よりクリアな形で議論を展開させられよう。そこで本章では清末から中華民国期にかけての湖北省を検討の中心に据

第 3 章　都市の食、農村の食

えて日常食と階層性の問題について見ていきたい。

　ここで筆者が華中・華南地域の中から湖北省を検討対象として選び出したのは以下に挙げる理由による。1 つは湖北省南部の都市漢口の存在である。漢口は長江と漢水の合流地点に設けられた湖北省第一の都市である。長江と漢水の合流地点という交通の要衝に位置する地理的条件によって、当地は交通・商業・流通といった点において極めて重要な役割を果たしていたため、隣接する武昌・漢陽と共に武漢三鎮と呼ばれ、巨大商業都市として国内外に名をはせていた。特に清・民国期には中国全域から膨大な量の物資が集中し、また上海を始めとする沿海部の諸都市との間でも様々な人・物・情報が行き交ったことから、当時は中国経済における結節点とでも言うべき性格も帯びていた。

　そのため清・民国期を通じて漢口にまつわる史料は数多く残されている。『漢口小史』を始めとする各種地方志や、清の范鍇が記した『漢口叢談』、民国の王葆心がそれに倣って編んだ『続漢口叢談』・『再続漢口叢談』などはそうした史料の一端である。また、『清国事情』のように日本が漢口に設けた帝国総領事館の報告書にしても他の報告書に比べて記述は詳細で、分析に堪えうるだけの内容を有している。

　そして、漢口を対象とした研究成果もまた数多く発表されている。ウイリアム・ロウ氏の手になる著作 *Hankow* はその代表的なものであり、漢口にて行われた貿易活動の実態を示されるだけではなく、全国各地から人の集まってくる移住民社会において見られた様々な社会組織についても言及し、漢口という商業都市の持つ機能を事細かに叙述されている[2]。また、日本でも漢口を主題に据えた研究は多い。漢口鎮の成立過程について文献を博捜して明らかにした谷口規矩雄氏の研究や[3]、漢口内の諸施設や租界について言及し漢口の都市としての機能を検討した川勝守氏や孫安石氏の研究[4]、商業都市としての側面に焦点を当てた佐々波智子氏や鄭成林氏の研究[5]、漢口の商業を支えた民舟業について深く掘り下げた松浦章氏の研究[6]などがそれである。また中国でも漢口を対象とした研究は枚挙に暇がないが、と

- 99 -

りわけ皮明庥氏による一連の成果は近代の武漢について多面的に分析を加えている[7]。残念ながらいずれの研究にも漢口における食の実態に関する言及は見られないが、これらの成果は漢口という都市が人々に注目される存在であったことを示していると言えよう。

こうした漢口に関する史料の残存状況や研究の蓄積に加えて、漢口の周辺地域、すなわち湖北省の各地域の状況について伝える史料の残存状況が良好であることもまた漢口に着目する理由として挙げられる。湖北省では民国期に政府の手によって各種調査が行われており、それらは『湖北県政概況』（以下『概況』と略称）や『湖北省之土地利用与糧食問題』（以下『問題』と略称）といった形でまとめられている。それらの史料を駆使することで清末民国期の湖北省農村部における生産・生活状況を描き出すことができ、また漢口と農村部の比較或いはその関連性について検討することも可能となる。

以上の理由により本章では研究対象を清末民国期の湖北省に絞込み、漢口とその周辺地域における食の問題について取り組んでいく。差し当たり本節では都市部、すなわち漢口について検討を進め、次節において農村部を対象とした考察を行っていく。以下、早速検討に移っていきたい。

さて、漢口における日常食について検討していくに当たって、まずは『清国事情』の記述の確認から始めよう。本書では漢口における食生活の様子について以下のような記述が見られる。

（A）当地方ニ於テ食事ハ早晩ノ二度ニシテ朝食ハ九時ヨリ十時ノ間ニ晩食ハ四時ヨリ五時ノ間ニ於テスルヲ普通トス又商家ニ在リテハ夜ノ十時ヨリ十二時ノ間ニ粥ヲ用ユル者多シ此習慣ハ全ク北方ノ朝ニ粥又ハ点心（菓子ノコト）ヲ使用スル者ト反対ナリ尚ホ北方ノ如ク朝ニ粥又ハ点心ヲ用ユル者アレトモコハ少数ノ南京人ニ限ルト云フ二度ノ食事ニハ米ヲ使ヒ夜ノ粥モ亦米ヲ使用シテ北方ノ如ク粥ヲ用ユルコト無シ又二度ノ飯一度ノ粥ニハ麺類ヲ用ユルコトアリ[8]

- 100 -

第3章　都市の食、農村の食

(B) 上述ノ如ク商家ニ在リテハ麺ヲ使用スルコト比較的少ナケレド下層民ニアリテハ米ヨリモ寧ロ麺類ヲ常食ト為シ殊ニ一切ノ菓子類ハ麺粉ヲ原料ト為スヲ以テ其ノ麺粉ノ需要ハ頗ル大ナル者アリ [9]

　この記述を精査すると、(A) の記述が商家、すなわち富裕層の食事を取り扱っているのに対し、(B) の記述が貧困層の食事に対するものであることを窺うことができる。そして記述の対象が商人に限定されていることから、(A) は都市部の様子を示したものであることが推察される。とりわけ南京出身の商人に対する言及は、全国各地から商人が集まり居を構えた漢口鎮の状況と符合することから、都市部の描写としての (A) の蓋然性を高めるものであると言える。
　一方で、(B) に見える記載は、その内容だけでは都市部におけるものなのか、それとも農村部におけるものなのかを判断することはできない。しかし、コムギについて述べた項目を見ると「衣食住ノ部ニ述ヘシ如ク当市場及地方ニ於テ麺類ノ需要頗ル多額ニシテ……」[10] とあり、この記載が都市と農村双方に当てはまるものであることが知られる。以上のことを踏まえるならば、(A) と (B) は共に漢口における食生活を描いたものとして理解することは許されよう。
　さて、改めて『清国事情』の記述内容に目を通すと都市部の日常食については以下のようにまとめることができる。まず、商人を始めとする富裕層の食事は主としてコメが用いられた。朝夜2度の食事においてコメの飯が食べられ、夜食として供される粥もコメの粥であった [11]。ただし、「二度ノ飯一度ノ粥ニハ麺類ヲ用ユルコトアリ」との記載が示すように、コメのみが用いられたわけではなく、小麦粉製の食品もまた利用されていた。(B) には「商家ニ在リテハ麺ヲ使用スルコト比較的少ナケレド」の文言が見えるものの、それはおそらくコメと比較しての表現であって、小麦粉の消費量が絶対的に少なかったことを指しているわけではなかろう。後年漢口の総領事館が提出した報告を見ても、「商家ニ在リテハ夜食トシテ夜ノ十時ヨリ十二時ノ

間ニ粥又ハ麦粉饅頭ヲ用ユルモノ多シ」とあって[12]、メン類や饅頭としてコムギは一定の需要があったと見てよい。つまり、富裕層の間ではコメとムギが主食として利用されていたとすることができる。

次に貧困層の日常食について。今しがた確認したように、富裕層におけるコメとコムギの利用比率では前者に重きが置かれていたが、「下層民ニアリテハ米ヨリモ寧ロ麺類ヲ常食ト為」すという（B）の記載から貧困層における利用比率は逆転していたことが窺われる。すなわち、コメよりもコムギに依存することの多い食生活が貧困層の社会には展開していたわけである。

こうした記述の内容は他の史料からも確認することができる。例えば、漢口領事を務めた水野幸吉による著作『漢口』には「当地方湖北湖南の住民は固より米を以て常食とすれと又日本と同様に麺を食ふこと普通にて下層民の如きは麺製包子（饅頭の如きもの）饅頭、「パン」、「カリントー」の如きものを常食とす」[13]とあり、湖北地方においてはコメとコムギが食糧として用いられていたこと、コムギは特に下層民によって利用されていたことが窺われる。

ただし、作物と階層とが明確な形で対応するわけではないことには注意が必要である。つまり、上掲の諸史料からコムギよりもコメの方が高い価値を有し、それ故に富裕層にはコメが、貧困層にはコムギが主として用いられたわけであるが、こうした「富裕層＝コメ」、「貧困層＝コムギ」といった対応関係は必ずしも固定的なものではなかった。これら作物の利用の実態は、それぞれが階層ごとに棲み分けを見せていたというよりは、むしろ各階層に広く用いられつつも、階層ごとに利用する作物の比率を異ならせるものであった。富裕層にもコムギは用いられ、貧困層にもコメが食される状況こそが実態に近いものとして理解されるわけであるが、このことは作物の品種や調理法などから推し量ることができる。

例えば、漢口で流通していたコメは全て同質のものであったわけではない。湖北産のコメをとってみても、その中には品質の高下を確認することができるが[14]、そもそも湖北産のコメからして湖南省や上海から運ばれてく

第３章　都市の食、農村の食

るコメと比べると質は劣っていたようである。『清国事情』に載せる以下の一文はそうした様を如実に伝える[15]。

　　　毎年漢口ニ輸入セラルヽ米ハ……重ニ湖南及上海米ニシテ共ニ品質佳良脂気多クシテ漢口ノ商舗及ヒ外国人ニ需要セラルヽモノナリ従ツテ価格ハ湖北米ヨリ二三割高シ

湖南や上海産のコメは「脂気」の多さから高品質のものとして扱われていたわけであるが、そうした質の差は販売額の差としても現れ、湖北米より２・３割増しの価格で売買されていた[16]。こうした記述からはコメの中に存する品質の高下を見出すことができるが、注目すべきは湖南米や上海米の供給先は「漢口ノ商舗及ヒ外国人」であったことである。ここでの「商舗」が売却用としての需要を指すのか自家消費用としての需要を指すのかは判然としないが、富裕層たる商人が高品質のコメを利用することは十分首肯できることであり、一方「外国人」については完全に自家消費用としての需要と考えて差し支えないので、湖南米や上海米は富裕層向けの品種であったとすることができる。とするならば、湖北米に代表されるような質の低いコメは上層社会の中でも比較的富裕ではない者、或いは下層社会の人々の間で利用されていたと見るべきであろう。このようにコメの中でも品質の違いによって利用者層は異なったわけであり、であるからこそ『清国事情』の記載においても下層民におけるコメの利用を否定するような文言は見られない。

　『清国事情』とほぼ同時期にまとめられた労働者に関する論説を見ると、「飲食ノ露店ハ到処彼等ヲ待チ十二文ノ粥十文ノ麺包ハ朝飯ヲ満タシ……」とその生活が描写するものが見られる[17]。この論説自体は特定の地域を対象としたものではないため、漢口の貧困層の生活を示すものとして用いることはできないが、こうした観察記録がある以上貧困層の生活とコメとのつながりを否定することはできない。

　ところで、領事館の報告には小麦粉製食品に関する記載が見られ、その

- 103 -

内容についてやや具体的に知ることができる。すなわち、「麦粉ノ方ハ麺、饅頭トシ饅頭ニハ餡ノ入レルアリ餡ノ無キアリ入レルモノニハ肉餡(豚、羊、鶏等)砂糖餡等アリ蒸シテ食ス」とするものがそれである[18]。その内容から察するに、同じ小麦粉製食品でもその製法によって利用者層は異なっていたと見える。特に饅頭は餡の有無、また餡の内容による差異は大きく、当時高級な食材であった肉類や砂糖の餡をくるんだ饅頭は貧困層の口に入ることは稀であった[19]。むしろ、上記した富裕層が夜食として食する饅頭こそこうした高級食材を用いた饅頭であり、貧困層の間では餡無しの饅頭が主として利用されたと考えられる。

　以上の検討から、清末民国期の漢口における日常食の実態について明らかにすることができた。そこでは都市内部において階層化された食の様相がそれぞれの経済力の差に比例した形で示されていた。そして、日常食における階層性はコメとコムギの利用比率や産地による品質の高低、或いはその調理法によって形成されていた。また、論旨から外れるため本論では触れることはしなかったが、富裕層は穀物以外の食材、例えば肉類や魚類などの高級食材を副食品として多用しており、食の階層性はこのようにより截然とした形で示されていた。

　それではこうした都市部における食の実態に対して、都市部に食物を供給していた農村部ではいかなる日常食を確認しうるのか。次節ではこの点について論じていく。

2. 農村部における日常食

(1)漢口と農村部

　本節では農村部での日常食の内容について見ていくが、まずは漢口へ食糧を移出していた地域の農村部に限定して検討を行っていく。その作業を経る

ことで食糧を移出する側と移入する側の間にある日常食の差異を見て取ることができるはずである。

ただ、その前に簡単ながら民国期における湖北省での土地利用について確認しておこう。周知の通り湖北省は西部に鄂西山地が展開し、中部から東部にかけて江漢平原が広がる西高東低の地勢からなるが、当地の土地利用形態もそれに応じた形で西部では畑地が東部では水田が多く見られる傾向にある。そして、『問題』に取りまとめられた情報に従えば、水田では中稲・晩稲とコムギ・アブラナ・各種マメ類を組み合わせた輪作が行われ、また畑地ではコムギ・オオムギ・ソバ・トウモロコシといった穀類とサツマイモを始めとするイモ類・各種マメ類の組み合わせによる輪作が行われていた。また、これらの食糧作物に加えて、水田・畑地共にワタを輪作の一部に組み込み、河北・江蘇等の地域と並んで全国でも指折りの産出量を誇っていたことも当地の土地利用の特徴として付記しておく。

こうした湖北省での土地利用を前提としつつ、表3−1及び図3−1に拠って検討を進めていこう。表3−1と図3−1は共に『問題』の記載に基づき作成したもので、表3−1は湖北省各県における食糧作物の生産量を作物ごとに表したものであり、図3−1は各県における食糧供給の状況を有余・自給・不足に三分して図示したものである[20]。まず、表3−1に掲げた各県の穀物生産量に目を向けると、高い生産量をあげる地域が長江及び漢水流域を中心とした地域、いわゆる江漢平原に集中していることが分かる。試みに各県の作物の生産量を総計し、総生産量が300万市担（1市担は50kg）以上に達する県を挙げてみると、沔陽・京山・鍾祥・江陵・天門・黄岡・襄陽・随となるが、これらはいずれも長江や漢水の流域下にある県であり、上記の傾向と対応する。

ただ、食糧の自給状況を見てみると、これらの県がいずれも県内の食料需要を満たし、かつ余剰食糧を抱えていたわけではなかったことが明らかになる。つまり、図3−1より湖北省における食糧の自給状況について概観してみると、西部の各県においては生産に剰余が発生する県は少ないものの、概

表3-1 湖北省各県の作物生産量

県 名	稲	小 麦	大 麦	玉蜀黍	高 粱	甘 藷	合 計
武 昌	1,800,000	220,000	220,000	56,000	22,000	10,000	2,328,000
漢 陽	1,800,000	160,000	100,000	32,000	20,000		2,112,000
嘉 魚	380,000	80,000	60,000	40,000	25,000		585,000
咸 寧	360,000	40,000	16,000	15,000		18,000	449,000
蒲 圻	600,000	50,000	20,000	30,000	8,000	25,000	733,000
崇 陽	450,000	60,000	48,000	2,000	1,500	600,000	1,161,500
通 城	600,000	55,000	48,000			30,000	733,000
通 山	250,000	12,000	10,000	33,000	1,800	400,000	706,800
陽 新	1,100,000	60,000	30,000	22,000	1,600	1,000,000	2,213,600
大 冶	900,000	250,000	48,000	18,500	2,700	1,500,000	2,719,200
鄂 城	1,400,000	135,000	24,000	20,000	10,000	400,000	1,989,000
黄 岡	2,700,000	260,000	130,000	26,000	16,000		3,132,000
蘄 水	1,200,000	144,000	44,000	53,300	43,000		1,484,300
蘄 春	1,800,000	200,000	100,000	28,000	1,800	12,000	2,141,800
広 済	800,000	120,000	120,000			25,000	1,065,000
黄 梅	1,300,000	180,000	60,000	50,000	8,000	50,000	1,648,000
英 山	80,000	30,000	10,000	2,000	38,000		160,000
羅 田	480,000	80,000	60,000		2,800		622,800
麻 城	1,600,000	180,000	210,000		50,000		2,040,000
黄 安	1,500,000	200,000	140,000				1,840,000
黄 陂	1,800,000	260,000	200,000		80,000		2,340,000
礼 山	400,000	85,000	80,000		10,000		575,000
孝 感	1,500,000	360,000	300,000	40,000	100,000		2,300,000
雲 夢	1,000,000	80,000	72,000				1,152,000
漢 川	800,000	250,000	120,000		42,000		1,212,000
応 城	1,400,000	180,000	98,000	57,000	80,000		1,815,000
安 陸	720,000	150,000	48,000	100,000	10,000		1,028,000
応 山	800,000	280,000	150,000	150,000	10,000		1,390,000
随	2,400,000	520,000	90,000		20,000		3,030,000

第3章 都市の食、農村の食

鍾祥	3,200,000	300,000	190,000	30,000	50,000		3,770,000
京山	2,400,000	620,000	500,000	130,000	170,000		3,820,000
天門	2,100,000	600,000	300,000	55,000	320,000		3,375,000
沔陽	2,700,000	850,000	660,000	200,000	200,000		4,610,000
潜江	450,000	500,000	112,000	55,000	20,000		1,137,000
監利	1,600,000	360,000	96,000	150,000	30,000		2,236,000
石首	800,000	150,000	60,000		20,000		1,030,000
公安	1,200,000	75,000	60,000	20,000	60,000		1,415,000
松滋	1,500,000	200,000	100,000	50,000	80,000		1,930,000
枝江	750,000	75,000	60,000	43,000	20,000	10,000	958,000
江陵	2,600,000	660,000	150,000	6,500	101,000		3,517,500
荊門	2,400,000	460,000	100,000	55,000	40,000	100,000	3,155,000
宜城	600,000	230,000	50,000	20,000	50,000	200,000	1,150,000
棗陽	1,000,000	350,000	150,000	40,000	160,000	220,000	1,920,000
襄陽	1,600,000	760,000	320,000	100,000	200,000	120,000	3,100,000
光化	500,000	300,000	120,000	300,000	70,000	300,000	1,590,000
穀城	520,000	250,000	60,000	110,000	35,000		975,000
保康	12,000	25,000	12,000	85,000	3,000	4,000	141,000
南漳	500,000	200,000	100,000	100,000	100,000		1,000,000
遠安	150,000	100,000	40,000	40,000	11,000		341,000
当陽	1,400,000	200,000	210,000	20,000	50,000		1,880,000
宜都	60,000	75,000	50,000	20,000	10,000	11,000	226,000
宜昌	500,000	60,000	40,000	60,000	20,000		680,000
興山	18,000	10,000	8,000	40,000	2,000	4,000	82,000
秭帰	60,000	30,000	12,000	16,000	2,500	11,000	131,500
長陽	60,000	36,000	30,000	50,000	45,000	110,000	331,000
五峯	45,000	60,000	60,000	140,000	20,000	30,000	355,000
鶴峯	120,000	60,000	24,000	80,000		18,000	302,000
宣恩	140,000	45,000	42,000	120,000	35,000	180,000	562,000
来鳳	240,000	35,000	28,000	32,000	3,500	15,000	353,500
咸豊	150,000	40,000	28,000	100,000		12,000	330,000

利 川	100,000	30,000	18,000	60,000		50,000	258,000
恩 施	240,000	50,000	35,000	160,000	36,000	800,000	1,321,000
建 始	300,000	65,000	24,800	150,000	16,000	460,000	1,015,800
巴 東	75,000	75,000	20,000	100,000	35,000	110,000	415,000
房	150,000	150,000	30,000	80,000	40,000	12,000	462,000
均	90,000	80,000	36,000	120,000	30,000	100,000	456,000
鄖	150,000	100,000	40,000	120,000	10,000	40,000	460,000
竹 山	150,000	20,000	12,000	120,000	10,000		312,000
竹 渓	100,000	20,000	12,000	100,000	5,000	100,000	337,000
鄖 西	75,000	200,000	35,000	140,000	3,500	150,000	603,500
漢 口	40,000	40,000			15,000		95,000

※出典は『問題』第4章第1節付表「湖北省主要農産年産量估計」
※単位は市担

ね自給を達成している反面、省東部では食料需要に対応できていない県が数多く見られる。とりわけ武昌・漢陽・咸寧・蒲圻・通山・陽新・大冶・鄂城・漢川・天門・潜江など省東南部では軒並み自給を達成できない状況にあり、また沔陽・江陵の各県でも凶作の年にはたちまち食糧不足を来たす不安定な生産環境にあった。本書においてこうした自給状況をめぐる傾向の背景について言及されることはないが、当該地域が清代以来垸田の造成によって耕地拡大を図ってきた地域であり、19世紀以降無計画な垸田の増設によって連年の水害に見舞われていたという環境下にあったことを考えるならば、各県の食糧生産にまつわる事情を推測するのはさして困難なことではなかろう[21]。

以上のような省東南部の生産状況に対して中部においては生産が安定し、毎年余剰食糧を発生させていた。ここで言う中部とは漢口周辺の各県、黄陂・孝感・雲夢・応城・安陸・京山を指しているわけであるが、図に示したようにこれらの県における余剰食糧は漢口に向けて移出されており、これらの地域が漢口の主要な食糧供給地帯となっていた。そこに蘄春・随・監利・石

第3章　都市の食、農村の食

図3−1 湖北省における食糧自給状況及び漢口への食糧移出状況

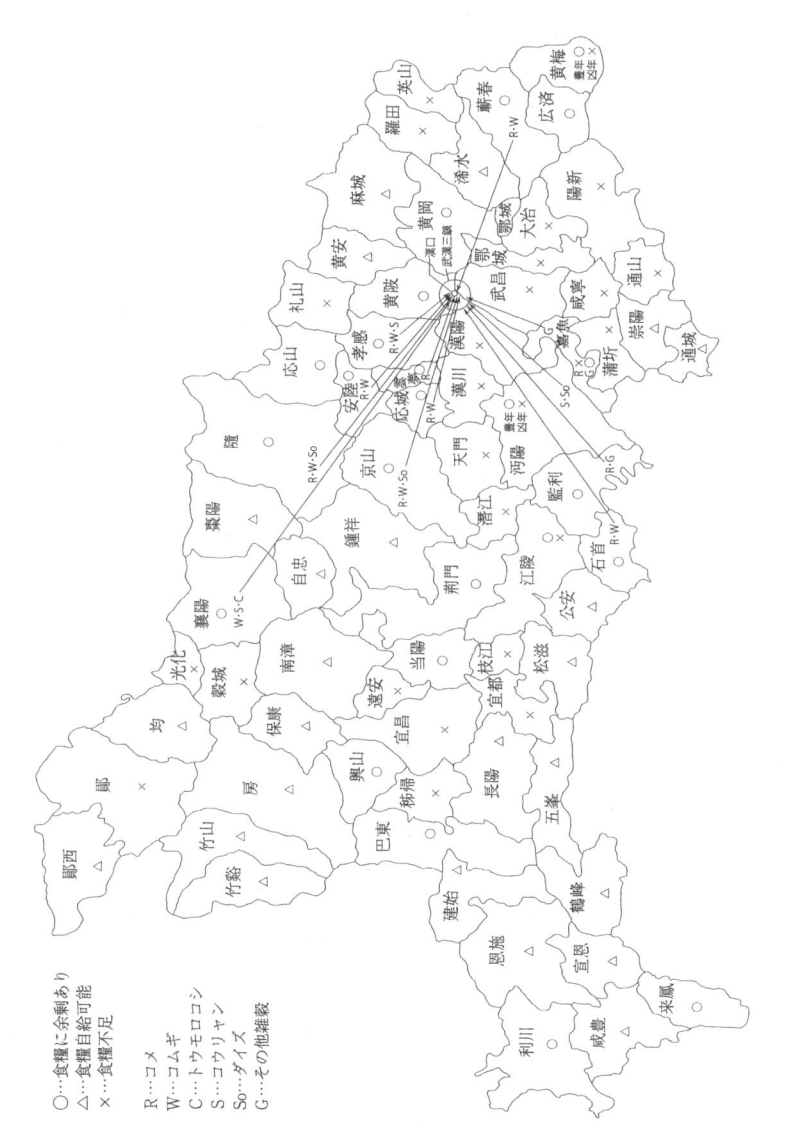

○…食糧に余剰あり
△…食糧自給可能
×…食糧不足

R…コメ
W…コムギ
C…トウモロコシ
S…コウリャン
So…ダイズ
G…その他雑穀

注：本図は「湖北省各県常年食糧概況表」(『問題』24306〜24309頁)の記載に基づき作成した。

- 109 -

首・襄陽の各県を加えると、漢口に食糧を供給していた地域はほぼ出揃うわけであるが、それではこれらの地域ではいかなる食事がとられていたのか。次にこの点について検討していこう。

次に掲げる表3-2は各県でとられている日常食について『概況』と『問題』の記載よりまとめたものである。本表より食糧供給地域で利用されている作物を確認すると、いずれの県においてもコメとムギの名が見られることが分かり、ここに漢口における日常食と共通する特徴が見出される。もっとも上掲の各県それぞれがコメとムギそれぞれに依存する程度には差があり、コメ・ムギ双方に頼る県もあれば[22]、コメを利用の主に据え、ムギについてはコメの補助食品と位置づけ、端境期の利用を強調する県もあった[23]。

しかし、いずれにせよ表中にコメのみで1年の食を賄っている県を見出すことはできず、ムギの存在なくして人々の再生産活動は保証されなかったという点は都市・農村いずれにも当てはまることである。そして、「民食は米を以って主と為すも、甚だ寛裕ならざるの家は収麦の後食を麺飯に改め以って補助と為すを須む」[24]という記録からも窺えるように、コメ・ムギと利用者の経済的環境との対応関係もまた都市部と同じ形で働いていたことが確認される。

ただ、都市と農村の違いを指摘するならば、コメ・コムギ以外の穀物及び各種イモ類に対する依存度の高さが挙げられる。確かに表を見る限りでは食糧供給地域においてこれらの作物を日常食として利用していることを窺うことはできない。しかし、表3-1のオオムギ・トウモロコシ・コウリャン・サツマイモの生産量を見てみると、各県における生産量は決して低くないことが明らかになる。試みに各県の4種類の作物の生産量を総計した数字を並べてみると、蘄春（141,800）・黄陂（280,000）・孝感（440,000）・雲夢（72,000）・応城（235,000）・安陸（158,000）・随（110,000）・京山（800,000）・監利（276,000）・石首（80,000）・襄陽（740,000）となる（単位は全て市担）。雲夢・石首両県のように生産量の低いところもあるが、概ね100,000市担、すなわち5,000トン以上の作物が各県で生産されていたことがここから窺われ

第3章　都市の食、農村の食

表3-2 日常食に利用される作物

県名	『湖北県政概況』	『湖北省之土地利用与糧食問題』
武 昌		米・大麦・小麦
漢 陽	米・麺麦	米・麦
嘉 魚	米・麦麺	米・麦
咸 寧	米・紅薯	米・紅薯・雑糧
蒲 圻	米・麦・雑糧・紅薯	米・雑糧・麦
崇 陽	米・薯	米・紅薯
通 城		米・麦・豆
通 山	米・紅薯・玉蜀黍	米・紅薯・玉蜀黍
陽 新	小麦・高粱・包穀・地瓜・米	米・麦・高粱・玉蜀黍
大 冶		雑糧
鄂 城		米・麦・高粱・玉蜀黍
黄 岡	粗糙米粒・小麦・蠶豆・高粱・蕎麦	粗米・小麦・高粱
蘄 水		米・小麦
蘄 春	米・麦麺・薯芋・蔬菜	米・麦
広 済		米・麦
黄 梅	米・薯芋・麦・粟・蔬菜	米・麦・粟・高粱
英 山		米・麦・黄豆
羅 田		米・麦・甘薯
麻 城	米・蔬菜	米・蔬菜
黄 安		米・麦・雑糧
黄 陂	米・麦	米・麦
礼 山	米・蔬菜	米・麦・蔬菜
孝 感	米・麦麺	米・麦・麺
雲 夢	米	米・麦・黄豆
漢 川	米・麦	米・麦
応 城	米・麺	米・麦・粟
安 陸	米・麦	米・麦
応 山		米・玉蜀黍・麦
随	米・麦・雑麺	米・麦

- 111 -

鍾 祥		米・麦・豆
京 山	米・麦・蔬菜	米・麦
天 門	米・粟・麦・蔬菜	麦・米・粟
沔 陽	米・蕎麦・小菜	米・粟・小麦
潜 江	粟・米・麦粉・穀米	米・麦・雜糧
監 利	米・麦・豆	粟・米・麦
石 首		米・麦・豆
公 安	米・麦麺	米・麦
松 滋	米・麦・蔬菜	米・麦・粟
枝 江	米・麦・蔬菜	米・麦
江 陵		米・玉蜀黍・麦
荊 門	米・麦・菜豆	米・麦
宜 城	粟米・小麦・稲米	米・麦・高粱
棗 陽	米・小麦・高粱・黍	小麦・米・黍
襄 陽	大小麦・高粱・黍米・稲米	大小麦・高粱
光 化		小麦・碗豆・米
穀 城	米・麦・苞谷	米・麦・玉蜀黍
保 康	苞穀	米・玉蜀黍・黍
南 漳	米・麦・高粱・小米	米・麦・高粱・粟
遠 安	米・粟・玉蜀黍	米・玉蜀黍・粟
当 陽	米・麦麺・小菜	米・麦・豆
宜 都	稲・番薯・包穀・洋芋	米・麦・薯・雜糧
宜 昌	米	米・面粉・高粱
興 山	玉米・馬鈴薯	米・玉蜀黍・甘薯
秭 歸	洋薯・苞谷	米・麦・玉蜀黍
長 陽	包谷・番薯	米・麦・玉蜀黍
五 峯	包谷・洋芋	玉蜀黍・甘薯・米
鶴 峯	包谷・洋芋・黄豆	玉蜀黍・甘薯・米
宣 恩	包谷・紅薯・大米	玉蜀黍・甘薯・米
来 鳳	米・洋芋・番薯・包穀	玉蜀黍・甘薯・米
咸 豊	洋芋・包谷・米	玉蜀黍・甘薯・米

利 川	包穀・馬鈴薯・大米	米・玉蜀黍・馬鈴薯
恩 施	洋芋・玉米・米	玉蜀黍・馬鈴薯・甘薯
建 始		黄豆・小麦・馬鈴薯
巴 東		粟・玉蜀黍・米
房		玉蜀黍・米・小麦
均		米・麦・甘薯・玉蜀黍
鄖		米・小麦・玉蜀黍・甘薯
竹 山		玉蜀黍・小麦・米
竹 渓		米・玉蜀黍・甘薯
鄖 西		玉蜀黍・甘薯・粟

※『概況』の内容は主として各県の「地方経済」内に見える「農民生活」項の記載に従った。作物名を載せない県が見られるのは日常食についての具体的な記載が見られないこと、或いは『概況』(『近代中国史料叢刊』所収版)において県の記載全てが欠落していることに因る。

※『問題』の内容は24142－24145ページ「湖北各県農民生活概況表」に拠る。

よう。

　そして図3－1に示したように、各県から漢口に向けてこれらの作物を移出していた県は孝感・監利・襄陽の3県のみにとどまっているため、各県におけるトウモロコシなどの作物は県内で消費されていたと見なすことができる。無論、これらの作物については麹や酒の原料、或いは家畜の飼料として用いられるケースも想定せねばならないため、この数字すべてが食糧にまわされたと考えることは控えねばならないが[25]、それを踏まえた上でも大量の穀物やイモ類が食糧として消費されていたことがこの数字から理解される。そして「郷村の貧農その購価較や低きを以って、多くこれを以って日常の食品と為す者有り」[26]という一文に象徴されるように、オオムギ・トウモロコシ・コウリャン・サツマイモといった作物は農村部の貧困層の間で多く用いられていた。

図表を通じて行った以上の分析結果は他の史料からも裏付けることができる。例えば、呉道南なる人物の回顧によると解放前の黄陂・黄安一帯の農村での食事は以下のようなものであったという[27]。

　　食事は毎日三度とり、朝晩は粥を、昼は飯を食べた。農繁期には粥の割合を減らして飯を多くとる食生活となったが、富農は（時期を問うことなく）そうした食事をとっていたし、地主や官僚に至っては飯だけが食卓にのぼり、粥を食することはなかった。農産品の中で主食となる作物はコメとムギであった。富農はオオムギを食べることは少ないが、佃農はコメ・ムギの他に、主としてサツマイモを利用していた。

ここでは地主・官僚、富農、佃農三者の食事について述べられているが、その内容はそれぞれ異なる。最も貧しい層に属する佃農はコメの利用においては粥の占める割合を高くして、コメの消費量を抑える努力がなされるだけではなく、ムギ・サツマイモも併せて利用していたが、佃農よりも裕福な富農になると食卓にオオムギとサツマイモが登場することはなくなる。また佃農と比べて粥の占める割合も低下する。一方で、地主・官僚から成る最も裕福な層ともなると、まずコメ以外の作物が主食としては用いられず、しかもコメが食されるにしても粥の形で用いられることはなかった。このようなコメ利用の頻度、及びコメ以外の作物の利用という形で現れる食の階層性は図表より描き出す日常食像を支持するものであると言えよう。

　以上に示したことを簡単にまとめるならば、食料供給地域における食糧の消費傾向は次のようにまとめられるだろう。すなわち、当該地域においてはコメやコムギを始めとする各種作物が大量に生産され、その中でもコメとコムギが中心となって漢口に移出されていった。当地の農民は生産物の中から移出分を差し引いたものを日常食に充てていかなければならないが、都市においてそうであったように、農村の中でも富裕層と貧困層とでは利用する作物の種類が異なっていた。比較的豊かな人々の間ではコメが盛んに利用され

ていたが、貧しさの程度が深まるにつれてコムギの利用頻度が高まっていた。そして、さらに貧しい階層にあってはコメ・コムギ以外の作物、オオムギ・トウモロコシ・コウリャン・サツマイモといった作物に依存することが多くなっていた。

こうした日常食にまつわる光景からは農村部内での食の階層性を見出すことができるが、一方で都市部と農村部それぞれにおける貧困層を比較するならば、そこにも階層性を確認することができる。つまり、前者がコムギを中心とした食事をとり、そこにオオムギやサツマイモといった作物が登場することは少なかったのに対し、後者においてはコメ・コムギ以外の作物も積極的に利用していたという差異が指摘され、両者の間にも農村よりも都市の貧困層の方がより良い条件の日常食に接しているという階層性が存する。

(2) 地方都市と農村部

このように漢口とその食糧供給地域との間には、農村から都市へと高品質の作物が移出され、低品質の作物を手元に残して農村部における消費用に充てるという関係が見出される。この関係は、漢口という都市が中国でも有数の巨大都市で膨大な食料需要を抱えているという事情があったために、県外の諸地域に食糧を求めるという超領域的な都市－農村関係であったと言いうる。しかし、スキナーによる中心地理論を持ち出すまでもなく、市場の規模には大小様々なレベルのものが見受けられ、漢口と周辺の各県によって構築される大きな規模の市場圏もあれば、県レベルの領域内で物資のやりとりが完結する小規模の市場圏もまた各地で展開していた。そのため食糧をめぐる都市と農村の関係について見ていくためには漢口の事例のみをもって論ずるだけでは不十分であると言え、より規模の小さい市場圏の中での都市－農村関係に対しても着目しておく必要があろう。そこで、次に県レベルの領域内において都市と農村が食糧をめぐっていかなる関係の下にあったのか、この問題について考察していきたい。

とはいえ、漢口の場合とは異なり、県城のような地方都市においていかな

る食生活が営まれていたのかを具体的に示してくれる史料は存在しない。各種史料に散見する断片的な記載を集積してその具体像に迫っていくしか方法はないが、そうした作業より浮かび上がってくる都市と農村の日常食の実態は漢口の事例と同じ性質を有していたと言うことができる。一例として、長陽県を採り上げてみよう。本県は省の西南に位置し山地が土地の大半を占める地理的条件にあったため、当地の農業形態も環境に制約を受けていた。表3-1からは本県での作物生産量の約3分の2がトウモロコシ・コウリャン・サツマイモによって占められていることが分かるが、それは上記のような自然環境に影響されるところが大きい。当然、当地の食もこれらの作物に大きく依存しており、表3-2にもそのことは明確に現れている。同治『長陽県志』においても山地に生活の基盤を置く農民は「多く包穀米を食し、亦た間ま麦・茂・粟・菽を用」いている様子が描かれているわけであるが、その反面「城市の日びの両餐は皆稲米なり」との記載も見え、都市部では朝夕ともにコメが食されていたことが窺われるわけである[28]。

こうした現象は長陽県だけに限られたものではない。「城廂及び家資の充裕せる者の大米を食するを除きて外、余者多く小米・包穀を食し、肉を食す機会甚だ少し」[29]、「民食、少数の市鎮と東南郷の産米の区以って正粮と為すを除くの外、その余多数均な小麦・高粱・黍を以って主要食品と為す」[30]、「穀城の産米、僅かに城鎮及び生活優裕の人民に供給し、尚お不足を感ず。農村の民食、東北の各区に在りては多半麦に恃み、西南の各区は苞谷を食す者多数に居る」[31]、「襄陽県の農民の生活、城鎮及び附郭の村庄を除きて外、倹嗇すること常に異なる。郷村の人民、大小麦・高粱・黍米を以って日常の食品と為し、蠶豆・蕎麦・玉蜀黍・紅薯もて副品と為し、大米の飯を視て珍饈と為す」[32]と、都市部におけるコメの利用と農村部におけるコメ以外の作物に対する高い依存性という対比で日常食の様相を語る史料は多く見られる。

無論、こうした史料の記載は農村部においてコメに対する依存性が低いことを示すものではあっても、コメの利用を否定するものではない。しかし、

農村におけるコメの食べられ方を見る限りでは、都市部における利用法とは決して同質のものとして語ることはできない。恐らく農村において用いられるコメは品質の低いものであり、しかも割れ米のような不良品質のコメを交えたものであったと考えられる。そして、コメの調理法からは「多粥少飯」[33]という言葉に象徴されるように、消費するコメの量を出来る限り節約しようとする傾向を確認することができ、同じ粥を食するにも富裕層の食するそれとは異なる意味合いが感じ取られよう。

　以上、農村の日常食について見てきたが、その日常食像は次のようにまとめられる。農村部における日常食は、都市部のそれと同様に利用主体の経済力に応じて内容が異なり、そこに階層性を見出すことができた。一方で都市－農村間に目を向けると、そこには農村より都市に向けてコメやコムギが優先的に移出されるという関係が見出され、都市と農村の間に存する日常食の差異が確認される。そして、それは漢口のような巨大都市のみで発生する現象ではなく、県レベルの流通領域内、すなわち県城とその周辺地域との間でも見られるものであり、従って都市－農村間の差異は湖北省では都市の規模を問わずして確認される一般的な現象であったと見なすことができよう。

3.　農民のコメ利用とその背景

　さて、前節で確認したように農村部におけるコメ利用のあり方は都市部におけるそれとは大きく異なるものであったが、こうした傾向はいかなる背景によるのか。

　まず挙げられるのは農民の経済的な困窮である。「春季青黄不接の時、常に三分の二の野菜と三分の一の粗米を以って粥を煮て飯に代う、生活甚だ苦し」[34]とは宜昌県における光景であるが、コメ3分の1、野草3分の2の割合で調理された粥は明らかにコメの節約を目的としたものである。このよう

な調理がなされる背景に「甚だ苦し」とされる生活の困窮があったことは言うまでもなかろう。この他にもオオムギを用いた麦飯[35]や古くなったササゲをコメに混ぜ、糧飯として利用している事例も見られたが[36]、増量材を用いた調理法も貧困の産物と見なすことができよう。

ところで、以上のような農村部におけるコメ利用のあり方は、各県におけるコメの生産性に起因するものであるとは言い切れない側面を持つ。史料の中には「県の民情倹嗇勤労にして、穀稲を産するも米を食する者少し」[37]との文言も見られ、農民がコメを生産しつつも意図的に自家消費用には充てなかった様子を窺うことができる。次に掲げる史料はこうした状況についてもう少し具体的な形で伝えてくれるものである[38]。

> 郷村の農戸は、毎日昼食の時のみコメを食して、朝晩の食事はトウモロコシの粉や紅薯絲（サツマイモを乾燥させて細く切ったもの）で済ませている。家の中に穀物が余っていたとしても、多くの家は同様の食事をとる。

この史料は省の東南位置する通山県における記録であるが、当地ではコメは1日1回しか食卓に供されず、朝と夜の食事にはトウモロコシの粉や乾燥させたサツマイモを用いた料理とっていた。そして、コメ・ムギ等の余剰穀物を保有していたとしても、それらを自家消費にまわすことは決してなく、トウモロコシ・サツマイモ中心の食生活の下にあったとされる。表3－1より通山県でのイネ・ムギの生産状況を見てみると、コムギ・オオムギの生産量が22,000市担（1,100トン）に止まっているのに対し、コメのそれは250,000市担（12,500トン）にのぼり、当地では稲作が圧倒的な比重を占めていたことが分かる。コメの生産量はサツマイモの400,000市担（20,000トン）には及ばないものの、それは決して低くはない。以上の事柄をまとめるならば、農村部の農民は常に一定の量のコメを抱えながらも、積極的にコメを食べようとはしなかったことになる。

第3章　都市の食、農村の食

　それでは日常の食卓に供されることの少ないコメはいかなる用途を持つ作物として扱われていたのか。まず挙げられるのは租税の納付である。一条鞭法の施行以来、従来物納が一般的だった租税の納入は銀納・銭納へと移行していったが、それは穀物による物納を全て否定するものではなかった。清代にあっても漕米の形で穀物が現物徴収されることは往々にして見られることであった。例えば、道光『蒲圻県志』には「田家の食する所に至りては惟だ薯芋のみ。薯はこれを苕と謂い、山上に種え、芋は則ち良田を択びてこれを種う。稲は以って租税に供し、若し賓祭にあらざれば、必ずこれを食さざるなり」[39]と見え、普段は主としてサツマイモやサトイモが食べられ、コメは租税の納入に用いられて特別な場合を除いて食されることはなかったことが窺われる。

　次に挙げられるのは客人の来訪や祭事の際に非日常的な食卓が設けられる場合の利用である。上に挙げた『蒲圻県志』においてもこのことについて言及されているが、他にも「食料は粟米・麦粉を以って主と為し、穀米は待客或いは宴会の時にこれを用う」[40]と同様のことを示す記録を見ることができる。

　しかし、コメの用途として最も重きが置かれていたのは銭貨獲得を目的とした商品としての側面であろう。本節で確認したように都市部において消費されるコメの大半は農村からの供給を受けたものであったが、そうしたコメの移出過程にあっては当然商人が介在し、農民との間で売買交渉が持たれていた。一般に中国における商品作物としてはワタなどの名が多く挙げられるが、実際には「北郷の豆・麦・穀米・花生油餅の類亦た外郷に銷售せらる」[41]という描写に示されているようにマメやラッカセイの油粕などと同様にコメやムギも商品作物としての性格を備えていた。農民がコメの取り扱いにおいて自家消費用としての利用を制限し、極力売却用のストックにまわしたのも、それらが他の穀物と比べて効率よく金銭を入手できる作物であることを把握しているからこその行動であったと理解されよう[42]。

　このように日常食の階層性を生み出す背景に目を向けると、それは決し

- 119 -

て経済的格差のみで論じきれるものではなく、現実を見据えた農民の経営戦略もまた重要な要素として強く働きかけていたことが看取される。こうした背景を踏まえるならば、日常食をめぐる階層性は様々な思惑が交錯する中で現出した極めて複雑な現象であると言いうる。

おわりに

　以上、清から中華民国期にかけての湖北省を対象として都市と農村の日常食について検討してきた。本章で検討した食糧の消費傾向は次のようにまとめられよう。都市部で消費される食糧は農村部からの供給を受けていたが、穀物の中でも主としてコメやコムギが都市部に移出されていった。そして、都市部の富裕層はコメを中心とした食事を、貧困層はコムギを中心とした食事をとり、そこには経済的な階層に応じた差異が見られた。一方で農村部では富農がコメを高い頻度で利用できたのに対し、貧農はオオムギ・トウモロコシ・コウリャン・サツマイモといったコメ・コムギ以外の穀物に多くを依存する食生活を送っていた。

　ここに示された都市と農村、富裕層と貧困層という2通りの対立項の組み合わせからなる4種の日常食のパターンはそれぞれがその内実を異ならせており、日常食の多様性を示すものである。例えば、同じ貧困層であっても食糧移入地である都市と移出地である農村とでは利用される作物は大きく異なる。前者がコムギを中心とした食事をとり、そこにオオムギやサツマイモといった作物が登場することは少なかったのに対し、後者においてはコメ・コムギ以外の作物を積極的に利用していたという差異が指摘され、両者は同じ貧困層という枠で括れるものではなかった。

　また、日常食についてはコメ・コムギ以外の作物を利用する農民がそうした食生活を敢えて選択していたという事実も強調しておきたい。手元にある

第3章　都市の食、農村の食

作物を自家消費用と売却用とに峻別する行為からは農民の持つ合理性を見て取ることができるが、こうした選択は単に経済的困窮だけに動機が求められるわけではなく、最も高い効率で金銭を獲得できる方策を求めた結果でもあった。それを勘案するならば、オオムギやコウリャンに依存した日常食は農民の農家経営にとって極めて重要な役割を果たしていたと見ることができよう。

以上に示した湖北省の日常食は富裕・貧困という経済的な階層性、都市・農村という生活環境の差異、そして農民の合理性を例とするような食事をとる主体の心性などの要素が絡み合って構築されたものであり、それは「南米北麦」のような単純なモデルでは描くことのできない複雑な様相を呈していたと言えよう。無論、以上のような日常食の階層性が華中・華南というより広範な地域の下にあってどの程度一般性を持ちうるのかという問題が残されていることもまた事実である。湖北省の事例が華中・華南地域の中にあって特殊なものではないことを示唆する史料は散見されるが[43]、史料の収集・精査によってその妥当性を検討することは今後の課題である。また、日常食の階層性をもたらした背景についても当時の社会的・経済的状況との関わりからより精緻な形で追究していく必要があろう。それらの点を今後の課題として念頭に置きつつ、次章の検討に移っていきたい。

注

(1) こうした点については藤田弘夫氏が既に指摘されている。ただ、都市＞農村という食糧をめぐる序列は量の問題にとどまらず、質の部分にも及ぶものと見るべきであろう。本稿ではこうした点を踏まえつつ日常食の差異について検討していく。なお、藤田氏の議論については『都市の論理』（中央公論社、1993）を参照。

(2) William T. Rowe, *Hankow: commerce and society in a Chinese city, 1796-1889*, Stanford University Press, 1984, *Hankow: conflict and community in a Chinese city, 1796-1895*, Stanford University Press, 1989.

(3) 谷口規矩雄「漢口鎮の成立をめぐって」(『愛大史学』10、2001)。
(4) 川勝守「中国近世都市漢口と「漢口叢談」」(『史淵』129、1992)、孫安石「漢口の都市発展と日本租界」(大里浩秋・孫安石編『中国における日本租界　－重慶・漢口・杭州・上海』お茶の水書房、2006)。
(5) 佐々波智子「一九世紀末、中国に於ける開港場・内地市場間関係　－漢口を事例として」(『社会経済史学』57－5、1992)、鄭成林「漢口市商会と抗戦期以前の武漢社会経済の発展」(『近きに在りて』49、2006)。
(6) 松浦章「清代漢口の民船業について」(『海事史研究』45、1988)。
(7) 差し当たりここでは『近代武漢城市史』(中国社会科学出版社、1993)のみを挙げておく。
(8) 『清国事情』第1輯、706ページ。
(9) 『清国事情』第1輯、706ページ。
(10) 『清国事情』第1輯、900ページ。なお、傍点は筆者による。
(11) 記載中の「夜ノ粥モ亦米ヲ使用シテ北方ノ如ク粥ヲ用ユルコト無シ」の部分は文意が通じないが、この記載とほぼ同文の文章を載せる水野幸吉『漢口』(冨山房、1907)は「北方ノ如ク粥ヲ用ユルコト無シ」の部分を「地方の如く粟を用ゆる事なし」と改めている。これに従い『清国事情』の記載についても「粥」を「粟」の誤りとして理解する。
(12) 外務省通商局編『在漢口帝国総領事館管轄区域内事情』(外務省通商局、1924)、13ページ。
(13) 水野注(11)書、718ページ。
(14) 『清国事情』889ページ。
　　湖北ハ清国南省産米地ノーニシテ長江漢水ノ沿岸ハ至ル処稲田ヲ有シ殊ニ黄陂、孝感ノ諸県ヲ最トシ襄陽府、安陸府、荊州府、黄州府、境皆米産地タリ又武昌府、江夏県下青山米ハ品質佳良ニシテ普ク賞美シ居レト産額多カラス
(15) 『清国事情』889ページ。
(16) 弁納才一氏の取りまとめところに従うならば、当時日本では中国のコメの品質について以下のような序列をもって認識していたという。

第 3 章　都市の食、農村の食

常熟米＞松江米＞無錫米・蘇州米＞江蘇上米＞江蘇二等米＞湖南一等米＞蕪湖米・湖南二・三等米

この序列を見る限り、湖南米の位置づけは上海米よりもやや落ちることが窺われるが、湖北米はこの湖南米よりさらに低く評価されていたことからかなり低品質のコメであったことが想起される。なお、弁納氏の成果については「中華民国前期中国における米事情の概略」(『地域総合研究』34 － 1、2006) を参照。

(17)「支那労働者」(『支那調査報告書』1 － 6、1910)。

(18) 注 (12) 書、13 ページ。

(19) 当時各種肉類の漢口における相場は、豚肉… 160 文・牛肉… 80 文・鶏肉… 160 文・羊肉… 160 文、となっている。ここでは牛肉のみが廉価であることが見て取れるが、この牛肉にしても、当時日常的に用いられた蔬菜であるダイコン (14 文) やハクサイ (10 文) と比べると決して気軽に購入できるものではないことが窺われよう。なお、ここで示した相場はいずれも 1 斤当たりのものであり、全て注 (11) 書 53 － 54 ページ所掲の「主要食料品価格表」に拠る。

(20) 筆者が利用したのは中国地政研究所叢刊 (成文出版社、1977、以下叢刊と略称) 所収の影印本であるが、本書については著者や発行年代など明確でない部分も多い。しかし、叢刊版の冒頭に載せる「「民国二十年代中国大陸土地問題資料」総序」によれば、叢刊は中国地政学院所属の学生の手になる調査実習報告書を影印・発行したものであるとされる。

　中国地政学院は蔣介石の肝煎りで設立された機関で、中国政治学校の大学院に相当する。民国 21 年に設立され、29 年にその活動を停止させている。本機関は中国の土地行政に携わるエリートの育成を目的としていたが、そうした教育活動の一環として学生は各地に派遣され 3 ヶ月の調査活動に従事することを求められた。そしてその調査結果は研究論文としてまとめられ学院側に提出されたが、これらの実習日誌や研究論文がそれぞれ叢刊に収載されている。

　以上のような叢刊の編纂経緯を踏まえるならば、本書もまたそうした調査活動の成果と見なすことができ、本書の記述や統計資料もまた 1930 年代の農村の様子を反映した一次史料としての性格の強いものであると言いうる。なお、中国地政学院

については笹川裕史「蕭錚と中国地政学会」(曽田三郎編『中国近代化過程の指導者たち』東方書店、1997、のち改稿して『中華民国期農村土地行政史の研究』(汲古書院、2002)に再録)に詳しい。

　ところで、30年代当時の湖北省は東北部において中国共産党の鄂豫皖革命根拠地が設けられ、国民党と共産党との間で一進一退の攻防が繰り返され、短期間ながら非日常的な社会の下にあったため、本書の記載内容もそうした抗争の影響を差し引いた上で利用する必要があるとも思われるかもしれない。しかし、引言において本書が平時に関する資料を用いてまとめられたことが明言されているので、その記述を扱う際には当時の政治状況をひとまず捨象して分析することが許されよう。

(21) 例えば、「又堤防数処、苟一潰破、則垸田即成沢国」(『概況』江陵県)という状況は当該地域における水害のもたらす影響を容易に想起させる。なお、江漢平原における垸田の造成とそれがもたらした影響については龔勝生『清代両湖農業地理』(華中師範大学出版社、1996)も参照。

(22) 『概況』京山県

　　日常食品、以米麦為主、佐以蔬菜……。

　『概況』随県

　　民情倹約、生活簡単、衣服土布、食以米麦雑麺等項。

　『概況』襄陽県

　　毎日三餐、米麺互用、外来客商、多食稲米。

(23) 『概況』孝感県

　　飲食以米為主、至春夏之間、多加食麦麺。

　『概況』安陸県

　　農村民食、大都以米為正粮、麦為輔助食品。間有完全食麦者、多半係夏秋之交青黄不接之時、但為数甚少、為時其暫。

　『概況』監利県

　　農村民食以米為主、麦豆為補助品、間有食麦豆或和以菜蔬者、大多春夏青黄不接之時、為時甚短、為数亦少。

(24) 『概況』応城県

第 3 章　都市の食、農村の食

　　民食以米為主、不甚寛裕之家、須於収麦後改食麺飯、以為補助。城市之区、雖有
　　魚肉鶏鴨為佐食飯菜、農民終歳多鹹菜（鹹蘿蔔鹹白菜等）豆絲及蔬菜。
(25) 劉仲廉「民元来我国之糧食問題」（朱斯煌編『民国経済史』1947、所収）所掲の
　　我国主要食糧用途所佔之百分率表に拠れば湖北省においてオオムギは食糧（39%）、
　　飼料（33%）、種子（10%）、その他（18%）の割合で利用されていた。
(26)『問題』24171 ページ
　　且郷村貧農以其購価較低、多有以之為日常食品者。
　　なお、『問題』の引用ページ数は中国地政研究所叢刊版による。
(27) 呉道南「旧社会我郷的経済生活」（『文史資料選輯』100、1985）、173 ページ。
(28) 同治『長陽県志』巻 1、地理、風俗、服食
　　城市日両餐皆稲米、碓舂上熟・中熟不等。四郷倶三餐、臨渓多水田、稲米用碾、
　　依山尽旱地、多食包穀米、亦間用麦・荍・粟・菽。
(29)『概況』遠安県
　　飲食一項、除城廂及家資充裕者食大米而外、余者多食小米・包穀、食肉機会甚少。
(30)『概況』棗陽県
　　民食、除少数市鎮与東南郷産米之区以為正糧外、其余多数均以小麦・高粱・黍為
　　主要食品。
(31)『概況』穀城県
　　穀城産米、僅供給城鎮及生活優裕人民、尚感不足。農村民食、在東北各区多半恃
　　麦、西南各区食苞谷者居多数。
(32)『概況』襄陽県
　　襄陽県農民之生活、除城鎮及附郭村庄而外、倹嗇異常。郷村人民、以大小麦・高
　　粱・黍米為日常食品、蠶豆・蕎麦・玉蜀黍・紅薯為副品、視大米飯為珍饈。
(33)『概況』宜城県
　　県民情倹嗇勤労、産穀稲而食米者少、以大小麦・黍・粟・高粱為通常食品。……
　　日食夏秋三餐、冬春両餐、多粥少飯。
(34)『概況』宜昌県
　　食料以稲為主、婦女多従事紡織。又以多数為佃農関係、於春季青黄不接時、常以

　　　　三分二之野菜和以三分一之粗米煮粥代飯、生活甚苦。
(35) 各種地方志に見られる「米に舂づきて食すべし」(光緒『孝感県志』巻5風土、土物、穀属、大麦)といった表現は麦飯としての利用を指すものとして捉えられる。また、中には粉末状にしたオオムギを増量材として用いる事例 (民国『麻城県志続編』巻3食貨、物産、穀麦之属、大麦) も見受けられる。
(36) 光緒『孝感県志』巻5風土、土物、穀属、豇豆
　　　　可以為菜、差老則乾之以禦冬、老甚則取其子雑米以為飯。
(37) 注 (33) 参照。
(38) 『概況』通山県
　　　　郷村農戸、毎日僅中午食米一頓、早晚則食玉蘆粉 (即玉蜀黍粉)・紅薯絲、雖家有余穀、亦多如此。
　　なお、トウモロコシの粉末の食し方については詳細を記さないが、他所の事例からして餅や粉粥として供したと推察される。
(39) 道光『蒲圻県志』巻4、郷里、風俗所収労光泰「薯畲説」
　　　　至田家所食惟薯芋。薯謂之苕、種山上、芋則択良田種之。稲以供租税、若非賓祭、必不食之也。
(40) 『概況』潜江県
　　　　食料以粟米麦粉為主、穀米待客或宴会時用之。終年以青菜・蘿蔔佐食、廃歴五八臘三節、始具肉食。
(41) 民国『麻城県志続編』巻1疆域、風俗、農業
　　　　北郷豆・麦・穀米・花生油餅之類亦銷售外郷。
　　こうした傾向が他の地域においても見られることは次章を参照されたい。
(42) 同様のことはコムギについても当てはまる。同治『宜城県志』には「初夏麦熟すれば、民多く粳を食す。即ち大麦の仁なり。小麦は常餐に充てず、恒に儲へて以って市用とす」(巻3 食貨、物産、穀之属) とあって、作物が自家消費用 (オオムギ) と売却用 (コムギ) に分けられて利用されていたことが窺われる。
(43) 例えば、南京の市場に持ち込まれる食糧の大半はコメとコムギで占められ、「高粱・玉蜀黍等の如きは、南京市の糧食市場に於ける数量は限られてゐ」たという調

査結果（中支建設資料整備委員会訳編『南京糧食調査』中支建設資料整備事務所編訳部、1940、51頁）は都市と農村における利用作物の差異を想起させる。食の階層性を示す事例は他にも見られ、四川の隆昌県では富裕層にコメが、貧困層にマメ・ムギ・キビ・アワ・トウモロコシなどが食され（咸豊『隆昌県志』巻39、風俗、飲食）、清末の江蘇省太倉府では農民は皆麦飯を食し、コメのみを利用することはなかったとされる（『可言』巻12）。また、浙江省平湖県では農民の食事は「朝は麦粉或は玉蜀黍粉の稀粥、昼と晩は粗糲な玄米か雑穀を食」うものであったが、この食事さえも上等なものであって、「貧苦の農家は端境期には一日三食均しく稀粥か雑穀にして、粥の中に蠶豆を混ぜ、或は飯の中に玉蜀黍を混じ、甚しきに至つては終日玉蜀黍、瓜果或は芋を以つて腹をふくらせて居」たという（阿部矢二『支那の農民生活』全国書房、1943、181頁）。これらの事例は食の階層性という現象が一部の地域のみに限られたものではないことを示唆し、また日常食の階層性に関する広範囲にわたる分析を要請するものであるとも言えよう。

第4章　移住・開発と日常食
　　　　——清～民国期、湖南省永順府を事例として

はじめに

　本章では華中・華南地域における日常食の地域性を明示することを試みる。具体的には湖南省永順府を検討の対象に据え、当地における生業の様子と日常食の実態について見ていき、またそうした生活のあり方を農業史や食物史の文脈の上に位置づけてみたい。

　前章の冒頭でも示したように、従来の中国食物史研究は食をめぐる多様な側面の大部分を切り捨てて成り立っていたため、それは単純化された歴史像しか提供できていなかった。こうした研究に対し、従来関心が持たれてこなかった部分に光を当てることによってより豊かな食物史像を描き出すことが可能ではないかとの考えのもとで、前章では日常食の階層性を明らかにした。本章ではそれに続けて日常食の地域性を主題に据えた検討を行い、それを通じて食をめぐる歴史的な情景をより具体的なものにしていきたい。

　ところで、こうした日常食と地域性との関係性という点で言えば、序章で指摘したように華中・華南地域ではコメを日常食とする理解が共有されてきた。篠田統氏の提示されるコメを日常的に消費する民衆像はそうした理解の一例であるが[1]、それは厳密に言えば江南地方の史料に根拠を持つものであると言え、それを華中・華南地域に対して一律に適用することには留保する必要があろう。言うなれば、こうした日常食のイメージが他の地域でも通用しうるものなのかを確認する作業が必要とされているわけであり、そこに個別事例の検証の必要性が浮上してくる。

　さて、上記のような問題を設定した際に検討の対象となるべき地域は無数

に存するが、本章がとりわけ永順府に着目するのは以下の理由に拠る。まず、当地の社会状況が従来の社会経済史研究において注目されてきた江南地方とは対極に位置する環境のもとにあることが挙げられる。すなわち、江南の地が千年以上にわたる開発の歴史を経て高い生産性を実現させた社会であった反面、永順府は清代に入ってようやく漢族の移住・開発が進展した地域であったため、未開の地を多分に抱え、地域全体として発展途上の様相を呈していた。このことから、江南地方の社会を社会・経済・文化といった様々な側面において成熟した様相を見せた地域と捉えるならば、当地は未成熟な部分を処々に露わにした地域として見るべきであって、双方の社会は全く異なる環境のもとにあったと認識されうる。

このような非対称性が顕示される両社会は食文化の面においてどのような差異を見せるのか。そもそもこのような差異の中にあってもコメを中心とした日常食像は双方に適用されうるものなのか。このような疑問に対する回答を用意するに当たって、開発の最前線としての性格を強く帯びる当地は格好の比較対象を提供してくれるわけである。

この永順府の開発が遅れたのは当地が苗族や土家族といった非漢族が主として住まう地域であったことに拠るところが大きい。その詳細については次節に譲るが、ここでは雍正帝の改土帰流政策を境として漢族の移住が進んだことだけを指摘しておこう。つまり、雍正朝以降永順府は移住によって押し寄せる人の波に飲まれ、その影響が地域の諸方面において現れていたわけであるが、このように漢族による開発が始まった時期が比較的明瞭であること、これが当地を検討対象に据える第2の理由である。

周知の通り、中国史研究においては史料上の制約から一言に地域開発といってもそれが歴史的にいかなる時期にいかなる形で始められたかという点について具体的に追究していくことは困難を極める。つまり、本来ならば特定の地域の開発について「発展途上」・「最前線」といった語彙をもって形容することすら叶わないわけであるが、当地では改土帰流という漢族の移住・開発の契機となった政治的事件を確認することができるため、開発の開始さ

第 4 章　移住・開発と日常食

れた時期を明確に把握することが可能である。こうした開発の性格が当地に検討対象としての優位性を付与している。

　その他に永順府及び府下の各県の地方志には他地域の地方志に比べて日常食や農業開発に関する情報を詳細に示すものが多いことも当地を採り上げる理由として挙げられることを付言しておく。

　本章において永順府を検討対象とする理由は以上の通りであるが、一方で当地が辺境地域に位置したためか、これまで永順府を研究の主題として扱った研究は管見の限りでは存在しない[2]。清代の湖南については、社会経済史の枠に限ってみても、研究は決して少ないわけではない。しかし、それは主として「湖広熟すれば天下足る」と称された穀倉地帯としての湖南に着目した研究であり、またそのような米穀輸出地としての湖南が他地域といかなる関わりの下にあったかを検討した研究であった[3]。そうした傾向に対して、近年鄧永飛氏が外部的な諸要素に関心を集中させるのではなく、米穀貿易が湖南における水稲生産や湖南の社会経済そのものに対して与えた影響に着目した研究を発表されたのは、湖南の社会経済を考える上で極めて重要なことであると言えよう[4]。ただ、残念なことに、鄧氏の成果は水稲生産地域に主眼をおいたものであるが故に、稲作が盛んではない永順府は検討の対象にはなりえなかった。こうした研究状況にあって永順府のような開発の最前線に目を向けた研究を行うことは清代湖南の社会経済の一端を明らかにすることにもなり、そうした意味において本研究は意義を有するものと言えよう。

　これらの点を踏まえつつ、以下永順府における日常食とそれにまつわる諸相を明らかにしていきたい。

1. 清代永順府概観

　永順府は清代に湖南省の西北部に設けられた行政区であり、下位行政区に永順・桑植・龍山・保靖の各県と古丈坪庁を抱えていた。現在は、桑植県が張家界市に属する他は皆湘西土家族苗族自治州に属している。地理学的な情報を提示すると、永順府は雲貴高原の東端に連なり、また武陵山脈の中に位置する。そのためこの地には山地が連綿と連なり、澧水・酉水系の河川が流れる。こうした地勢からも明らかなように府内の大半は山地によって占められており、そのためか府内全域は一定の気候の下にあるわけではないが、年平均気温は16度前後を、年間降水量は1300ミリから1500ミリの間を推移し、他の地域に比べて別段厳しい気候であるわけではない。

　しかし、山地という自然環境は長い間漢族による進出を妨げてきたようで、当地では主として土家族・苗族が生活を営んでいた。漢代に武陵蛮の住まう地として記されたのもこうした非漢族の勢力圏にあったことの表われであろうが、そのため歴代の王朝は「苗」・「土」の長を土官に任命し、当地を直接統治することは避けてきた。しかし、雍正5年、保靖土司の彭御彬・桑植土司の向国棟の「縦恣」や「操権残虐」によって人々が各地に離散するという事件を受けて当地をめぐる政治的な状況は変化を来たすことになる[5]。彭御彬・向国棟が罷免された後、同6年に永順土司彭肇槐の「納土」を受けて土司による統治は終焉を向かえ、同7年には永順府が設けられて地方官による統治が行われることになる。これら一連の過程において現れる「操権残虐」や「納土」といった史料上の文言をそのままに受け取ることは控えなければならないが、いずれにせよ雍正期以降当地は清朝の直接統治の下におかれたことは確かなことである。

　永順府への漢族の移住が本格化するのはこの改土帰流を境としてのことである。それは「近ごろ客家の寄籍するもの多し」等の記載が示すところであり[6]、湖南の他地域からはもとより、江西・湖北・福建・広東・浙江・貴

第4章　移住・開発と日常食

表4−1　永順府における民族別人口

年　次	府・県名	土　戸	苗　戸	客　戸	合　計
雍正12年	永順県	28,654	10,144	5,226	44,024
乾隆7年	永順県	55,074	22,171	26,438	103,683
乾隆25年	永順府	220,034	45,210	119.921	385,165
	永順県	113,765	25,133	46,223	185,021
	保靖県	34,497	12,386	5,552	52,435
	龍山県	50,555	7,155	37,407	95,117
	桑植県	21,219	536	30,837	52,592

※乾隆25年の人口は乾隆『永順府志』巻4、戸口に、それ以外の年の人口は民国『永順県志』巻12、食貨、戸口に拠る

州等の各地から人が集まってきた[7]。実際のところ雍正期以降、永順府における漢族移住の規模の変遷を正確に示す史料はない。ただ地方志には民族ごとの人口数を断片的ながらも載せたものがある。それらの数字をまとめてみたものが表4−1である。本表には一部計算の合わないところがあり、また土戸・苗戸の急激な増加は雍正12年・乾隆7年の数字に不正確な部分があるためと考えられ、これらの数字をそのまま信用するわけにはいかないが、客民は雍正期以降着実にその数を増やしていったことが窺われよう。

また、土戸・苗戸と比較してみると、乾隆25年時点の永順府にあって人口の3分の1弱を占めていたことがわかる。もっとも、この比率も絶対的な信頼がおけるものとは言えず、乾隆『永順県志』が土人・漢人・苗人の人口比率を4対3対3とするように[8]、その比率が異なる史料がある反面、客民は全体の6割を占めたとの記録を載せる同治『桑植県志』のように時代は違えながらも乾隆25年の比率にほぼ沿った数字を見せるものもある[9]。このように史料に見える数字をただちに正確なものとして捉えることは控えねばならないが、改土帰流を経て数多くの漢族が移り住み急激な人口増加を見

せたことだけは確実なこととして捉えることができよう。

　以上、本章の舞台となる清代の永順府について概観してみた。そこからは改土帰流という政治的事件を1つの契機として辺境の山岳地帯にまで漢族の移住の波が及んでいった様子を窺うことができる。こうした状況の下にあって漢族はいかなる食事を日々の生活の中でとっていたのか。次節ではそれを探っていくための作業として、日常食の内実を強く規定する要素としての農業生産について見ていくことにする。

2. 営農状況

　前節でも確認したように、永順府という地域を特徴付けるのは、その地の大半が山地によって占められるという自然環境であった。それは当地における生業のあり方を強く規定していた。「山多田少」と形容されることの多いこの地は「貧寒日び甚しく、生産繁からず、土地皆痩せ、山広く田少く、膏腴の地に非」ざる状況にあった[10]。当然こうした言説が穀物の生産力が高い地域を「豊か」と見なす地方官によってなされたことには注意せねばならないが、生活の基盤が山間の地に求められるが故に農業のあり方も平野部の穀倉地帯とは異なる様相を見せていたことは、ここから容易に読み取られることができる。

　ただ、その農業のあり方も漢族の移住が進む以前と以後とでは大きく異なる。前節で確認したように、土司制度が廃止される前の永順府は苗や土と呼ばれる民族が多数を占める地域であり、その農業は焼畑耕作であった。例えば、古丈坪庁の苗の農作業は以下のように記録されている。

　　苗は男女共に耕作に従事する。（古丈坪は）耕地より山が多い地で、穀物栽培に適した場所も多くない。未開地を焼いて山の斜面を耕し、ゴマ

やアワ・ムギ・マメ・トウモロコシ・コウリャン・ソバなどの雑穀を植えつける。栽培を始めてから 3・4 年を経るとその地を捨てて別の場所を耕す。長いこと耕作をしていると土地がやせてくるからである。放棄されて数年を経た土地は地力を回復させるので、また耕作される[11]。

こうした記述からは典型的な焼畑耕作の姿を窺うことができ、同様の耕作は古丈坪庁以外の地でも苗民や土民の間で広く行われていた。

しかし、漢族の移住が進むにつれ定住型の農耕も広まっていき、そうした営農の風景は変化を来たすことになる。無論、それは永順の地で焼畑耕作が見られなくなったことを意味するわけではない。漢族の流入が加速する乾隆期以降も焼畑耕作の存在について言及する記録は散見され[12]、また漢族が焼畑を行うことを示す史料も見られる[13]。こうした点を考慮に入れれば、焼畑耕作は当地の農業に占める比重を低下させながらも近代まで廃れることなく続けられたと見るべきであろう。

定住型の農耕は漢族の増加と共に広まっていくが、それでは当地の農耕はどのような特徴を持つものであったのか。1つの特徴は永順府の景観が「山多田少」と称されたように、耕地の形態が自然環境に強い制約を受けていた点に存する。すなわち、永順府は山地にその大半を占められ、平地は極めて少ないために、当地の農耕は平地の水田にではなく山地の耕地に主たる舞台が求められた。その結果として「岡阜陡矗の処、叢荊礧石の間を見るに、寸石隙土墾闢せざるなし」[14]と、山地の中では耕地に適した土地は僅かたりとも見逃さず切り拓くという開発の情景が形成されるに至ったわけである。

次に山地における農業について具体的に見ていこう。まず耕地の形態について述べると、それは平野部のように1筆の耕地が広く整然とした形で存在するのではなく、地形に合わせて形成された耕地が数多く設けられていたと考えられる。例えば、山地の農民が耕作に当たって猿のように山肌を上下していたとする記録があるが[15]、これは明らかに斜面に規模の小さい耕地を地形に応じた形でいくつも設けて、それらの耕地の間を行き来して耕作し

ている様子を示すものであろう。

　そして、農業用水の獲得という側面においては、自然環境への大きな依存という特徴が挙げられる。史料に目を通すと「永属の地方、但だ渓壩有りて池塘無し」との文言がしばしば見られるが[16]、これらの記載は当地の農業用水が直接河川から引き込むことで確保され、溜池は設けられていなかったことを示すものである。溜池が設けられていれば、耕作状況に応じた計画的な配水が可能であるだけではなく、天候不順や河川の減水といった非常事態に対するセーフティネットも用意される。それが設置されていないとなると、当地の耕作、特に稲作栽培は安定性の低いものであったと推察される。この点において当地の灌漑システムは十全なものとは言い難い。

　また、自然環境への依存の大きさという点では、天水に頼る耕作についても触れられる必要がある。山地の農業を題材とした詩には「大沢龍蛇霧の密なるを蔵し、深山の禾黍天多を得」[17]、「伝え聞くに春夏の日、比歳雨綿綿」[18]といった表現が見られるが、これは山地農業と降雨・霧との関わりの深さを想起させる。また後者の詩に対する注に「春夏の雨多きに遇い、故に山田歳どし必ず収有り」とあるのは毎年の収穫を保障する程度の降雨量が見込まれたことを意味し[19]、当地では例年通りの天候であれば降雨のみでも畑作作物の栽培は可能であったことがそこから想起される。

　そのような環境下にあって栽培されていた作物にはイネ以外の穀物が多かったようである。特に「郷民率ね多く山を墾し播種す」るとされるトウモロコシ[20]、「豆蕎の利、食の太半に資す」とされるソバや各種マメ類は盛んに栽培されていたと見てよい[21]。これらの作物がどのような栽培サイクルの中で育てられていたかは、残念ながらそれを示す史料が得られないため知ることはできない。中には自然環境に制約をうけて年一作の耕地も確認されるが[22]、全ての耕地がそうであったわけではなく、多毛作が可能な耕地も見られた。ただ、「瘠薄」と称されることの多い地力の低さからは、連作が土地に大きな負担をかけることは想像に難くなく、従って、栽培サイクルにおいては休閑が占める割合は大きかったはずである。また、マメ類が盛んに

第4章　移住・開発と日常食

栽培されたという事実は消耗した地力をマメ栽培による窒素固定化作用によって補っていたとも捉えられるので、マメ類は栽培サイクルからは欠かすことのできない作物であったと言いうる。

　以上のように山地農業は永順府の農業にとって主要な地位を占めていたが、一方で水田耕作もまた見られたことには注意を要する。永順府における水田耕作が有していた意義については後節で触れるとして、ここでは当地における水田耕作の様子を確認しておこう。

　まず、水田の広まりという点から見ていくと、既に言及しているようにそれは決して規模の大きいものではなかった。「山多田少」という言葉はそれを如実に示すが、他にも「少栽穀稲」[23]・「産米最少」[24] など水稲栽培の規模の小ささを窺わせしめる記載は多々見られる。永順府に属する各県において水田がどの程度の耕地面積を保持していたかを示す史料はないが、概算として見える数字は決して高くない。桑植県では「山地と較べて什の一たるに能わず」[25] と山地の耕地の 10 分の 1 にも満たないとされており、広いものでも古丈坪庁における「十分之三」程度であるが [26]、こうした数字も他の穀倉地帯と呼ばれる諸地域と比べるとかなり低いと言いうる。

　それでは当地における水田はいかなるものであったか。その様子を伝える史料を 1 つ挙げておこう。

　　私めが思いますに、保靖の地は山高くして霧深く、水は冷たく土地は瘠せたところであります。民も苗も皆焼畑に従事し、また水田は皆山あいの渓谷にあります。（そこでは）石を積んではあぜとし、水路を掘っては水を引き寄せ、イネを栽培しており、堰や溜池などはありません。方形に区切られた水田は数箇所で見られるに過ぎず、それらは皆河川の近くに設けられておりますが、雨が数日続くようなことがあれば、山から水が押し寄せて水田は水没してしまうのです。そのため（保靖県に）上田・中田はありません [27]。

- 137 -

この文章は保靖県知県の王欽命が上級機関に宛てたものである。それは当地の水田が川沿いや山麓にあったことを示しているが、また水田の灌漑は近隣の水源から用水を引き寄せるのみで済まされていること、河川の増水の影響を強く受けそれに対する防御策が十分に取れていないこと、そしてそれが故に当地の水田には江南地方のような集約的な水田経営は望めなかったことを窺うことができる。

　この灌漑システムの不備という特徴は先に畑作について見た時にも言及したが、水田耕作にとっても大きな特徴となるものであるから、もう少し具体的に見ておこう。そもそも、川沿いの地や山麓の地が耕地として選ばれた理由には灌漑用水の確保が比較的容易であるという点が強く働いていたと考えうる。上述のように永順地方の山地は雨水の恵みを多分にうけており、そのため土壌に貯えられた水は河川の水や山麓の湧き水として水田に十分な水を提供した。そうした水を筒車（水車）や蝦蚣車（龍骨車の類）或いは桔槔（はねつるべ）などを利用して灌漑すれば良く[28]、大規模な工事を必要としない恵まれた環境にあった。そのためか史料中では「渓壩有りて池塘無し」[29]・「溝を作す者頗る少なし」・「塘堰最も少なし」[30]・「殊に蓄水の法を知らず」[31]など溜池の不備が指摘されるだけに止まらず、「溝」すなわち用水を引き寄せる水路の不備を示す記述さえ見られる。また天水のみで栽培が行われる水田も史料には登場する[32]。

　ところで、永順府における水田の生産力の低さは灌漑システムの不備のみに求められるわけではなかった。「山寒冷水」とされる寒冷な気候も生産力の低さに影響を及ぼしていた。その影響は2つの点で現れてくる。1つは、冷涼な気候がコメの収量を高くさせなかったこと[33]。もう1つは、「山寒冷水にして、気候頗る遅し」[34]と称された当地では、7月から9月にかけて収穫が行われた後、再度のイネ栽培を可能にする気候の下にはなかったことである。

　こうした自然条件の制約を受けたため、永順府ではイネとその他の穀物との組み合わせで連作が行われていた。例えば、古丈坪庁では早稲の収穫後、

水田から水を抜いてソバが植えられ[35]、また永順県では、ムギが水田で栽培されている[36]。そして「割禾」の後水稲作の準備に追われていることが記載されていることから[37]、イネーソバ・ムギの組み合わせだけではなく、ソバ・ムギーイネの組み合わせも見られたことは想像に難くない。

　以上、永順府における農業の諸相を確認してきた。そこから明らかにされたのは以下の特徴である。すなわち、地勢に応じて畑作と水稲作の住み分けがなされていたが、特に前者に大きな比重が置かれていたこと、水稲作は自然環境の制約を強く受けて生産力も低かったこと、そして水田においてもその前作・後作としてソバ・ムギ等の作物が栽培されていたことである。これらの特徴を前提としつつ、次節では永順府における日常食の実態について見ていこう。

3.　永順府における日常食

　さて、地方志等の史料を通じて永順府における食の光景を探ろうと試みたとき、まず気づかされるのは畑作作物と日常食の強い結びつきである。「民食の資する所、雑糧多きを為す」[38]・「雑糧を種蒔するは甚だ碩蕃にして、終歳の食を済うに足る」[39] 等、畑作作物が日常食として利用されていることを示す文言は史料中に頻繁に登場する。

　それでは、ここに記される雑糧とはどのような作物を指すのか。例えば、史料には「饔飧を謀る者、包穀・菽・麦を以って大宗と為す」[40] と見え、ここではトウモロコシ・マメ・ムギといった作物が挙げられている。また、「郷民に至りては、豊年常に粗糲を食す」とある「粗糲」とはトウモロコシやソバのことを指しており[41]、同様のことは先に掲げた「豆蕎の利、食の太半に資す」という記載からも窺われる。これに加えてサツマイモやサトイモも日常食に資するところは大きかったようである[42]。

これらの作物がどのような調理法によって利用されていたかを具体的に示す史料は少ない。ただ、断片的な記載を拾っていくと、これらの作物は粉末に加工しての利用が多かったことが窺われる。例えば、ソバは「粉を以って餅を作す」(43)と見える。一般に「餅」は小麦粉製食品を指すが、この場合は広義にとって穀物粉製食品とすることができる。また、アワ・コウリャン・シコクビエ・エンバクなどの作物については「粑を作す」とあり(44)、「粑」（はったい粉）にされていたことが分かる。そして、各種マメ類も粉末にして利用していたことを示す記載が見られる(45)。一方で粒食することが明示されている作物は老麦と乾豆だけであり(46)、決して多くない。

　また、永順府ではこれらの作物に加えてワラビとクズも重要な食物であった。一般にワラビとクズから採取される澱粉は救荒作物として利用されることが多く、現に『永順府志』も「郡属これに藉り以って歳荒に備う」(47)とクズの救荒作物としての側面に言及している。しかし、他の地方志にはワラビやクズが豊凶関わり無く利用されていたことを示す記載が見られるのもまた事実である。例えば、「今邑中採食する者多く、独り歳歉のみ然りと為さず」との保靖県に関する一文はそうした状況を如実に示している(48)。そうしたワラビ・クズの利用を促したのは、「民間冬に儲粟無き者これに頼る。食を済うこと雑糧に比す」(49)といった記載からも明らかなように、貧しい生活環境であった。無論、こうしたワラビ・クズの利用は永順府全域に適用できるものではないが、それらが貯えの無い人々にとっては貴重な食糧源であったことは確かなことであり、当地におけるワラビとクズの重要性が窺われよう。

　さて、以上、見てきたのは「民間」・「郷民」にとっての日常食であった。史料によっては「農家」・「農氓」とされることもあるので、これらの人々は、その大半が農民を主とする直接生産者であることは想像に難くない。これらの人々は各種穀物やイモ・マメの類を主糧として利用し、また場合によってはワラビやクズにも多くを頼る民もいた。こうした日常食の実情を見て奇異に思えるのは、コメの利用に対する記載が見られないことである。確か

第4章　移住・開発と日常食

に永順府においてコメの生産量は低かったが、それでも全く食べられなかったというのは不自然であろう。例えば、他の地域ではイモ類をコメに混ぜて炊く糧飯としての利用事例が多く見られ、利用できるコメの量が少ないならば少ないなりに利用法があったわけである。こうした他地域の利用状況に対し、永順府ではコメはどのように利用されていたのか、次にこの点について見ておこう。

　結論から述べてしまうと、当地においてコメは商品としての性格が強い作物であり、史料上、農民の間でコメが食べられる様子は全く確認されない。コメの利用について触れる史料自体が少なく、利用の実態を具体的に捉えることがなかなか困難であるが、次に掲げる史料はその一端を窺わせしめるものであって貴重である。

　　古丈坪庁は山に囲まれた土地であり、いわゆる平地農というものはとても少ない。山の中腹の岩肌も露わな場所に碁盤の目のような耕地をいくつも設けており、（そこから得られる）マメやソバは食に資するところが大きい。稲田での収穫物は全て売却して銭に替え、それによって日用の品を購っており、1年を通じて日常の食は全て雑糧に頼っている[50]。

この記載からはマメやソバを始めとする作物が人々に日々の食事の際に消費され、その生活を支える重要な存在であったことが分かると同時に、コメはその生産者たる農民達の間で食されることはなく全て売り払われ、そうして得られた金銭は生活必需品の購入のための資となっていたことも窺われる。すなわち、永順府では、農民の手になる作物群のうちイネとそれ以外の穀物との間でその役割分担が明確に定められており、後者が自家消費作物であるのに対し、前者は換金作物として扱われていたことになる。

　こうした農業経営を成立させるためには、市場においてコメに商品作物として高い価値が付与されることが条件として求められる。そのため各種穀物の価値について確認しておく必要があるが、上掲の史料と同じ地域を扱った

光緒『古丈坪庁志』には幸いコメを含めた各種穀物の相場に関する記述がある。それらの穀物の斗ごとの価格を列挙してみると、アワ－600～700文、コウリャン－500～600文、トウモロコシ－500文、ソバ－400余文、乾豆－420～430文、緑豆－400～500文、コメ－700～800文となる[51]。これらの価格から明らかなように、アワを始めとする各種穀物がいずれも500文前後の価格帯に納まっている中で、コメだけが700～800文と突出して高い価値が付され、穀物間に階層が存在していた。

　ところで、これらの価格は相場が比較的安定している時のもののようで、凶作等の理由によって穀物価格の騰貴が起こるとコメは1000文と2割5分から4割程度の上昇を見せ、高い利益を得ることができたことがこの史料から窺われる。このことは、マメやソバの類が400文強と低価格を示していたことと併せて考えると、前掲の史料に見えるマメ・ソバとコメの対比を裏付けるものであると同時に、当地においてコメが持つ価値の高さを強調するものであるとも言えよう。

　以上のような穀物間における価格差の諸相、中でもコメがとりわけ高い価格を呈する情況を鑑みるならば、栽培する作物の間で自家消費用と売却用という用途を截然と定めるような経営戦略が採られたことは、農業経営、とりわけ山地という生産性の低い地域における経営に携わる者としては極めて自然かつ合理的な判断であったと言えよう。この史料にも「民間雑糧を以って常食となし、稲穀を以って銭を售う」と作物の用途分化を示す文言が見られるが、そうした分化を可能にしたのは以上のような市場の存在であった。

　それでは、農民が売却したコメはどこに運ばれ誰に食べられていたのか。以下の史料はそうした疑問に答えるものである。

　　山谷の住民は日々雑糧やサツマイモ・サトイモを食べ、凶作の年にはワラビやクズで飢えをしのいでいた。城内の住民は貧富を問わず皆コメを食しており、その精米されたコメは養生にとても効果のあるものである[52]。

上記の史料からも明らかなように、コメは都市の住民によって食べられていた。上で提示したコメとそれ以外の穀物という分化はそのまま都市と農村という消費の場の差異に対応するものであった。

ただし、上掲史料に見える「貧富を問わず」というくだりについては文面通りに受け入れることに留保を要する。それはムギやトウモロコシもまた商品作物として永順府内で流通していたことが確認されるからである。例えば、桑植県では収穫されたトウモロコシやムギが他の地域へと販売されていったし[53]、乾隆『永順府志』にはムギを沅陵県や永定県から購入していることが記されている[54]。これらの史料からは穀物売買の舞台が農村と都市いずれであったのか判然としないが、コメ以外の食糧もまた永順府内の各所を流通していたことは確かなことであり、そのことを踏まえるならば、都市内の貧困層に属する人々が皆例外なくコメを選択していたと見なすのは行き過ぎのきらいがあろう。いずれにせよ、地方官や商人といった都市の富裕層は日常的にコメを食していたわけであり、そうした人々の口にするコメは府内の各所から送られてきたものであった。

4. 畑作作物利用の背景

これまで確認してきたように永順府における農業生産は畑作に重きを置いたものであり、そのために当地の日常食は一部の富裕層を除くとムギやトウモロコシといった畑作作物によって構成されていた。それでは日常食が畑作作物に強く依存する背景にはいかなる事情があったのか。本節ではこの点について確認していきたい。

さて、こうした問題について考えるときにまず目を向けるべきは当地の自然環境であろう。既に見てきたように永順府は土地の大半を山地によって占められており、水田耕作に適した平地は極度に少ない。水田が展開する地

形条件に着目すると、川沿いの地や山麓の地に設けられることが多いことに気づかされるが⁽⁵⁵⁾、当地にあってそのような土地は限定されていた。

先に示した「山多田少」という史料中の文言もこうした事情に裏付けられるものであるが、とは言えその条件のみをもって当地の農業を畑作優位の状況が形成されていったと考えるのは適当ではない。なぜならば、四川・雲南のように山の斜面に沿って棚田を設けて水稲作を行う地域も見られ、山地農業が畑作とのみ強い結びつきを見せ、水稲作は忌避されるという構図が直ちに成立するわけではないからである。

それでは、なぜ永順府の農業開発はイネの栽培面積を拡大させる方向に展開していかなかったのか。この疑問に対してここでは桐油に着目してみたい。桐油は油桐（シナアブラギリ、学名 *Aleurites fordii* Hemsl.）の実から採取される油であり、主に耐水加工の塗料や油絵の具に用いられるものである。まずは永順府における油桐栽培について概観しておこう。

そもそも油桐がいつ頃から永順府で栽培されだしたかを伝える史料は残されていないため、当地における栽培の起源を辿ることはできない。ただ、漢族が移住する以前の当地において桐油の製造が産業として確立していたことを示す記録は確認されないのに対して、漢族の移住が本格化した雍正期以降には油桐栽培に関する記録が増える⁽⁵⁶⁾。また、雍正期に保靖知県を務めた王欽命は人々に油桐の栽培を勧めていた⁽⁵⁷⁾。これらのことから推察するに、栽培の興隆には漢族の入植や地方官による積極的な山地開発策と深い関わりがあったと考えられる。

さて、こうした桐油製造は雍正期以降、それが重要な輸出品目となりえたこともあって民国期に至るまで一貫してその隆盛を誇って。「徧く桐・茶を植え、以って米糧の缺を佐く」⁽⁵⁸⁾・「全て桐・茶・雑糧に頼り、以って不足を補う」⁽⁵⁹⁾・「饔飧を謀る者、包穀・荍・麦を以って大宗と為す外、此れ則ち給を桐油・杉・桮に仰ぐ」⁽⁶⁰⁾とその製造が産業として占めるところが大きかったことを示す史料は数知れない。そしてそこから得られた利益もまた大きい。「歳どし得るの利、食用を除くの外、尚数万金を余す」⁽⁶¹⁾・「油利

の出す所歳どし十万に近し」[62]・「その種植を広くし、十万の利、百万に至るべし」[63]等の文言は、当然誇張を含んだものであろうが、桐油が永順府において一大産業であったことを示している。無論、個々の農家もその恩恵にあずかっており、「民はその利に頼り、以って租税を完うし、婚嫁を畢らしむ」[64]とあるように桐油から受ける利益によって租税の納付や婚礼にかかる莫大な費用を賄っていた。

このように永順府では桐油生産を軸に据えた産業構造が見られたわけであるが、それは水稲作ではなく畑作にとって有利に働くことになる。その理由の1つは油桐の生育条件にある。そもそも油桐はそれほど厳しい栽培条件を求める植物ではないが、排水不良の土地では十分に生育しない[65]。良好な排水環境を求めるが故に山地での栽培が盛んになるわけであるが、このような性質を持つ植物であるために油桐を中心に据えた経営を図る農民にとっては、水田よりも畑地のほうが前作や後作を含めた栽培プランを計画する際には好ましいことになる。

またもう1つの理由として栽培の経営形態が挙げられる。油桐は植樹されてから実をつけるまでに3年から5年ほどかかるが、当然結実に至るまでの数年間は油桐から得られる利益は皆無である。しかし、その間農民は油桐に混植する形で畑作作物を植えつけ食糧生産を行うことができた。光緒年間にこの地を治めた陳季春は貧民に対して油桐栽培を見据えた形での開墾を勧めているが、それは開発当初には油桐を植えた土地にアワやマメといった畑作作物を栽培させることで油桐が実をつけるまでの数年間の生活を安定させ、実をつけてからは桐油のもたらす利益によってその経営をまかなう開拓プランであった[66]。こうした史料からも油桐栽培に従事する農民にとって畑作作物は安定した経営を実現させるための重要な要素であったことが窺われよう。

このように永順府において稲作栽培が他の地域ほど広まらなかった理由として当地の自然環境に加えて各農家の生活を支える産業の存在が挙げられよう。租税の銀納化を受けて貨幣経済が社会に広く浸透する中で銭貨獲得のた

めに商品作物の育成を選択する戦略的な農業経営の方針、それが畑作作物の重視という当地の農業のあり方に密接に関与していた。そして、それはコメ以外の作物への依存性を高くする日常食の傾向とも密接な因果関係を有していた。

おわりに

　以上、清から中華民国の時期にかけての永順府において見られた日常食について検討した。そこで明らかにされた開発の諸相と日常食の実態は次のようにまとめられよう。清代の永順府は漢族の移住の進展に伴って開発が進められ、主として可耕地の拡大と油桐を始めとする商品作物の栽培が行われた。それらの開発は永順府が山地に大半を占められる土地であることを念頭に置いたものであって、農業は山地農業を主体とし、油桐栽培も山地での栽培に適した産物を求めての結果であった。当地で見られた日常食はこうした自然環境や産業のあり方に対応したものであり、コメ以外の穀物とイモ類が日々摂られていた。

　このような検討結果は農業史や食物史の文脈においてはどのように位置づけることができるのか。まず、農業史の観点からは、永順府の農業が畑作を主体として成り立っていたという実態が重視されよう。それは従来稲作のみに関心が集まった研究に対して清代の農業の持つ多様性を示すものである。一方で、水稲作に適した土地はほとんど無いにもかかわらず、水稲作の可能な土地にはイネを植えようとするその傾向も確認できたが、そこからは漢族の農業に対する志向を見出すことができよう。この農業における実態と志向という問題が持つ意義については終章において触れることとしたい。

　また、食物史の観点からは、コメ以外の穀物とイモ類を主食とした食生活は明らかにこれまで抱かれていた日常食像からはかけ離れたものであったこ

第4章　移住・開発と日常食

と、清－民国期の華中・華南地域にあって日常食に地域的な多様性が確認されることが着目に値しよう。それに加えて、当地においてコメが商品作物化していたこと、そして商品作物としてのコメは都市に流れて都市住民によって食べられていたことも重要な意味を持つ。なぜならば、そこからは辺境の地においても作物の商品化が進展していたことを窺えると共に、食の階層性も確認されるからである。こうした食の商品化や階層性といった要素は食物史において新たな視点を提供するものであると言えよう。

　以上のように、当地における日常食や生業の実態は単純な形で説明しうるものではなかった。その背景には山地という自然環境や桐油の生産という当時の中国経済に緊密な繋がりを持った要素が働きかけ、多様で複雑な様相を見せていた。このような開発の前線における日常食のあり方については農業史や食物史の枠だけではなく、清から中華民国期における社会経済の中においても位置づける作業が必要とされるが、こうした点についても終章において改めて検討したい。

注
（1）篠田統『中国食物史』（柴田書店、1974）。
（2）中には段超「清代改土帰流後土家族地区的農業経済開発」（『中国農史』1998－3）、「土司時期土家族地区的農業経済」（『中国農史』2000－1）のように永順府を検討対象の中に含める研究も見られるが、これらの成果は土家族の農業開発を議論の中心に据えたものであるため、永順府という地域そのものを議論の主題にした研究であるとは言い難い。
（3）その成果はかなりの数にのぼるが、それらが本章の主題と大きく関わるわけではないため、ここでそれらを掲げることは控えたい。田炯権「清末民国時期湖南的米穀市場和商品流通」（『清史研究』2006－1）及び後掲鄧永飛論文が関連論文を網羅的に載せているのでそちらを参照されたい。
（4）鄧永飛「米穀貿易、水稲生産与清代湖南社会経済」（『中国社会経済史研究』2006

－ 2）。

（5）彭御彬・向国棟の事件については雍正五年閏三月一二日の湖南巡撫布蘭泰の奏摺（中国第一歴史档案館編『雍正朝漢文硃批奏摺彙編』江蘇古籍出版社、1989、439ページ）を参照。

（6）乾隆『永順府志』巻 10、風俗所引『桑植県鍾志』

　桑民素号淳樸、有垂老不見長吏者。近多客家寄籍、或引誘滋事。然加之懲創、亦不至於長奸而蠧善類。

また、漢族の移入については龔勝生『清代両湖農業地理』（華中師範大学出版社、1996）、40 － 41 ページも参照。

（7）乾隆『永順府志』巻 10、風俗・同治『桑植県志』巻 2、風土、風俗、工・民国『永順県志』巻 6、地理、語言・光緒『龍山県志』巻 11、風俗、民風などに見える記載を参照。

（8）乾隆『永順県志』巻 4、風土、習俗

　李氏曰、永順隷楚極辺、土人・漢人・苗人雑処。土人十分之四、漢人三分、苗人亦僅三分。漢人居此俗与内地同。

（9）同治『桑植県志』巻 2、賦役、戸口

　県民最雑糅。由慈利溌帰者曰民籍、旧土司治者曰土籍、旧衛所轄者曰軍籍、苗曰苗籍、自外県遷移来者曰客籍。籍有五民、数則土四之、客六之。

（10）光緒『古丈坪庁志』巻 16、芸文、蓄禁桐茶碑序

　吾郷之中、貧寒日甚、生産不繁、土地皆痩、山広田少、非膏腴之地。可比所出之利、別無大宗。

（11）光緒『古丈坪庁志』巻 10、民族下、苗籍性情嗜好

　苗耕男女並作。山多於田、宜穀者少。燔榛蕪、墾山坡、種芝麻・粟米・麦・豆・苞穀・高粱・蕎麦諸雑糧。既種三四年、則棄地而別墾、以墾熟者磽瘠故也。棄之数年地方既復、則仍墾之。

（12）例えば、以下の史料に見られる記載はそれを示す。

同治『永順県志』巻 6、風土、風俗

　邑山多田少、農民刀耕火種。方春斫雑樹挙火燔之、名曰剗畬。火熄乃播種其地。

- 148 -

第 4 章 移住・開発と日常食

収穫恒倍、然亦不能尽然。

光緒『龍山県志』巻 11、風俗、農事

邑少田、居民頼山土為常産。冬日眡荒坵可墾処、薙草斬木、縦火燎之。謂之焼畬、久荒則地力足、経火則土性鬆。迄春加以鋤堅、種蒔雑糧甚碩蕃、足済終歳之食。

(13) 同治『保靖県志』巻 12、芸文、祥、王欽命「詳定賦税」

窃照保邑地方山高霧重、水冷土瘠、民苗尽皆刀耕火種。其所称田者係夾峡山澗之中、積石成塍、鋤溝導水、栽蒔稲穀、並無渠堰池塘灌漑。方整坵畝之田、間有数処。又皆迫近渓河、一遇連朝淋雨、山水泛漲、多被淹没冲坍。実無上則・中則田畝。

(14) 光緒『龍山県志』巻 12、物産

嘗以事経僻郷、見岡阜陭矗之処、叢荊磝石之間、寸石隟土無不墾闢。時当種植、居民崎嶇上下若猿玃、然極失足顛踣不休。

(15) 注（14）光緒『龍山県志』。

(16) 乾隆『永順府志』巻 11、檄示、張天如「挖塘養魚示」

照得永属地方、但有渓壩而無池塘。蓄水養魚之利全然不購。

(17) 光緒『龍山県志』巻 16、芸文、詩、朱克敬「登八面山」

大沢龍蛇蔵霧密、深山禾黍得天多。

(18) 乾隆『永順府志』巻 12、芸文、鄭虎文「永順府聞述」

伝聞春夏日、比歳雨綿綿。

(19) 乾隆『永順府志』巻 12、芸文、鄭虎文「永順府聞述」

遇春夏多雨、故山田歳必有収。其中若有天意云。

(20) 同治『保靖県志』巻 3、食貨、物産、穀之属、玉蜀黍

保邑地土瘠薄、郷民率多墾山播種。

(21) 光緒『古丈坪庁志』巻 11、物産、農業分誌、地誌

古丈坪庁境万山叢雑、所謂平地農者甚少。山腰巖角、開地如罫、豆蕎之利資食之太半。稲田所出有全以易銭、為米塩日用者、終年之日食全用雑糧。

(22) 光緒『龍山県志』巻 11、風俗、気候

九月即雪積、至春後始消、盛夏如秋冬。被不去棉、不揮扇、無蚊蠅。秋後農功畢、

- 149 -

各閉戸擁薪火、不軽出、春時乃作於外。

(23) 乾隆修・同治続修『永順府志』巻10、風俗続編、附気候。

(24) 光緒『古丈坪庁志』巻1、稟到任三月循例縷陳地方実在情形所有籌辦事宜謹行開具清摺統乞核示遵行。

(25) 同治『桑植県志』巻2、風俗、土産、穀属、稲
　　邑多山宜種雑糧。其可種稲者曰水田、較山地不能什一。播種後全資雨露、尠灌漑之功。成穀亦速、六月中可食新。

(26) 光緒『古丈坪庁志』巻11、物産、農業分誌、地誌、古丈坪庁地之数略。

(27) 注（13）同治『保靖県志』。

(28) 光緒『古丈坪庁志』巻11、物産、農業分誌、田誌、田之水利之得失
　　車水灌田、沿渓多有。

(29) 注（16）乾隆『永順府志』。

(30) 光緒『古丈坪庁志』巻11、物産、農業分誌、田誌、田之水利之得失
　　古丈坪水田作溝者頗少、恃水車与埧者較多。塘堰最少、山高水低、其田多旁山而闢、塘水不能灌、堰水不得入。故塘堰絶無、僅有羅江上源自蝦公潭下流至渓口、両岸田畝較多、称沃土。

(31) 乾隆『永順府志』巻11、檄示、鍾人文「勧民築塘製車示」
　　照得、桑邑山多田少、民間粒食、惟靠山庄雑糧。而於稲田水利略焉不購、殊不知蓄　水之法、惟有開築塘堰、製備水車、以資灌漑。

(32) 注（25）同治『桑植県志』。

(33) 乾隆修・同治続修『永順府志』巻10、物産、稲
　　山寒水冷、収穫亦薄。

(34) 乾隆『永順府志』巻10、風俗
　　種稲則五月挿秧、八九月収穫。山寒冷水、気候頗遅。

(35) 光緒『古丈坪庁志』巻11、物産、農業分誌、田誌、田所在之肥瘠
　　以上二保五甲地土肥美、可下早秧、収割之後可種蕎麦、再収一次。其各保各甲水田零星不利等地土瘠薄、均下遅秧、不宜蕎麦。

(36) 民国『永順県志』巻11、食貨、物産、穀類、麦

第4章　移住・開発と日常食

案、今県中有老麦・醬麦・三月黄・五月麦諸種。或種於田、或種於山地。足供本境之用、歉則市之桑植。

(37) 同治『永順県志』巻6、風土、風俗

自始耕至収成、鮮片刻之暇。近渓河者、遇旱桔橰声相聞。刈禾既畢、群事翻犁挿秧芸草。間有鳴金撃鼓歌唱以相娯楽者、亦古田歌遺意。

(38) 乾隆『永順府志』巻10、物産

民食所資雑糧為多、地復苦瘠、有再易三易者。若果蓏菜蔬僅足自給、漁猟所得益鮮。

(39) 注 (12) 光緒『龍山県志』。

(40) 民国『永順県志』巻4、地理、水道、猛峒河、坪上水

至於農氓生殖維艱、又多官田官地。謀饗殖者、以包穀・菽・麦為大宗外、此則仰給於桐油・杉・梧。

(41) 同治『保靖県志』巻2、風俗、飲食

至於郷民、豊年常食粗糲（包谷・蕎麦）、荒歳純食葛・蕨・園蔬、不足則食野菜。洵可憫也。

(42) 光緒『龍山県志』巻12、物産穀属、甘藷

前志属蔬類、然邑窮民頼其済食与包穀同、故附於此。

同治『保靖県志』巻3、食貨、物産、穀之属、芋

農家種以助飽。

(43) 同治『保靖県志』巻3、食貨、物産、穀之属、麦

蕎麦……以粉作餅。滑細亜於麦麺。農家居冬穀也。

(44) いずれも光緒『古丈坪庁志』巻 11、物産、農業分誌、地誌、地之種植節候之宜に見える。

(45) 光緒『古丈坪庁志』巻12、祥災、保考異、農田地之災患補、水溢

道光己酉年春夏之間雨水過多、……一切豆粉・雑糧吃尽、猪羊牛馬亦尽、餓者挖山中岩蒜・白泥而食。死者不計其数。

(46) 光緒『古丈坪庁志』巻 11、物産、農業分誌、地誌、地之種植節候之宜、老麦及び乾豆。また、トウモロコシは臼ついて皮を除いてから火を通していたようであ

- 151 -

るが（同治『保靖県志』巻3、食貨、物産、穀之属、玉蜀黍）、これが粒食なのか粉
食なのかは判然としない。

(47) 乾隆修・同治続修『永順府志』巻10、物産続編、葛根
冬月掘之、搗爛入水中澄乾、即為粉。郡属藉此以備歳荒。

(48) 同治『保靖県志』巻3、食貨、物産、蔬之属、蕨
今邑中採食者多、不独歳歉為然。蓋田少山多也。

(49) 光緒『龍山県志』巻12、物産、食貨、蕨粉
民間冬無儲粟者頼此。食済比於雑糧。其取粉之法与葛同。

(50) 注（21）光緒『古丈坪庁志』。

(51) 光緒『古丈坪庁志』巻11、物産、農業分誌、地誌、地之所産之価値之借貸
稷毎斗六七百文、高粱五六百文、包穀五百文、蕎麦四百余文、乾豆四百二十文、
緑豆四五百文。此皆価値較昂者、惟稲米常価七八百文、動輒漲至千銭。民間以雑
糧常食、稲穀以售銭。

(52) 光緒『龍山県志』巻11、風俗、飲食
山谷居民日食糅糧・甘藷・芋魁、歳荒並蕨葛済食、取不饑而已。居城市者、貧富
皆飯稲、其米精鑿極利養生。

(53) 同治『桑植県志』巻2、風俗、土産、穀属、包穀
徧種山谷間、至秋熟、価不足当粟米之半。山農資為食、兼以作酒。能販給他境。
同、麦
有大小二種。大麦春三月即熟、小麦四月内始熟。可作麺。販給他境。

(54) 乾隆修・同治続修『永順府志』巻10、物産続編、麦
土性寒、不宜麦種者、収甚薄。麺皆市之沅陵・永定県。

(55) 注（30）光緒『古丈坪庁志』。

(56) 乾隆『永順府志』巻10、物産、桐油
山地皆種雑糧、崗嶺間則植桐樹、収子為油。商賈趣之、民頼其利、以完租税畢婚
嫁。因土宜利用、此先務也。

(57) 同治『保靖県志』巻12、芸文、告示、王欽命「示勧逼山樹桐」
至於土阜高崗、儘可種桐。且桐之為性、最易培養、不過二三年間、即得取利無窮。

合行勧諭為此、仰民人等知悉。
(58) 光緒『古丈坪庁志』巻 8、礦務種植疏河彙紀

庁民徧植桐・茶、以佐米糧之缺、其余桐・茶之外、而注恵林業者十不得二三。
(59) 光緒『古丈坪庁志』巻 2、古丈坪庁説

六保山多田少、刀耕火種、男女合作、全頼桐・茶・雑糧以補不足。
(60) 注(40)民国『永順県志』。
(61) 光緒『古丈坪庁志』巻 3、古丈坪種植園記

庁地山多田少、百穀之外、藉資桐・茶。歳得之利、除食用之外尚余数万金。
(62) 光緒『古丈坪庁志』巻 1、稟到任三月循例縷陳地方実在情形所有籌辦事宜謹行開具清摺統乞核示遵行

其土産稲穀甚少、間種雑糧。樹木以桐・茶為大宗、油利所出歳近十万。
(63) 光緒『古丈坪庁志』巻 11、物産、林業分誌、序誌

桐・茶之利則既然矣。広其種植、十万之利、可至百万。
(64) 乾隆『永順府志』巻 10 物産、桐油

山地皆種雑糧、崗嶺間則植桐樹、収子為油。商賈趨之、民頼其利、以完租税畢婚嫁。
(65) 中支建設資料整備委員会訳編『湖南省の桐油と桐油業』(中支建設資料整備事務所編訳部、1940)、19 ページ。
(66) 光緒『古丈坪庁志』巻 16、芸文、陳季春「古丈坪庁実政条議」、五開種荒山

勧令転発貧民開挖、初種小穀・豆・梁、雑以桐樹・茶葉等類、禁止放焼野火、犯者従厳予責。至於五年樹已蓄大、必有利息。

第5章　中国におけるソバについて

はじめに

　既に見てきたように、第3章と第4章では個別事例の検証を通じて日常食の実態を確認し、日常食の中に存する階層性や地域性という特質を明示した。これに対し本章及び第6章・第7章では日常食を構成する作物そのものに目を向けた考察を行う。特定の作物を採り上げてその生産・消費の様態を検討し、またそれがいかなる社会的・経済的背景と結びついていたかを明らかにし、そうした作業を通じて本書の総体に関わる論証をより精緻なものにしていく。これらの目的を念頭に置きつつ、具体的な検討作業としては、本章ではソバを採り上げ、第6章ではヤマイモについて、第7章ではサトイモを中心とした食芋習俗について見ていくこととする。

　ところで、数ある作物の中でもソバやイモ類を採り上げるのは、これらの作物が食物史や農業史といった枠組みの中で有する意義と研究者の関心との間にある落差を理由としている。前章までに確認したように、華中・華南地域では畑作作物が日常食において重要な役割を果たしており、そしてソバやイモ類もその畑作作物の中に含まれていたが、このことはソバとイモ類が日常食を構成する重要な作物であったことを示唆するものである。畑作作物の内、ムギやアワ・トウモロコシ・サツマイモといった作物については、筆者とは異なる問題関心からのアプローチではあるものの、数多くの専論が公刊され、その利用の実態を窺い知ることが可能である。一方でソバとイモ類が検討の対象として扱われることはこれまでほとんどなかった。ここにはソバとイモ類の持つ重要性と研究の欠如というギャップが発生しているが、前章までの検討からソバとイモ類の持つ意義の大きさが想起される以上、これ

らの作物にまつわる生産・消費の具体的な様相を示すことは、本書での議論の進めるに当たって必要な作業であると言いうる。また、この作業により第3章・第4章では言及できなかった日常食の細部についてもより具体的なイメージを提供し、その検討結果を補うことができよう。

これに加えて、ここでの議論は前章までの検討内容を補う役割も担っていることも付言しておく。すなわち、第5章から第7章ではソバやイモ類の利用実態を検討の主題に据えるが、そこでは日常食の地域性や階層性といった要素が重要な意味を持つ。従ってソバやイモ類に対する着目は、第3章・第4章における視点とは別の角度からの検証を可能にするものでもある。

さて、検討対象としてのソバとイモ類を選出した理由は上記の通りであるが、本章の主題たるソバについて言うと、それに着目する理由は他にも挙げることができる。例えば、近年ソバの原産地を中国の四川省と雲南省の境界地域とする説が有力視されるようになっていること[1]、また中国における2003年度のソバ輸出量が184,227トンにも達し[2]、中国のソバ生産量が決して低いものではないことなどから、中国社会とソバとの深い関わりを想起させる材料をいくつも見て取ることができる。また、史料の中にも「種うる者甚だ盛んなり」（乾隆『平江県志』巻12 物産、穀之属、喬麦）といった類の表現は数多く見られることから、ソバという作物と中国社会との関わりを明らかにする作業は一定の意義を有すると考えられる。ソバ研究の必要性はこれらの点に認められる。

ただ、上述したように従来の研究において中国のソバを主題としたものは極めて限られている。日本ではそのような研究は皆無であり、また中国においても数えるほどしかない。こうした中で孟方平氏や韓世傑氏による研究は貴重なものと言える。すなわち、孟氏は『斉民要術』に登場する「瞿麦」を従来の見解のようにエンバクに比定するのではなく、ソバとすべきだとする見解を提示され[3]、また韓氏は各種史料を駆使してソバの栽培・利用のあり方について述べられた[4]。

ただし、これらの諸説にも問題とすべき点は見られる。孟氏の議論におい

第 5 章　中国におけるソバについて

ては、議論の中心ともなる「瞿麦」に関する記述が短く、判断材料となる情報が極端に少なく、またソバに批定するにはそぐわない記述も見られるため、「瞿麦」をソバとする見解には留保が必要であろうし[5]、また韓氏の議論は一般性が強いものであるため、ソバの地域性或いは歴史的位置付けについては曖昧さが残る。

　以上の研究動向はソバの生産・利用の実態を把握するに当たって残されている研究課題が多いことを示している。本章ではこれらの諸研究の成果を踏まえつつ、従来言及されてこなかった、ソバの地域性や歴史的展開についても検討の対象に加え、そこから農業史・食物史上におけるソバの位置付けを明らかにしていきたい[6]。

1.　ソバの植物的特徴と名称

　以下、検討に入っていくわけであるが、その前にソバの植物的な特徴とソバに対して与えられていた名称について簡単ながらも確認しておき、筆者と読者との間に共通認識を得ておきたい。

　植物学的に説明付けると、ソバはタデ科に属する一年生草本である。その種類は野生種も含めると 14 種類が存するが、一般に人間に栽培・採取され、利用されてきたのはフツウソバ・ダッタンソバ・シャクチリソバの 3 種類である。

　これらの内フツウソバは日本人に最も馴染み深い品種であり、ソバ切りとして食卓に供されている。フツウソバは学名 *Fagopyrym esculentum* Moench.、別名アマソバとも呼ばれ、淡紅色の茎・心臓形の葉・三角形の子実・他家受精を特徴とする。史料で一般に「蕎麦」とする場合この種を指している場合が多いが、ダッタンソバと区別するため「甜蕎」・「甜蕎麦」と称されることも多々ある。また、「荍麦」・「烏麦」・「花麦」等の別名もある。

- 157 -

一方、ダッタンソバは学名 *F. tataricum*（L.）Gaertn.、別名ニガソバとも呼ばれる品種であり、近年では日本でも健康に良い食品として注目を浴びている。フツウソバと異なるところとしては、青い茎・丸みを帯びる子実・自家受精による繁殖などが挙げられるが、何よりも特徴的なのはその別名が示す通り、その実に苦味が含まれていることである。このことは前近代の中国人にも認識されていたようであり、「苦蕎」・「苦蕎麦」として史料に登場する。

　これらの品種に対し、大きく異なった特徴を持つのがシャクチリソバ（学名 *F. cymosum* Meissn.）である。シャクチリソバはその属名からも植物学的には前二者と同属の種として見なされているが、多年生であり、また根によって繁殖するといった特徴をもっており、その形態は大きく異なる。また子実は利用されず、根茎が薬として利用されており、その利用法も異なる。また、史料上でも「赤地利」と名付けられて、「蕎麦」とは別種として扱われていたため（『経史証類大観本草』（以下『大観本草』）巻11草部下品之下、赤地利所引『図経本草』）、前近代中国においては前二者とは別種として認識されていたようである。

　以上の検討から、シャクチリソバは前近代中国においてはフツウソバ・ダッタンソバとは別種である認識され、また食用としては扱われなかったことが分かる。そのため以下の論述ではフツウソバとダッタンソバのみを論述の対象としたい。なお、本章においては「ソバ」などのカタカナ表記はソバ一般を指すものとして、「蕎麦」などの漢字表記は史料に登場するソバを指すものとして使用していることをお断りしておく。

2. ソバの起源と普及

　ソバは世界各地において利用されており、インドでは8世紀頃から、ヨーロッパでは13世紀頃から利用が始まったとされる。一方で、ソバの原産地

第5章　中国におけるソバについて

についてはそれを中国に求める説が有力であるため、中国においてはかなり早い時期から広く利用されてきたように考える向きもある。ただ、従来こうした起源と普及の歴史的展開については曖昧なままにされてきたきらいがある。そこで本節ではソバ栽培の起源と普及について考えてみたい。

管見の限りでは、中国において確認できる最古のソバは、楊家湾漢墓から副葬品として出土したソバの種子である。陝西省咸陽市楊家湾において発掘されたこの墓は、その副葬品の内容から前漢文帝・景帝期のものと推定されており、この墓内においてソバの種子はアワ・コムギ・マメなどと共に陶器の中に保管されていた[7]。

同様の出土例は他に3例確認されており、前漢晩期のものとされる馬泉漢墓からは出土した陶器の中に確認され[8]、また後漢のものとされる磨咀子漢墓からは副葬品の袋につめられた形で出土している[9]。また、具体的な発掘状況は分からないものの、山西省朔州市にて発掘された墓からもソバの実の入った陶器が出土したことが報告されている[10]。

以上の事例からして中国におけるソバの利用はその上限を前漢前期に求めることができるが、このことをもってただちにソバ利用の広まりをこの時代に想定することには留保を要する。なぜならば、ソバの出土状況が、他の穀物と比べて出土例が圧倒的に少ないこと、右記の4例がいずれも陝西・甘粛・山西と西北地域からの出土であることといった特徴を有するからである。最初の特徴について言えば、コメ・アワ等の穀物は新石器時代からすでに各地で数多くの出土例が確認されていてその利用の広がりを感じさせる反面[11]、ソバの出土例はあまりにも少なく、また前漢時代と比較的遅い時期に初めてその存在が確認できる状況からして、ソバが広く普及した存在ではなかったことを想起される。また2番目の特徴からは出土地の地域的な偏りが窺われ、ソバが一部の地域のみで利用されているに過ぎない作物であった可能性も否定できない。

このような想定を裏付けるのが文献史料におけるソバの扱われ方である。他の穀物が古い時代から経書・史書等様々な文献史料において見られるのに

対し、ソバはこれらの史料には全く登場しない。その初出は、新島繁氏も指摘されるように、『崔禹錫食経』においてにおいてである[12]。本書の成立年代は明らかでないものの南北朝期のものとされるので、出土資料と文献史料との間には数百年の差が認められ、両者の間に大きなギャップが存在することになる。こうした状況からは少なくとも漢代においてソバが書物にその名を記されるような一般的な作物ではなかったことが窺われよう。

それでは、ソバはいつごろから普及しだしたのか。このことを検討するために、まずは農書におけるソバの扱われ方を見てみよう。と言うのは、作物の広い普及の前提として、その作物の栽培技術の確立が求められるからである。

農書の中で最も早い時期にソバの登場が確認されるのは北魏の『斉民要術』においてである。本書の巻頭雑説においてソバ栽培について言及がなされており、播種の時期や土作り、刈り入れのタイミング等が述べられている。ただし、巻頭雑説そのものは唐代に挿入された記述であることが明らかにされているので[13]、この記述は唐代の技術を反映したものと見るべきである。そして『斉民要術』におけるソバの記載はこの1箇所のみであるため、実際には『斉民要術』ではソバは扱われていないこととなり、北魏の時点における栽培技術の確立を確認することはできない。

一方、唐代においては右記巻頭雑説の他にも、唐末のものとされる『四時纂要』においてソバの栽培について簡略ながらも言及されていることから、唐代には栽培技術がある程度確立していたことが想起される。ここからは前代からの知識の蓄積が文章化され、人々に知識が共有される段階を経た上で、ソバ栽培のより一層の普及がなされたと理解するのが妥当であろう。

現に宋代以降には、ソバ栽培奨励の詔が出され、また各地で地方官がソバ栽培を勧めるなど、ソバの普及につながる活動が確認されるようになる。例えば、北宋・淳化4年（993）には嶺南諸県において民にマメ・キビ・アワ・オオムギと共にソバの栽培を奨励する詔がだされ[14]、清・乾隆53年から55年まで湖南省寧遠県の県令を勤めた汪輝祖は勧農に努め、その結果ソバ

が広く栽培されるようになっている[15]。

また、屯田が行われる際にもソバは積極的に栽培された。宋代・明代の史料には屯田地よりの収穫物の報告としてソバの名が見られ[16]、また南宋期に南京近くの地潤州に設けられた軍田にはソバの栽培地が見受けられる[17]。

以上の検討から、中国のソバはその利用自体は漢代まで遡るものの、栽培の普及は宋代以降のことであり、比較的遅い時期になってから利用が広まっていった作物であることを確認することができた。従って、ソバの歴史的位置付けについて考察するために、以下の節では宋代以降の事例を中心としてソバ栽培・利用の実態やその分布・特徴等について検討していくこととする。

3. ソバの利用法

本節では中国においてソバがどのように食べられていたのかを見ていく。ただ、一概にソバ食と言っても、それはその調理法から粒食と粉食に分けることができ、そして粒食と粉食という分類もまたそれぞれ加工法によって複数のグループに分類される。そこで以下では粒食と粉食について項目を設け、それぞれに見られる加工法について見ていく。

(1) 粒食

そもそも他の穀物と異なりソバを実のまま食するには少し手間がかかる。それはソバの実はそのままでは実を損ねることなく外皮を取り除くのが難しいからであり、現代でもソバ米を作るにはソバの実を加熱する工程が必要とされる。中国においては恐らく唐代の時点で既にこの技術が確立していたと見え、『嘉祐本草』に引く『陳臟器・孟詵・蕭炳・陳士良・日華子』では「その飯法、蒸して気をして餾らせしめ、烈日の中に暴し口をして開かしめ、舂

きて人を取り飯を作る」とソバの実を1回蒸してから臼でついて外皮を除く技術について言及されている[18]。

このようにして作られたソバ米は蒸飯・炊飯・粥等の方法で調理されていた。古い時代においては他の穀物と同様蒸しておこわにして食べられることが多かったと推測されるが、時間の経過とともに史料に「粒は以って炊食すべし」[19]、「以って煮飯すべし」[20]等の文言が増えてくるので、少なくとも清代には蒸飯法と炊飯法が共に行われていたと言い得る。

また具体的な製法は詳らかではないものの、史料にはソバ粥も見られる。清代の料理書『粥譜』粥品・穀類には莜麦粥や蕎麦粥・苦蕎粥などソバを材料にした粥の名が見られ、またコメと共に煮込んで粥にするという記述もある[21]。

ところで、『江陰県続志』に登場する粥がコメとソバを材料としていることには注意を要する。なぜならば、今までの粒食の事例は、その文面に忠実に解釈すると、ソバのみが材料とされていたことになるが、一方で『江陰県続志』の事例はソバ米が糧飯の材料として他の穀物と共に用いられていたことの証左になるからである。「磨きて粗粒と為し、稲米と同に蒸食するは亦良し」とは民国『永定県郷土志』の記載であるが[22]、このようにソバ米が糧飯として利用されていた事例は散見され、一口に粒食と言ってもその形態は決して単純なものではなかったことがここに示されている。

(2)粉食

ところで、史料中にソバに関する記述をおっていくと「餅餌を作るべし」という文言を頻繁に目にする。周知の通りここで言う「餅」と「餌」はそれぞれ我々が知るところの「モチ」や「エサ」ではなく、「餅」は小麦粉製食品一般を、「餌」はコムギ以外の穀物粉製食品一般（主として米粉が多い）を指す言葉である。ただし、ここで用いられる「餅餌」の語はソバを対象としているから、小麦粉であるか否かを厳密に問う必要は無く、広い意味にとって粉製食品として解するべきであろう。

第 5 章　中国におけるソバについて

　さて、この「餅餌」という言葉が高い頻度で登場することからも推し量れるように、中国でもソバは粉末に加工してから利用されることが多い。そして、その調理法もまた数多く存在するが、それではこの調理法はどのように分類できるのか。それは粉末に水を加えた生地に対する加工法によって分けるのが一番すっきりとするだろう。それは大まかに分けて「焼餅」・「蒸餅（糕）」・「湯餅」・「攪団」・「涼粉」の 5 種からなる。以下、順に見ていこう。

　焼餅　　焼餅とはその字の通り、生地を焼くことで熱を加える料理であるが、生地に加える水の分量によって形態が異なる。水が少ないとソバ切りの生地のようになるし[23]、多いとクレープのような生地になる。後者は「春餅」・「薄餅」・「煎餅」などとも呼ばれるが、とりわけ「煎餅」の語は多くの史料に見られるので、後者の方法が広く行われていたと推測される。王禎『農書』に「磨きて麺を為り、攤げて煎餅を作る。蒜を配して食す」とあるのはその一例である[24]。臼で碾いたソバ粉を水で緩く溶き、その生地を鍋に広げるようにして焼く。焼きあがった煎餅にニンニクを添えて食べる。このように薄焼きの焼餅は副菜を添えるようにして食すのが一般的であった。

　蒸餅（糕）　　糕ともいう。糕とは小麦粉以外の穀物粉で作った生地を蒸したものを指す言葉である。ただ、ソバの蒸餅については具体的な製法に明確でないところもある。すなわち、小麦粉を材料として蒸餅を作る場合には、小麦粉と水に酵（酒種、小麦粉と白酒から作る）を加えて生地を作り、発酵させた後に蒸すという工程を経るが、ソバ粉を使用した場合にも同様に酵を加えたか否かが判然としない。確かに「水を拌ぜ、発酵を待ちて後、蒸して餅を為る」[25]と生地の発酵に言及する記述も見受けられるが、むしろこれは例外に属するものであり、酵の存在に言及する史料はほとんど無い。これを史料上においては発酵に関する工程が省略されたものとして考えることもできなくは無いが、一般的に蒸餅は発酵工程を経ずに作られていたと見てよかろう[26]。

　湯餅　　湯餅は生地を茹でて火を通したものである。我々に馴染みの深

いラーメン・うどん・素麺などのメンはこの類型に入るが、生地は必ずしも細長い形である必要はない。従って、我々のイメージするメン類とぴったりと一致するわけではないことには注意を要する[27]。

さて、ソバ粉で湯餅が作られていたことは史料中に麺條・餺飥・温淘等の言葉が見られることから察せられる。麺條は小麦粉の生地（麺）を細長く（條）しつらえたものの意。餺飥はほうとうの語源に当たる言葉。温淘の「淘」は「すすぐ」の意で、本来ゆがいたメンをすすいでから食べる冷麺を指す言葉であるが、「温」の字があることから1度すすいだメンを再度暖かくして食べたものと考えられる。いずれも本来小麦粉から作るものであるが、材料を小麦粉からソバ粉に変えただけでその製法は同じであろう。すなわち、粉と水を捏ねて生地を作り、それを包丁で切りそろえた後熱湯で茹でる[28]。それをかけ汁で食する。

ただし、ソバ製のメンには別の製法もある。「器を用いて蕎麦麺を圧し、円條を成して鍋に入る」[29]とするものがそれである。河漏と呼ばれるこのメンは、いわゆるソバ切りが延した生地を包丁で切っていく切りメンであるのに対して、ハルサメやビーフンと同じ製法を採る。つまり、シリンダー型の筒の中に緩めの生地を入れ、底部の穴からトコロテンのように直接熱湯の中に押し出して作る。この製法は特に華北の地において広く行われていたが、その反面華中・華南では全く見られない。これらの地では麺條・餺飥・温淘等先述の切りメンが見られ、そこには南北の地域差が見られた。

攪団　これはソバガキのことを指す。「糊に打ちて食を為すを攪団と曰う」[30]とあるように、ソバ粉を糊状に練って食するものであるが、そのまま調味料につけて食べる他に、「佐くるに菜湯を以ってす」[31]とスープの具としても利用されていた。

涼粉　これまでに見た粒食や各種餅類に比べ、日本人にとってイメージしづらいのがここで取り挙げる涼粉である。涼粉を定義するならば、「穀物の粉を水に溶き、それを加熱して固め、冷やして食べるもの」となるが、やはり涼粉をイメージするのは難しい。無理に似たものを探せば、葛切りを

第 5 章　中国におけるソバについて

挙げることができるが、葛切りがクズの澱粉を材料とするのに対し、涼粉は緑豆を始めとする各種穀物粉を材料としている点において異なる。

さて、ソバを利用した涼粉は現在でも見られるが[32]、史料上でも確認することができる。次に掲げる史料はその一例である[33]。

> ダッタンソバは粉に碾いて麋を作る。加熱した後、曝して冷やすと固まって豆腐のようになる。夏の日にこれを食べる。

熱を加えたソバ粉（無論水に溶いたものであろう）が冷やされると豆腐のように固まるという記述は明らかにソバ粉に含まれる澱粉の糊化（アルファ化）を示すものであり、涼粉と同じ調理法と見てよかろう。また、「蕎麦は腐を作るべし」[34]とされる「腐」も豆腐に形容された澱粉の糊化を示すものと捉えられ、この料理も涼粉とすることができる。

ところで、ここで取り上げた史料は地域的にはばらつきがある。それぞれ『岳陽県志』が山西省、『重修鎮原県志』が陝西省、『烏程県志』が浙江省の地方志である。先に見たメン類に地域性があったのに対し、涼粉は広い地域で利用される調理法であったと言えよう。

以上のようにソバの調理法に目を向けてみると、ソバ食が中国全土に広まりを見せていることが窺えると共に、その調理法には地域的な違いがあることも分かった。ただし、この検討からは食糧としてのソバがそれぞれの地域においてどの程度の重要性を持っていたかを明らかにはできていない。そこで次節以降では中国社会におけるソバの具体的な位置づけを試みてみたい。

4. ソバの分布

本節ではソバ栽培の分布について確認し、その特徴を指摘していく。そこでまずは中国におけるソバ栽培の分布を示した図5-1を検討してみたい。本図は清代及び民国期刊行の各種地方志に載せる物産の項目においてソバが取

り上げられている県とそうでない県の分布を図示したものである[35]。物産項に「蕎」・「荍」・「蕎麦」・「荍麦」等の名が見られる場合には「●」が、見られない場合には「×」が記されている[36]。なお、図の作成に当たっては『中国方志叢書』・『中国地方志集成』に収める地方志を利用した。特にこれらの地方志の中から県レベルのものに限って利用しており、通志・総志レベル及び府レベルの地方志は利用していない。ただし、これらの地方志であっても、ソバの記述に具体的な県名が伴われていれば、当該県におけるソバの存在が確認できるものと見なし、カウントの対象とした。また、図中の行政区画は便宜上現在の省境に従っている。

　さて、本図に目をやると、各地での分布状況が見て取れるが、この際「●」・「×」の粗密は検討の対象とはならない。なぜならば、その粗密は県の分布や残存する地方志の数に左右されるところが大きく、黒龍江や吉林・雲南・貴州のように「●」・「×」が少ないからといって、それが他地域に比べてソバが広まっていないことにはならず、故に「●」・「×」の粗密に関する検討はあまり意味を成さないからである。

　むしろ、本図で着目すべきはソバの面的な広がりである。ソバの栽培地域の広まりを見ていくと、原産地とされる中国西南部はもとより、華北・華中の各省そして北は黒龍江、西は甘粛のような辺境においてもその栽培は確認される。これらの地域には時折栽培を確認できない地域も見受けられるが、総体的に見てそれらは極少数であるので、ソバの広い分布を否定する材料にはならない。つまり、清代から民国期にかけての時期にはソバは中国全土に広く行きわたっていたことになる。先に検討したように、漢代の時点ではソバは陝西・甘粛・山西といった華北の西部においてのみ存在を確認される地方色の強い作物であったが、こうした状況と比べるとソバの分布域は格段に広まったと言いうる。

　その一方で、本図からは華南の一部にソバの存在を確認できない地域があることも見て取れる。その地域とは広東と広西の東部・海南島を含む一帯であり、この地域においては他の地域と比べて「×」の数が多く見られる。

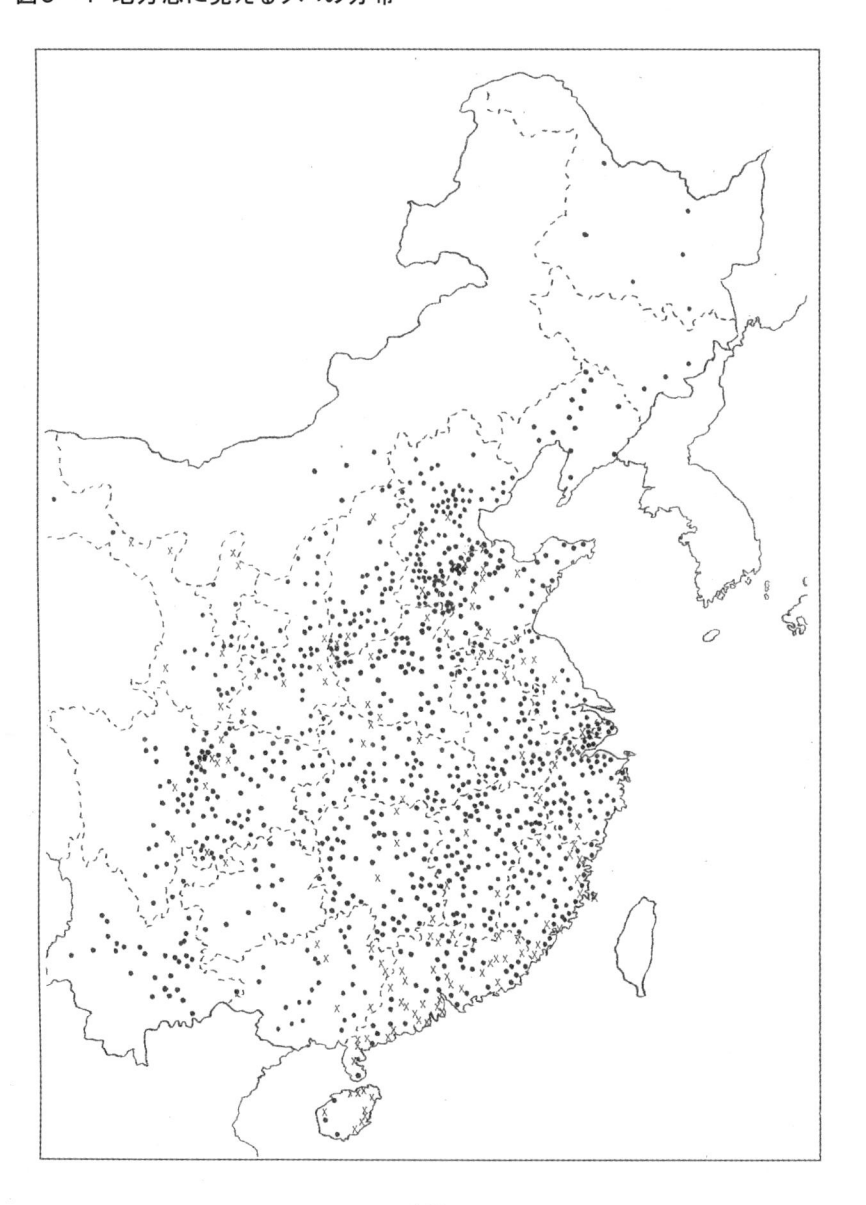

第5章 中国におけるソバについて

図5-1 地方志に見えるソバの分布

このような分布になる要因については後述するのでここでは触れないが、本図よりソバの分布にも地域差があることが窺い知れよう。

ただし、図5−1はあくまでソバの面的な広まりを提示するにとどまるものであり、ソバの存在が示されている各県においてソバが盛んに栽培されていたことを示すものではない。そこで次にソバ栽培の地域性についてその質にまで踏み込んで検討してみたい。

次に載せる図5−2はソバを盛んに栽培・利用する地域とそうでない地域の分布を図示したものである。図5−1と同様に清代と民国期の地方志を用い、物産及び風俗の項目からソバを多く生産している様が確認できる場合は「●」が、逆にソバがわずかしか生産されていない様が確認できる場合には「×」が記されている。ソバ生産の多少を判定する基準については、前者は「多種」、「広植之」或いは「常食」、「以佐餐食」等毎年必ずソバを栽培していること或いは栽培の規模が大きいことを窺わせる記載があれば、後者は「不肯種」、「種者絶少」、「旱甚無禾則有蕎麦」等毎年ソバを栽培しているわけではないこともしくは栽培していても栽培の規模が小さいことを窺わせる記載があればカウントの対象としている。また、地方志の利用基準や図の作成等その他の作成条件については図5−1と同じ条件のもとで行っている。

さて、以上のことを踏まえた上で本図に目を通してみると、それぞれの分布が一定の傾向を示していることがすぐ分かる。「●」は陝西・甘粛・江西・湖北・湖南・四川・広西・貴州・雲南の各地域に、「×」は河北・河南・山東・江蘇・安徽及び浙江の北部において多く見られ、ソバを多く栽培する地域が華北西部・華中・華南に、あまり栽培しない地域が華北東部と華中の一部に集中している。

それぞれの傾向について具体的に検討していこう。まず、前者について見てみると、その特徴として第1に栽培地域が広い範囲にわたっていること南のように明らかに非漢族の影響が窺われる地域も存在するが[37]、その一が挙げられる。無論、この中には湖南と四川の一部、そして広西・貴州・雲方で陝西や江西・湖北等の漢族が多く住む地域においてもソバは盛んに栽培

第5章 中国におけるソバについて

図5-2 ソバ栽培の盛行及び忌避の分布

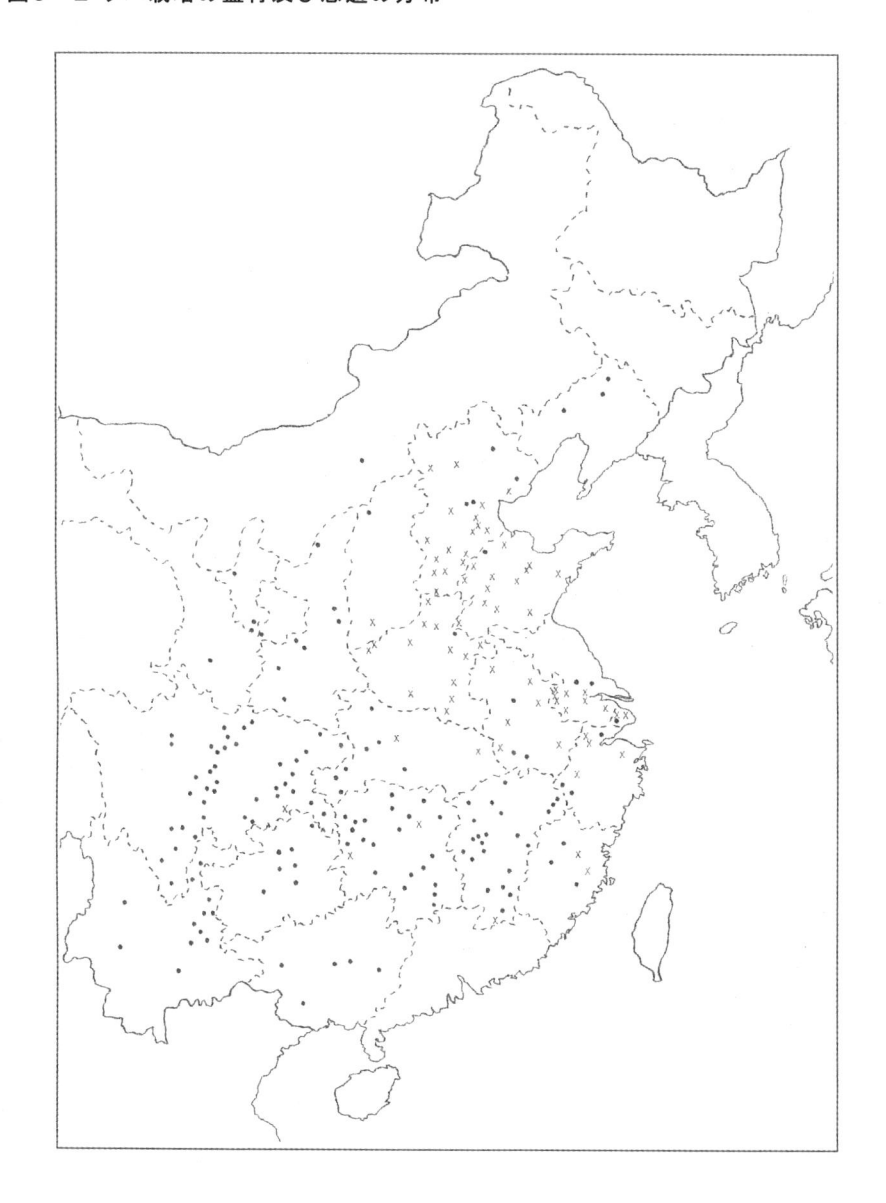

されており、「●」の有無が民族の違いだけに規定されているわけではないことがそこから見て取れる。このようにソバ栽培盛行の背景に対して各地域に共通する要素を考えるのは難しく、そこには複数の要素が存在したと考えるべきであろう。

　その 1 つとしてまず寒冷の気候という要素が挙げられる。周知の通りソバは冷涼な気候を好む植物であるが、このことは早くから知られていたようであり、『斉民要術』・『四時纂要』等の時点ですでに立秋（新暦 8 月上旬）前後での播種が明記され、低い気温での栽培が可能なことが理解されていた。本図の中ではとりわけ陝西・甘粛の地での盛行がこうした環境に因るところが大きく、また河北北部や山西北部・内蒙古自治区・遼寧等において散見される「●」も同様の理由に因るものであろう。

　もう 1 つの要素として山地という耕作環境が挙げられる。華中・華南に分布する「●」は中国の地形図と照らし合わせてみると、そのほとんどが山地に当たることが分かる。無論、ソバ栽培が平野部で盛んに行われている事例が皆無であるわけではない。江西・湖北・湖南の平野部にいくらか「●」が見られることがそれを示しているが、その一方で「●」の数多く見られる江西・湖北・湖南・四川・広西・貴州・雲南がその地の多くを山地によって占められている事実、そして安徽・浙江・福建にわずかながら見られる「●」がいずれも山地に当たる地域に分布していることはソバと山地との関係の深さを物語るものとして捉えられる。

　とりわけ「●」と山地とのつながりを逆説的に示しているのが次に検討する「×」の分布である。前述したように「×」が多く見られる地域は河北・河南・山東・江蘇・安徽及び浙江の北部であるが、これらの地域は華北平原や長江中下流平原がその域内に展開しており、その大半が平野部に占められている。つまり、「×」の分布と平野部という環境との間には強い関わりがあることになる。

　このことを明確な形で示しているのが河北省と河南省である。河北省はその北部が太行山脈に連なる山地や高地で覆われ、南部が華北平原の一部で

第5章　中国におけるソバについて

ある沖積低地から構成されているが、このような河北省において「×」は圧倒的に南部において多く見られ、北部ではそれほど見られない。また、河南省の地形は西部に豫西山地を東部に華北平原の西南部に属する沖積平野を抱える西高東低の地形をとっているが、本省においてもまた東部において「×」が数多く見られ、西部には少ない。無論、西部にも「×」は点在するが、これらの内山西省との省境にあるもの（閿郷県及び霊宝県）はいずれも黄河沿いの比較的海抜の低い土地に当たり、むしろ平野部と「×」の親和性を窺わせる。

　このように、ソバ栽培が持つ重要性はその土地ごとの気候や地形等の自然環境によって大きく異なることが窺われる。それではこのようなソバ栽培の地域性は具体的な栽培のあり方や利用法との間にどのような関わりがあるのだろうか。次節ではソバの栽培及び利用の実態について検討していく。

5. ソバ栽培の実際とその役割

　前節ではソバを盛んに栽培する地域と山岳地帯、そして稀にしか栽培しない地域と平野部との間に深い関わりがあることを確認した。しかし、栽培や利用の実態を知るために史料に当たってみると、この関係性はもう少し複雑なものであることに気付かされる。本節ではソバに関わる諸要素（栽培形態・利用形態・栽培環境等）について具体的に検討していくと共にこれらの要素の関係性についても言及していくが、行論の関係上まずはその利用形態から検討していきたい。

(1) 利用形態
　さて、ソバがどのような状況のもとで利用されているかを整理すると、そ

れは3つの類型に分けることができる。1つは毎日の食事に供されるものである。まずはこうした事例の史料をいくつか挙げてみよう。なお、以下に挙げる史料には便宜上番号を付す。

① 五郷は山が多く耕地が少ないため、1人あたりわずか数畝しか耕作することができず、これに加えて山中でも雑穀を栽培している。山中の耕地は石が多いため、ムギ・キビの栽培には適しておらず、ただトウモロコシ・ソバ・イモの類のみを栽培し、これらをコメと共に食することで、日々の食事の助けとしている[38]。
② 山谷に住む貧しい人々は常にコメを食べることはできず、その大半はトウモロコシ・サツマイモ・ソバを食して過ごしている[39]。
③ 西北の地に住む山民は手足にタコを作るほど働いても満足に食にありつくことができず、その多くはソバ・イモなどを食し、1年を通じてコメを食べることのない者もいる[40]。

いずれもイモ・トウモロコシなどとともにソバが日常の食に資するものとして挙げられており、その生活において重要な存在であったことが示されている。一方、このような類型と同様に日常の食でありながら、利用のされ方がややことなる類型がある。それが次に挙げる2つめの類型である。以下同様にこうした事例の史料を掲げる。

④ おおよそのところ山郷と洲郷とでは（農耕のあり方が）少し異なる。山郷はコメを栽培し、……ある者はコメ収穫後にソバやダッタンソバを植える[41]。
⑤ 常徳の農民は秋の収穫後あまねくソバを植える[42]。
⑥ また別の種にソバがある。収穫後南北皆これを植え、豊凶関わりなく利益がある[43]。
⑦ 秋の終わりに初めて収穫する。ムギのように粉にして利用し、貧民は（冬

- 172 -

の生活を）救う作物として頼りにしている[44]。

これらの事例からでは分かりにくいが、秋の収穫後にさらにソバが栽培されているのは冬から春にかけての端境期にソバを食糧とすることを目的としてのことである。それは例えば元の王禎がソバを「実に農家居冬の日饌なり」と評していることや[45]、淳熙『新安志』に「秋に種え、冬に食す」とされていることからも窺え[46]、また⑥が「豊凶関わりなく利益がある」としているのもこれを受けてのことであろう。このような利用のされ方はソバの救荒作物としての側面を垣間見せるものであり、1つめの類型が年間を通じて食卓に供される完全な日常食であるのに対し、この類型では利用の期間が冬から春にかけての時期に限定されている点において違いを見せる。もっとも、これらの類型は共に毎年必ずソバが食されているという点においては共通点を持っているが、3つめの類型はこの点においても相違を見せる。以下に挙げるのはこの類型に当たる事例。

⑧邳の地では豊作の年には（ソバを）栽培する者は少ない。コメやマメなどの作物が水害で収穫できなかった場合にのみソバが栽培される[47]。
⑨農民は（ソバを）多く栽培することを喜ばない。夏や秋に旱魃・水害などに見舞われて、マメの栽培が望めない時になって初めて広く植えられる[48]。
⑩ソバはうすで粉にして食べ、穀物（の不足）を助ける食用植物である。その生長に必要な時間は非常に短く、約2・3ヶ月ですぐに成熟する。故に我が磁県において（ソバを）植える者は、その多くが水害・旱魃によって秋禾を播種する時期を逸した時にこれを栽培している[49]。

ここで挙げられたソバは皆何らかの災害によって食料が不足した時に限って食べられている。つまり毎年食べられるものではなく、救荒食品として利用されているが、こうした利用のあり方については後にまた触れる。

以上のように、ソバが食べられるに当たっては3つの類型が確認できる。これらの類型はそれぞれ捉え方によって共通点と相違点を持つものであり、例えば先に触れたように、毎年食するか否かという点で見たときは1つめ及び2つめの類型と3つめの類型との間に対立が発生するが、救荒作物か否かという点で見たときは1つめの類型と2つめ及び3つめの類型との間に対立が発生する。このようにソバは複雑な性格を持った存在であるが、次項以下ではこのような利用形態の多様さを促す背景について検討していくこととする。

(2) 栽培形態
　ソバ栽培のあり方もまた利用形態と同様に様々な形が見られる。とは言え、栽培方法そのものだけを見れば、それはどの地においてもほぼ同じように行われている。それはソバ栽培が施肥作業にほとんど労力を要しない作物であること、そして栽培期間がおおよそ60日から100日程度と非常に短く、他の植物よりも成長が早いため除草の必要がないこと[50]などから栽培技術は繁雑なものではなく、従って各地での栽培も同じような形で行われたからである。それは清代に至るまでの農書がソバ栽培については主として土作りと播種法・収穫のタイミングのみに重点を置いていたことからも知り得る[51]。
　むしろソバ栽培は栽培期間や他の作物との組み合わせ・栽培される条件などにおいて多様な姿を見せる。ここでも3つの類型が確認されるので、これらについて順に見ていこう。1つめの類型は1年に複数回栽培するものである。ソバの播種・収穫の時期は地域ごとに微妙に異なるものの、一般的には立秋（新暦8月上旬）前後に播種が、霜降（新暦10月下旬）前後に収穫が行われ、秋収作物として扱われることが多い。しかし、新暦の2月から3月にかけて播種し、6月頃収穫する春植えのソバの存在もまた確認できる[52]。ただ、その収量は夏植えのものに劣っていたようであるが[53]、春にもソバを植えることでソバを大量に生産していた地域があったことが分かる[54]。
　2つめの類型はイネ・ムギ等を収穫した後の耕地でソバを栽培するもので

第 5 章　中国におけるソバについて

ある。④・⑤・⑥などはこうした類型の典型であると言え、全て秋の収穫後にソバを栽培している。この場合ソバは陸田に栽培されることが多いが、中には水田でイネを収穫し終えた後に水を抜いてからソバを栽培する事例も見られ[55]、耕作環境さえ整っていれば水稲の裏作として栽培されることもあったようである。この類型の場合、ソバは秋収作物としてのみ扱われており、1つめの類型とは異なり1年に1度だけ栽培される。そして、先に見たように秋の終わりに収穫されたソバはその多くが端境期に利用された。

そして3つめの類型として当該地域が災害に見舞われた場合のみ栽培されるものが挙げられる。⑧・⑨・⑩はいずれも被災後にソバを栽培している事例であるが、これらは先に触れたように救荒作物としてソバを利用することを目的としたものであり、この場合ソバは全て他の作物の代替作物として扱われている。すなわち、イネやマメなどの収穫が水害や旱魃によって見込めない時に、この損害を補うためにソバが植えられ、利用されている[56]。このような栽培のあり方は早くから見られ、南宋の朱熹や真徳秀といった地方官の報告の中でも言及されている[57]。また、その栽培形態からして毎年必ず栽培されるものではないことは明らかであろう。

以上のようにソバ栽培のあり方に目を向けてみても、それは3つの類型に分けられ、各地で同じように扱われているわけではないことが分かる。このような栽培と利用のあり方についてはその関係性を整理する必要があるが、次項においてソバの利用・栽培環境について検討していく上でこの問題についてまとめていくこととする。

(3)利用・栽培の背景

先に確認したように、ソバの利用・栽培はそれぞれ3つの類型に分けられる。今これらについて整理していくに当たり、行論の便宜上それぞれに記号を付しておきたい。すなわち、以下の論述では、利用形態に関する類型については、日常の食としての利用をA、端境期の食としての利用をB、被災時の食としての利用をCと表記し、栽培法に関する類型ついては、1年に複

- 175 -

数回の栽培をa、1年に1回の栽培をb、被災年のみの栽培をcと表記する。

さて、これらの類型について考える時、要点となるのはソバがいかなる環境で利用・栽培されているか、そして栽培する主体にはどのような階層の人間が多いかという点である。この点について検討していくに当たってまずはAから見てみよう。先にAの事例として①・②・③を挙げたが、これらの状況には2つ共通点がある。1つは生産の場が山谷或いはそれに類する土地にあること。もう1つはソバを食する人々が貧困層に属することである。そして、これらの共通点は互いに関係のある要素でもある。例えば①では山の多い土地であるため耕作地を僅かしか所有できず、そのため山中にも耕作の場を求めているし、②・③では山地にて生活を営む農民の貧しさが述べられている。とりわけ①で述べられているような「石が多い」とされる土地は耕作環境が整っていないことが想起されるので、高い生産性をもった耕地ではありえず、また山地である以上水の確保も難しく、栽培可能な作物も限定されてしまうため、そこから穀倉地帯のような豊かな実りを期待することはできない。つまり、日常の食としてソバを利用するという現象は、その地域がソバを植えざるを得ない、或いは食せざるを得ない環境下にあることと密接に関っている。

そして日常的にソバを食する生活を成立させるためにはソバの盛んな栽培が求められる。無論①・②・③の場合のように、これらの人々はソバの他にもトウモロコシ・イモなども食べており、ソバだけに日常の食を依存しているわけではないが、年間を通じて生存に必要とされる食糧を保障するためには他の作物と共にソバもまたある程度の量を確保しておかなければならない。これらのことを勘案すると、aの類型はAの状況下においてなされたものと考えることができ、Aとaは関係が深いことが分かる。

ところで、山地という耕作環境が必ずしもA・aの類型とは関わるわけではないことには注意を要する。例えば④はこのことを如実に示しているし、他にも同様の事例を確認することはできる[58]。それではこれらの事例を分かつものとは何か。それは生産力水準の高低であろう。先に確認したように、

第5章　中国におけるソバについて

A・aの類型における耕作環境は他所と比べて決して良いものとは言えない。それは「石が多い」耕地、或いは山頂近くの耕地といった劣悪な耕作環境においてソバが盛んに栽培されることからも窺われる。一方、④のようなイネを栽培できる環境からは比較的人の手が入っている耕地、水の確保そしてイネ・ムギ等収量の多い作物の選択といった条件が備わっていることが容易に想起される。つまり、たとえ山地での栽培であろうとも、ソバ以外の農業生産力が高い環境にあれば、ソバは④のように他の穀物の裏作として栽培されるし、また端境期の食として利用される。つまり、①・②・③と④の間にはソバを植えざるを得ない環境にあるか否かという差異があった。先に触れたように④から⑦までの事例はBとbの類型に当てはまるので、このような①・②・③と④〜⑦の対比はA・aとB・bの対比としても捉えることができる。そして、A・aとB・bの関係は生産力水準を指標として見るならばB・b＞A・aとなる。

そしてB・bよりもさらに豊かな地になるとソバの扱われ方は更に変わる。それを示しているのが⑧・⑨・⑩の事例である。これらの事例はいずれも被災した場合のみの栽培、またその際の救荒食としての利用を示しているのでC及びcの類型とすることができるが、C・cはいずれも生産性の高い地域において確認される。

それを示すのは前節で検討した図5-2における「×」の分布である。この「×」はいずれもC・cの類型に該当するものであるが、それらは華北平原と長江中下流平原を中心とした地域に分布する。周知の通り、これらの地域は生産力が高く、清代には山東・河南を中心とした華北平原においてはアワ・キビ等の穀物とムギ・各種マメ類から成る二年三作の作付け方式やワタ・タバコなどを中心とした商品作物栽培が定着していたし、長江中下流平原においてもイネ栽培を基調に据えた作付け方式や華北と同様の商品作物栽培が盛んに行われていた[59]。このような環境下では糧食作物としてのみならず商品作物としても高い価値を持つイネ・ムギ・マメなどの栽培が優先され、ソバがこれらの作物と栽培時期が重なる場合は、当然のこととしてソバ

- 177 -

栽培の優先順位は下位におかれることとなる。実際に史料に当たってみても、民国『余杭県志』に引く『旧県志』はソバも含めた各種ムギを紹介した上で「邑中は利に饒かにして、独り小麦のみを資とす」[60]と記し、余杭県が豊かな土地であるためコムギのみが栽培されていることが示される。また現在の湖北省にある南漳県ではソバは「常産たらず」[61]とされているが、その背景には「県境、山阪は磽确にして、原隰は塗泥たるも、杭稲・玉蜀黍の産額はやや豊かにして、麦・豆これに次ぎ、胡麻・蜀黍又これに次ぐ」[62]とあるように、ソバ以外の作物の収穫が豊かであり、県全体が高い生産力を有しているという状況があった。これらの事例からソバを栽培サイクルに組み込まない地域とその地域が持つ生産力の高さとの強い関わりを窺うことができよう[63]。

おわりに

　以上の検討から、ソバの栽培・利用のあり方について、そしてその多様な側面と環境との関わりを明らかにすることができた。その栽培・利用と環境の関係はC・c＞B・b＞A・aという生産力の層序によって捉えられ、ソバは栽培・利用される環境によってその性格を大きく異ならせる。日常食としてのソバの扱いに大きな地域的偏差が見られた背景には自然環境の差異に加えて経済的な階層性という要素も深く関わっていた。
　ところで、このような扱われ方を見る限り、ソバは栽培せざるを得ない状況においてのみ栽培されており、非漢族による栽培を除けば、いずれの環境においても積極的に栽培されることのない作物であることが分かる。それでは、なぜソバは数ある作物の中でもこれほどまでに忌避されるのか。最後にこの点について見解を示しておきたい。
　さて、このような理由についてまず農業的側面から考えてみると、生産量

第 5 章　中国におけるソバについて

の低さを挙げることができる。管見の限りではソバの収量について信頼にたる史資料を見出すことはできないので、現代日本の数字をもって比較してみると、平成 16 年度における各穀物の 10 アール当たりの生産量は水稲… 514kg、陸稲… 217kg、小麦… 508kg、二条大麦… 353kg、六条大麦… 261kg、裸麦… 220kg、蕎麦… 49kg となっている[64]。ここに挙げた数字をもって前近代中国の各種作物の収量を断じることは控えなければならないが、単純に収量どうしを比較するだけでも、ソバの収量は水稲の 10 分の 1、比較的収量の低い陸稲・裸麦の 4 分の 1 となっており、その収量の低さが窺われる。このような短所がソバ栽培のあり方に強く作用したことは想像に難くない。

　しかし、ソバ栽培が忌避されたのは他にも理由が求められる。例えば、ソバの他の穀物と比べて市場価値が低いこともその内の 1 つである。各地でのコムギとソバの価格を調べてみると、民国期甘粛省隆徳県においてはムギが 1 斗当たり洋 3 元であるのに対し、ソバは洋 1 元 2 角であり[65]、また民国期雲南省宣威県においてはコムギが 1 石当たり 70 円であるのに対し、ソバは 20 余円であった[66]。この場合価格そのものの高低はさておき、コムギと比べるとソバはその半額にも満たず、ソバの商品価値はかなり低いものであったことが分かる。そして、このような市場価値の低さは民国期のみの現象ではない。南宋期の地方官真徳秀が任地にあって民から寄せられた訴えには「蕎麦・豆類は銭物を得難し」との文言が見えることから[67]、ソバの価値の低さは栽培が普及しだして以来のことであった。また、それ故にこそ商品作物栽培が展開した華北平原や長江下流域ではソバが盛んに栽培されることはなかったし、またソバが栽培されていた地域でも「下戸」の食料として扱われてきた[68]。

　また、漢族の食嗜好に因るところも大きい。漢族のソバの味に対する評価には否定的なものが多く、史料にはその不味さを強調するものが数多く見られる[69]。また、その不味さをあからさまに指摘するには至らずとも、「味は小麦の甘に及ばず」（光緒『仙居志』巻 18 風土、土産、穀、麦）等の文言のようにソバがコムギの味に劣ることを示す記載が史料に多く見られるため、

ソバは美味ではないという認識は一般性を持っていたとすることができる。こうした嗜好の傾向からもソバが積極的に栽培・利用されなかった原因を求めることはできよう。

　以上のような理由からソバは中国において好んで栽培・利用される作物ではなかったと言い得る。しかし、それを好んでのことではないにせよ、このようなソバを栽培し、日々の食として利用する人々もまた数多く存在したことは確かである。少なくとも清や中華民国という時代が、前章で見てきたように、作物の用途別分化が進展した時代であったことを鑑みるならば[70]、ソバを始めとする「卑俗」な作物は中国経済の最下層部を支えたものとして高い評価が与えられるべきであろう。

注
(1) 大西近江「ソバ属植物の種分化と栽培ソバの起源」(山口裕文・島本義也編『栽培植物の自然史』北海道大学図書刊行会、2001)。
(2) 中国商務年鑑編輯委員会編『中国商務年鑑 2004』(中国商務出版社、2004)、525ページ。因みに2003年度日本におけるソバの収穫量は26,800トンとなっている(農林水産省大臣官房統計部編『第七九次農林水産省統計表』(農林統計協会、2005)、173ページ)。
(3) 孟方平「説蕎麦」(『農業考古』1983 - 2)。
(4) 韓世傑「我国古代種植蕎麦的経験和対蕎麦利用的回顧与展望」(『中国農史』1986 - 1)。
(5) 『斉民要術』に見える「瞿麦」をソバとする見解自体は孟氏よりも先に、米田賢次郎によってなされている(「所謂「斉民要術巻頭雑説」について」(『史林』48 - 1、1965)、のち『中国古代農業技術史研究』(同朋舎出版、1989)に再録)。しかし、孟氏と同様の理由によって米田氏の見解には首肯しがたき点があり、この「瞿麦」については西山武一氏(西山武一・熊代幸雄訳『校訂訳注斉民要術』上(農林省農業総合研究所、1957)、98ページ)のように批定を控えるのが最も穏当な判断であ

第5章　中国におけるソバについて

ろう。
(6) ただし、本章では史料上の制約や論旨の明確化のため検討の対象を漢族に限り、それ以外の非漢族のソバ利用・栽培については触れないことを予め断っておく。
(7) 楊家湾漢墓発掘小組「咸陽楊家湾漢墓発掘簡報」(『文物』1977－10)。
(8) 咸陽市博物館「陝西咸陽馬泉西漢墓」(『考古』1979－2)。
(9) 甘粛省博物館「甘粛武威磨咀子漢墓発掘」(『考古』1960－9)。
(10) 『中国文物報』1998年9月23日。
(11) 陳文華『農業考古』(文物出版社、2002)によると、新石器時代のものだけに限ってみても、コメは130箇所、アワは40箇所もの場所で発掘されている。
(12) 新島繁『蕎麦年代記』(柴田書店、2002)、23 ページ。ここで新島氏が引かれる『崔禹錫食経』は『本草和名』巻19、米穀、喬麦に見られるが、ただしそこでは「崔禹に出づ」とあるのみで、文章そのものは引用されていない。
(13) 万国鼎「論『斉民要術』」(『歴史研究』1956－1)。
(14) 『宋会要輯稿』食貨1－16農田雑録、淳化4年2月条
　　詔、嶺南諸県令勧民種四種豆及黍・粟・大麦・蕎麦、以備水旱。官給種与之、仍免其税。内乏種者以官倉新貯粟・麦・黍・豆貸与之。
(15) 道光『永州府志』巻5上風土、生計
　　寧遠専種稲穀、罕種雑糧、秋成多曠土。自蕭山汪輝祖勧広種植以後、秋蕎・夏麦弥望青葱、密箐深沖、竟無空隙。民俗似更勤於昔矣。
なお、地方官によるソバ栽培奨励の事例はこの他にも多く見られる。紙幅の都合上全てを挙げることはしないが、明・隆慶3年に瑞金知県呂若愚が(万暦『瑞金県志』巻3食貨、物産、穀類、蕎麦)、清・雍正3年に雲貴総督高其倬が(『宮中档雍正朝奏摺』第4輯、雍正3年6月28日)、雍正13年に安慶巡撫趙国麟が(『雍正硃批諭旨』雍正13年7月3日) ソバの栽培を勧めている。
(16) 例えば、『宋会要輯稿』食貨4－5屯田雑録、元豊8年正月27日条、『明史』巻150郁新伝など。
(17) 嘉定『鎮江志』巻4田賦、軍田、東荘及び西荘。
(18) 『大観本草』巻25米穀部中品、蕎麦所引『陳臓器・孟詵・蕭炳・陳士良・日華子』

其飯法、可蒸使気餾、於烈日中暴令口開、使舂取人作飯。

(19) 民国『江都県続志』巻7物産、穀之属、蕎麦

粒可以炊食、澱粉滑細、可以製麪、併能製醤。邑之東郷人以之造酒、謂之蕎麦焼。

(20) 咸豊『天全州志』巻2物産、麦属、蕎麦

春種夏収。可以煮飯作餅、以供常食。

(21) 民国『江陰県続志』巻11物産、穀之属、蕎麦

磨之可作餅餌、亦可和米煮粥。

(22) 民国『永定県郷土志』巻4物産、植物天然産、蕎麦

磨麪作食、滑細如粉、或磨為粗粒、与稲米同蒸食亦良。

(23) こうした事例として中村喬氏は『河東記』(『太平広記』巻286 幻術、板橋三娘子所引)を挙げられ(『明代の料理と食品』(中国芸文研究会、2004)、214ページ)、管見の限りではこれが唯一のものである。ただし、この事例も本当に前者のタイプなのかは文面からは判断しかねる。

(24) 王禎『農書』百穀譜集之二、蕎麦

磨而為麪、攤作煎餅。配蒜而食。

(25) 民国『麻江県志』巻12食貨、農利物産、物産、穀之属、蕎

拌水待発酵後、蒸為餅、可食。

(26) 因みに稲澤敏行氏の調査によると現代の蕎糕には、炭酸ソーダを利用して生地を膨らませるための工夫がなされているものが見られる。詳しくは稲澤敏行ほか「中国・雲南省の秘境で苦そば料理の数々と遭遇」(『そば・うどん』27、1997)を参照。

(27) 「麪」という言葉には普段我々が使用する「麺類」として意味があるが、そもそもこの字は「小麦粉」を原義とする文字であり、史料でもこの意味で使用されることが多い。従って「麪」字を安易に使用すると無用な混乱が起こるため、本章では「麪」字は史料上の用語としてのみ使用し、日本語の「麺類」の意味で用いる時は「メン」・「メン類」とカタカナで表記することとする。

(28) なお、ソバ粉は粘りがないため、メンは切りメンと後述の河漏のみで、延べメンは出来ない。『水滸伝』第24回には有り得ないものの喩えとして「拖蒸河漏子」(「ひっぱって作った蒸しそば」)が挙げられている。

第 5 章　中国におけるソバについて

(29) 民国『洛川県志』巻 24 方言謡言、方言分類詞彙、生活政俗、食
用器圧蕎麦麺成円條入鍋者、曰餄餎。

(30) 民国『宜川県志』巻 24 方言謡言、方言分類詞彙、名物、生活政俗、食
包谷或蕎麺打糊為食、曰攪団。

(31) 民国『重修鎮原県志』巻 5 民生、飲食、攪団
此農家飯也。其作法甚簡単。用蕎麺入鍋、以麺杖攪之成団、佐以菜湯。城中人亦嗜食之。

(32) 例えば、俣野敏子『そば学大全』(平凡社、2002)、柴田書店編『ダッタン蕎麦百科』(柴田書店、2004) など。

(33) 民国『岳陽県志』巻 2 興地、物産、禾属、蕎麦
苦蕎磨粉作麋、熟時晾冷凝結成塊若豆腐。然夏日食之、岳人名曰蕎粉。
他にも『重修鎮原県志』巻 5 民生、食、涼粉に「此農家飯也。其作法甚簡単。用蕎麺入鍋、以麺杖攪之成団、佐以菜湯。城中人亦嗜食之」と見える。

(34) 乾隆『烏程県志』巻 13 物産、穀、大麦所引崇正『烏程県志』
蕎麦可作腐。

(35) 地方志所載の物産項については従来その取り扱いに注意を要することが指摘されてきた。例えば、藤井宏氏は「地志の土産に掲げられた作物名は、農業的に殆ど意義をもたぬ植物標本的なものをも包含する場合が多い」(「明代田土統計に関する一考察 (二)」(『東洋学報』30 - 4、1944)、67 ページ) とされ、物産 (土産) の項にその名が見られることがそのまま作物の普及を示すわけではないことを述べられる。こうした見解には筆者もまた概ね首肯するが、一方で物産項における作物の掲載には地域ごとに一定の傾向があることにもまた注意すべきであると考える。例えば、物産項におけるサトイモ (芋) の有無をおっていくと、華中・華南の地方志においては概ねその名を確認できるが、華北の地方志にはサトイモを載せないものが多々見られる。これは熱帯を原産地とするサトイモが北方の気候には適さないことに起因すると考えられ、現地における作物の有無が物産項の記載にも反映された一例とすることができる。無論、筆者はこのことをもって物産項における記載がそのままその作物の広い普及を示すものとは考えないが、その作物が極僅かであっても

栽培されていたことを示すメルクマール程度にはなり得るのではないかと考える。
(36) 物産項の構成はそれぞれの地方志によっていくつかのバリエーションがある。通常は当該県に見られる動植物を記載の対象とするが、中には「稲」や「豆」等の簡略な記載にとどめ、それらに含まれる品種には全く言及しないもの、或いは他県には見られない特殊な産物のみを載せるものなどがある。このような構成からは当該県におけるソバの存在の有無を判断することはできないため、本図の作成に当たりこれらの構成をとる物産項についてはカウントの対象から外している。
(37) ただし、非漢族の影響が強い地域においても漢族によってソバが栽培されている事例は多々確認される。例えば、四川南部にある雷波庁では確かに非漢族がダッタンソバを栽培しているが（光緒『雷波庁志』巻22 風俗、夷俗）、一方で漢族がソバを栽培している姿もまた見出せる（同上書同巻風俗、農工）。従って、西南地域における栽培の盛行には漢族もまた関っているものと見るべきであろう。
(38) 嘉慶『宜章県志』巻7風土、風俗、農事
　　　五郷山多田少、一夫僅耕数畝、兼種山土雑糧。山復多石、不宜麦・黍、祇種包穀・蕎麦・薯芋之類。雑稲米以佐饗飧。
なお、ここに見える「五郷」とは宜章県内の各郷（永平・連陽・永福・太平・長寧）を指した言葉である。
(39) 同治『来鳳県志』巻28風俗、飲食
　　　山谷貧民不常飯稲、半以包穀・甘藷・蕎麦為饗飧。
(40) 民国『大邑県志』巻4風俗、飲食
　　　西北山甿、胼胝艱食、多啖莜・藷芋、有終年不食白米者。
(41) 同治『九江府志』巻9物産
　　　大抵山郷与洲郷小異、山郷宜稲、…或於穫稲後種蕎麦・苦蕎麦。
(42) 嘉慶『常徳府志』巻18物産、穀、麦
　　　常徳農人於秋収後遍種蕎麦。
(43) 同治『祁陽県志』巻8物産、麦
　　　又一種蕎麦。収穫後南北皆種之、豊歉皆有裨益。
(44) 光緒『開化県志』巻2疆域、土産

秋後方収。磨麺如麦、貧民亦頼以接済。

(45) 王禎『農書』百穀譜集之二、蕎麦

中土・南方農家亦種。但晩収、磨食、溲作餅餌、以補麺食、飽而有力。実農家居冬之日饌也。

(46) 淳熙『新安志』巻2物産、穀粟

蕎麦姿荏弱、幹赤、花白、不類他麦。秋種而冬食。

この他にも、「邑人栽え、以って冬儲に給す。春を過ぐれば即ち食べず」(光緒『寧河県志』巻15風物、物産、穀之属、蕎麦)のように冬のみの食糧として扱われる事例は多々見られる。

(47) 民国『邳志補』巻24物産、穀之属、蕎麦

邳於豊歳種者少、惟禾豆災淹則種之。

(48) 民国『渦陽風土記』巻8物産、穀類、蕎麦

農人不喜多種。若夏秋旱潦、不能種豆時、方行普種。

(49) 民国『磁県県志』第8章物産、農産品、麦

蕎麦可磨粉作食。為禾穀補助之食用植物也。惟其生長時期甚短、約両三個月即可成熟、故吾磁種者、多在水旱為災不及播種其秋禾時種之。

(50) 地方志の中には民国『洛川県志』のように除草や間引きの不必要性を明確に言及するもの(巻8地政農業志、土地利用、施肥及除草等、除草)もまま見られる。

(51) 『便民図纂』や『三農紀』等の農書は施肥についても触れるが、各種地方志には肥瘠の別を問題としない記述が多く見られるので(例えば民国『江陰県続志』巻11物産、穀之属、蕎麦)、施肥作業はあまり重視されていなかったと考えられる。

(52) 例えば民国『嘉禾県図志』巻16食貨、農産物表、雑糧、蕎麦の「山土に宜し。春冬二たび種う。春は驚蟄に種え、夏至に収む。冬は処暑に種え、立冬に収む」、嘉慶『宜章県志』巻7風土、風俗、土宜の「山土は蕎麦に宜し。春に種うるは春蕎たり、秋に種うるは秋蕎たり」、同書同巻土産、蕎の「毎歳両たび収む」、嘉慶『納谿県志』巻3疆域、物産、穀之類、蕎麦の「紅花・白花、甜・苦の二種有り。春秋二季皆種うべし。その種の春季よりする者、正月は灯火蕎たり、二月は桃花蕎たり」という記述は皆秋植えのソバだけではなく春植えのソバにも言及している。

(53) 光緒『靖州郷土志』巻4 物産、植物、穀之属、麦

　　日蕎麦。……有春種夏熟者、不及秋種之多実。

(54) 他にも同治『崇陽県志』巻 4 食貨、物産、穀類、蕎が「苦・甜二種あり。一歳両収す」とするように 1 年に 2 度栽培時期があることに言及する史料は多い。また実際に行われていたのかは留保を要するが、年 3 回栽培することに言及する史料も見られ、「歳に三熟を経」(民国『昭萍志略』巻 4 食貨、物産、植物類、麦、蕎麦)・「歳に二・三たび刈るべし」(光緒『茘波県志』巻 4 食貨、物産、穀属、菽)・「麻(陽)の地は蕎麦多し。収は春・夏・秋の三季に分かる」(同治『新修麻陽県志』巻 5 物産)・「其の一歳に再収するは麦、若しくは稲、若しくは菽、若しくは瓜、若しくは菽たり、菽は春秋皆種うべし、其の熟又速く、間ま菽を種うる者、或るもの一歳に三たび収む」(『皇朝経世文編』巻 36 戸政、農政上、李兆洛「鳳台県志論食貨」) 等の文言はそれに当たる。

(55) 同治『直隷澧州志』巻4 風俗

　　処暑後、早稲・晩稲相次並穫、犂稲田、種蕎麦。

(56) このようなソバ栽培のあり方は日本においても見られ、既に磯貝富士男氏によって指摘されている。詳しくは同氏「古代・中世における雑穀の救荒的作付けについて」(『東京学芸大学附属高校高等学校研究紀要』26、1989、のち『中世の農業と気候』(吉川弘文館、2002)に再録)を参照。

(57) 『朱文公文集』巻 17 奏巡歴沿路災傷事理状

　　沿路人戸已損田段、不堪収割。皆欲及早耕犂、布種蕎麦・二麦之属。

『朱文公文集』巻 99 勧諭救荒

　　早禾已多損旱、無可奈何。只得更将早田多種蕎麦及大・小麦、接済食用。

『真西山文集』巻 6 奏乞蠲閣夏税秋苗

　　嘗博訪父老、皆言、粳稲雖已失時、尚堪雑種麻・豆・蕎麦・黄菜之属。

(58) 光緒『零陵県志』巻5 風俗、農事

　　山地有可種蒔、皆墾闢之。収穫後更蒔蕎麦・雑糧、以済穀食之乏。

(59) これらの問題については数多くの研究があり、ここでその全てを挙げることはかなわない。差し当たり足立啓二「大豆粕流通と清代の商業的農業」(『東洋史研究』37

第 5 章　中国におけるソバについて

　　－ 3、1978)、「明末清初の一農業経営」(『史林』61 － 1、1978)「清代華北の農業経
　　営と社会構造」(『史林』64 － 4、1981) 等、足立氏の一連の成果を参照されたい。
(60) 嘉慶『余杭県志』巻 38 物産、五穀之属、麦所引『旧県志』
　　麦有大小二種、大麦有二。曰䵺、曰麷。又有一種、曰蕎麦。而邑中饒利、独資小
　　麦云。
(61) 民国『南漳県志』巻 4 輿地、物産、穀類、麦
　　別種蕎麦。不常産。
(62) 民国『南漳県志』巻 4 輿地、物産
　　県境山阪磽确、原隰塗泥、秔稲・玉蜀黍産額稍豊、麦・豆次之、胡麻・蜀黍又次之。
(63) なお、付言すれば、図5－1・5－2に見られる広東でのソバ栽培の傾向もこうし
　　た文脈の下で捉えることができる。図5－1ではソバの存在しない県が比較的多く確
　　認され、図5－2ではソバ栽培の盛行を示す「●」が全くないことが読み取れるが、
　　これは広東ではイネ栽培に大きな比重が置かれ、イネの二期作・三期作などが行わ
　　れているため、栽培サイクルにソバが入り込む余地がないと解釈される。
(64) 注 (2)『第七九次農林水産省統計表』、162 ～ 173 ページ。なお、各種麦類に関
　　する数値は皆畑での収量に限って挙げている。
(65) 民国『隆徳県志』巻 2 食貨、物産
(66) 民国『宣威県志稿』巻 7 政治、農事建設、農産、宣威県農産表
(67) 『真西山文集』巻 6 奏乞蠲閣夏税秋苗
　　臣近居太平州、百姓王経等一百六名状称。自去冬以来、並無雨雪、麦苗先已乾死、
　　収到些少、不了食用。目今秧苗、又尽枯死、蕎麦・豆類難得銭物、亦無処収糴。
　　田地乾亢至甚、亦難耕種。老幼日夕憂惶不能存活。
(68) 民国『峨辺県志』巻 2 礼俗、飲食
　　日三餐。米類有火米・鮮米之別。下戸或以蕎麺・雑糧為之。
(69) 例えば、民国『臨朐続志』巻 11 物産、穀類、麦の「別名蕎麦なり。麺美からず
　　して食するに堪えず」や乾隆『西安府志』巻 17 食貨、物産、穀属、蕎麦所引『渭
　　南志』の「蕎麦は麺と作すも、甚だ佳からず。諸穀の不熟に備うべし」といった記
　　述がそれを示す。

(70) 栽培作物の用途別分化を示唆する史料は他にも見られる。以下の史料（民国『六合県続志稿』巻14実業、農産物）はその一例。

    四郷農産以大・小麦・豆・稲為宗。余如糯稲・粟・豌豆・料豆・蠶豆・蕎麦・黍・玉蜀黍・棉花之属不過帯種少許、而非田家主要之穀。主要之穀惟稲・豆・麦、歳銷無錫・上海、舟車運往源源不絶。

ここでは「主要の穀」である稲・豆・麦が上海や無錫へ向けて送り出されている状況からして、むしろ「田家の主要の穀にあらざる」糯稲・粟・豌豆・料豆・蠶豆・蕎麦・黍・玉蜀黍等の作物こそが直接生産者の食を支えていたことが想起される。

第6章　中国におけるヤマイモについて

はじめに

　改めて強調するまでもないが、イモ類が人類に対して果たしてきた貢献は多大なものである。ここで言うイモ類とはサツマイモ・ジャガイモ・サトイモ・ヤマイモを指すが、そのいずれもが過去においても現代においても人々の空腹を癒してきた。ヨーロッパにおけるジャガイモやアジアにおけるサツマイモの活躍はあまりにも有名であり、ここで改めて書き記すこともなかろう。

　ところで、こうしたイモ類についての研究史をたどってみると、サツマイモ、ジャガイモといった舶来種とサトイモ、ヤマイモといったアジア原産の種とでは研究の蓄積に大きな差があることに気づかされる。すなわち、前者に関する研究のみが大きく進展し、後者に関する研究はほとんど行われていないという傾向がここからは見出される。

　サトイモについての研究は次章で概観していくので、ここでは本章での研究対象であるヤマイモについてその研究を確認しておこう。とは言え、ヤマイモを主たるテーマとした研究は今に至るまでほとんど見られない。ヤマイモについて触れている唯一の研究とも言える夏鼐氏の研究も、文献に登場するイモをサツマイモとヤマイモいずれに比定するかを論じたものであって、ヤマイモが果たした役割を明確にしようとするものではなく[1]、そのためヤマイモに関する研究の蓄積は皆無であると言える。

　しかし、第四章での検討結果や中尾佐助・佐々木高明氏らによる研究成果は、華中・華南地域におけるイモ類の持つ重要性を指摘するものであることから[2]、イモ類が歴史上果たしてきた役割の大きさとそれを扱う研究の

- 189 -

少なさの間には、ソバの場合と同様に大きな落差が見られる。そのためイモ類の利用実態を具体的に提示する作業は切に要請されるわけであるが、本章ではこうした作業の一環として中国のヤマイモについて栽培・利用・認識といった多方面から検討を行い、その歴史的な位置づけを行っていくこととする。

1. ヤマイモの品種

　さて、以下の節において具体的な検討を進める前に、まずは本節でヤマイモの品種について述べておきたい。それは次の2つの理由による。1つは、中国で利用されていたヤマイモがいかなる品種なのかを明確にし、筆者と読者の間にヤマイモに対する共通認識をうち立てておく必要があるため。いま1つは、ヤマイモは同じ品種でも地域やその人の立場によって用いられる呼称が異なることがあるため、その品種に対してどの名称を使用するかを予め断っておき、呼称による混乱を防ぐためである。以下、ヤマノイモ属に属する品種を挙げ、その特徴について述べていく[3]。
　以下の論述は表6−1を参照しつつ行っていこう。本表は中国に分布するヤマノイモ属の植物の中でも広い範囲に分布するものについてまとめたものである。ここには14種類の品種を載せているが、これらの品種を4つのグループに分け、それぞれに簡単に説明を加えておく。なお、この分類はヤマイモの品種について簡潔に説明するために筆者が便宜的に行ったものであり、植物学上の正式な分類ではないことをお断りしておく。
　①薯蕷・日本薯蕷
　この分類は主に温帯で生育し、かつ食用にされるものを集めている。順に説明していこう。薯蕷は学名は *Dioscorea batatas* Decne.。和名はナガイモ。日本でもよく食卓に上がり、馴染みのある種である。原産地は中国であるが、

第6章　中国におけるヤマイモについて

日本でも至る所で栽培されている。様々な形状のものがあり、日本では棒状で細長い円柱状のものをナガイモ、掌状のものをイチョウイモ、球状のものをツクネイモと呼んでいる。形状によって名称を異にしているが、植物学上はいずれも同一種である。他の品種にはアクが強く食用に適さないものがあるが、この種にはアクがほとんど無く、中国でもよく食べられている。

日本薯蕷は学名は *D. japonica* Thumb.。和名はヤマノイモ。その形状や利用法がナガイモに似ていることから同じ品種として誤解され、混乱して用いられているようであるが、植物学的にはれっきとした別種である。ヤマノイモのみに見られる特徴としては以下の点が挙げられる。まず原産地が日本であること。ナガイモが中国原産の品種であるのに対しヤマノイモは日本原産の品種である。現在は中国でもヤマノイモが広く分布しているが、これは日本から持ち込まれたものが広まったと考えられている。ただし、その流入の時期は明らかではない。次にヤマノイモが栽培できず、山野に自生するものを採取することでしか入手できないことである。現在でこそヤマノイモの栽培技術が確立されてはいるが、本来ヤマノイモは病気に非常に弱い性質を持つ品種であり、栽培はほとんど不可能とされてきた。また、すり下ろしたイモはナガイモのそれよりも粘度が高く、味・薬効等の品質に対する評価もヤマノイモの方が高い。

ところで、この先、論を進めていく上で名称に関する混乱を来たすことがないように、ナガイモとヤマノイモとの違いについてもう少し述べておこう。両種の混同を招く原因はその形状や利用法の類似だけにあるのではない。両種に対する呼称が植物学の側からなされる場合と官公庁の側からなされる場合で異なっていることも大きく影響している。植物学の側では *D. batatas* をナガイモ、*D. japonica* をヤマノイモと呼んでいるが、官公庁の側、例えば農林水産省や農協などでは前者をヤマノイモ、後者をジネンジョと呼んでいる。つまり、このような呼称の違いがあるために、ヤマノイモという呼称が *D. batatas* を指す場合も *D. japonica* を指す場合もあり得る状況を作り出してしまい、混乱に一層拍車をかけてしまう。本章ではこうした混乱を避けるために

表6-1 ヤマイモの品種

中国名	学名	和名	根茎
薯蕷	Dioscorea batatas Decne.	ナガイモ	形状は細長い円柱形・掌状・球状と多様
日本薯蕷	D. japonica Thunb.	ヤマノイモ	形状は細い紡錘形でねじれている／外皮の色は黄白色／ひげ根が多い
参薯	D. alata L.	ダイジョ	形状は通常は円柱形だが、球・円錐・偏平などの形に育つことも多々ある／表面の色は褐色であるが、肉の色は白・紅・淡黄・濃赤紫色と多様／貯蔵性に富む
山萆薢	D. tokoro Makino	オニドコロ	分岐しながら地面の下を横走する／ひげ根が多い
細柄薯蕷	D. tenuipes Franch. et Savat	ヒメドコロ	分岐しながら地面の下を横走する
穿竜薯蕷	D. nipponica Makino	ウチワドコロ	分岐しながら地面の下を横走する
綿萆薢	D. septemloba Thunb.	キクバドコロ	分岐しながら地面の下を横走する／外皮は浅黄色／細長いひげ根が多い
繊細薯蕷	D. gracillima Miq.	タチドコロ	分岐しながら地面の下を横走する／細長いひげ根が多い
盾葉薯蕷	D. zingiberensis C.H.Wright		分岐しながら地面の下を横走する／外皮は褐色
黄独	D. bulbifera L.	カシュウイモ	形状は球状／外皮の色は濃い褐色／ひげ根が多い
薯莨	D. cirrhosa Lour.	ソメモノイモ	形状は球状やヒョウタン型と多様／外皮の色は暗赤色
五葉薯蕷	D. pentaphylla L.	アケビドコロ	形状は不定形だが長卵形が多い／細長いひげ根が多い
白薯莨	D. hispida Dennst.		形状は球状／外皮の色は褐色／細長いひげ根が多い
毛芋頭薯蕷	D. kamoonensis Kunth		形状は球状／細長いひげ根が多い

※本表は中国科学院中国植物志編輯委員会編『中国植物志』第16巻第1分冊（科学出版社、1985）、堀田満主編『世界有用植物辞典』（平凡社、1989）、佐竹義輔・大井次三郎・北村四郎・亘理俊次・冨成忠夫編『日本の野生植物』草本Ⅰ（平凡社、1982）等を参考にして作製した。

葉・蔓・その他	産　　　地
葉は卵状三角形もしくは楕円状卵形で、基部がハート型／濃緑色だが、基部は赤紫色	遼寧・吉林・黒竜江・河北・山東・河南・安徽淮河以南・江蘇・浙江・江西・福建・台湾・湖北・湖南・広西北部・貴州・雲南北部・四川・陝西南部・甘粛東部
葉は三角状披針形／濃緑色	安徽(一部)・江蘇・浙江・江西・福建・台湾・湖北・湖南・広東・広西・貴州東部・四川
葉は卵状心形／黄緑色で表面に光沢がある	浙江・江西・福建・台湾・湖北・湖南・広東・広西・貴州・四川・雲南
葉は三角状心形／緑色で表面に光沢がある／葉は時に波打つ	河南南部・安徽南部・江蘇(一部)・浙江・福建・江西南部・湖北・湖南・四川(一部)・貴州
葉は三角状心形／光沢がある／葉は波打つ	安徽南部・浙江・福建・江西南部・湖南南部・広東北部
葉はカエデ状に三・五・九回中裂する／黄緑色で光沢がある	遼寧・吉林・黒竜江・河北・山西・山東・河南・安徽・江蘇・浙江北部・江西(一部)・福建・四川西北部・陝西秦嶺以北・甘粛・寧夏・青海南部
葉には卵状心形のものと五・九回中裂するものがある	遼寧・吉林・黒竜江・河北・山東・河南・安徽淮河以南・江蘇・浙江・江西・福建・台湾・湖北・湖南・広西北部・貴州・雲南北部・四川・陝西南部・甘粛東部
葉は卵状心形で厚い／葉は僅かに波打つ／生育初期に蔓が立ち、その後他のものに巻き付く	安徽南部・浙江・福建北部・江西西南部・湖北東部
葉は三回浅裂或いは深裂する／緑色で斑点がある	河南南部・湖北・湖南・陝西秦嶺以南・甘粛(一部)・四川
葉は円状心形／葉は波打つ	河南南部・安徽南部・江蘇南部・浙江・江西・福建・台湾・湖北・湖南・広東・広西・貴州・陝西南部・甘粛南部・四川・貴州・雲南
葉は卵形或いは卵状披針形／濃緑色	浙江南部・江西南部・福建・台湾・湖南・広東・広西・貴州・四川南部、西部・雲南
葉は三〜七小葉に分裂／それぞれ卵形	江西南部・福建南部・台湾・湖南南部・広東・広西・雲南
葉は三小葉に分裂／それぞれ卵形／蔓に棘がある	福建・広東・広西・雲南
葉は三〜五小葉に分裂／それぞれ卵形	浙江南部・福建・江西・湖北・湖南・広東・広西・四川・貴州・雲南

品種名は植物学側の呼称を採用し、*D. batatas* はナガイモ、*D. japonica* はヤマノイモと表記する。ヤマノイモという表記を採用すると、それがヤマノイモ属一般を指すのか、それとも *D. japonica* を指すのかという新たな混乱を招いてしまうことが予想されるからである。

②参薯

　この分類は主に熱帯で生育し、かつ食用にされるものを集めている。ただし、ここに属するのは参薯のみである。参薯は学名は *D.alata* L.。和名はダイジョ。日本では南の暖かい地方でしか栽培されず、しかも市場に出回ることがほとんどないので、我々にとって馴染みの薄いものである。しかし、世界的に見るとかなり広い範囲で栽培されており、むしろポピュラーな種であると言える。形状は円柱状・扁平状・球状とナガイモと同様に多様であるが、根茎の肉の色が白・淡黄・紅・赤紫と様々である点、根茎の重さが普通で2・3kg、大きいと5kgから10kg、時には30kg以上にも達する点は他の品種には見られない特徴である。

③山草薢他

　この分類は日本でいうトコロの仲間を集めており、表6−1の山草薢から盾葉薯蕷までの品種がこの分類に該当する。これらの品種に共通しているのは、根茎がナガイモのように縦方向に成長していくのではなく、横方向に成長していくことである。また①・②の品種とは異なり、根茎に苦味があることも共通の特徴として挙げられる。この苦味は根茎にサポニンという成分が含まれているために感じられるものである。日本では灰汁で煮て突き砕き流水にさらすことで苦味を抜いて食べることがあるが、中国ではこのようにして食べられることはほとんどない。もっぱら薬用として用いられるのみである。

④その他

　以上に挙げた品種の他に、①〜③に当てはまらないものとして、黄独・薯莨・五葉薯蕷・白薯莨・毛芋頭薯蕷などがある。以下、順にその特徴を述べていく。

　黄独は学名は *D. bulbifera* L.。和名はカシュウイモ。丸い形状と根茎から

生える長いヒゲ根が特徴である。根茎には苦味があり、トコロと同様に苦みを抜かないと食べられない。ただ、栽培変種である D. bulbifera L. cv. Domestica には苦みが無い。これは中国原産の栽培変種なので中国で食べられているように思われるが、管見の限りでは中国でこの種を食用にしていることを示す事例は見られない。仮に食用にされるとしてもごく一部の地域に限られたことであろう。中国では黄独は薬として利用されるのみである。

薯莨は学名は D. cirrhosa Lour.。和名はソメモノイモ。根茎が薬用として利用される。また、根茎にはタンニンという成分が含まれており、それを抽出して皮なめしの原料や染料として用いられることが大きな特徴として挙げられよう。

五葉薯蕷は学名は D. pentaphylla L.。和名はアケビドコロ。白薯莨は D. hispida Dennst.。毛芋頭薯蕷は学名は D. kamoonensis Kunth.。いずれも葉が複数に分裂することが特徴である。広い地域に分布するが、白薯莨が薬として利用される他は利用されることのない種である。

以上、ヤマイモの品種について述べてきたが、最後に史料においてヤマイモを指す言葉として登場する「薯蕷」（或いは「薯薬」・「山薬」・「山芋」・「山薯」・「山蕷」など）が具体的にはどの品種を指したものなのかを考えてみたい。結論から述べてしまうと、「薯蕷」はナガイモ・ダイジョ・ヤマノイモを含めたものであると考えられる。例えば、『経史証類大観本草』（以下『大観本草』）所引の『呉氏本草』には「始めに赤茎細蔓を生じ、五月に華白く、七月に実青黄たりて、八月に熟落す。根中は白く、皮は黄たり」と記されているが[4]、その特徴はいずれもナガイモのそれに合致する。しかし、その一方で『図経本草』は「山中に生じ、根は細きこと指の如くして、極めて緊実たり。刮磨し入湯してこれを煮れば、塊を作して散らず。味は更に珍美な」るものや「皮は紫にして、極めて大なる者」も「薯蕷」として挙げている[5]。前者の特徴である形状と堅さ、そして粘度の高さは明らかにヤマノイモのそれと合致するし、後者の皮の色とその大きさはダイジョのそれに合致する。すなわち当時の中国の人々にとってヤマノイモやダイジョは

ナガイモと同じ種類の植物として見なされており、別の名前が与えられて「薯蕷」と区別されることはほとんど無かった。明代に入るとヤマノイモやダイジョに別の名前が与えられる例が見られるようになるが[6]、依然として「薯蕷」の仲間として扱われる例も見られることを考えると[7]、その品種の区別はあいまいなものであったと言え、近代的な植物分類の方法が導入されるまでは「薯蕷」という植物はナガイモ・ヤマノイモ・ダイジョの3つの品種を含めたものであったと考えて良かろう。

　これに対してトコロ類やソメモノイモには名前が与えられて「薯蕷」とは区別されている。トコロは「草薢」と呼ばれ、後漢には成立していた『神農本草』に既にその名が見られるから、かなり古い時代からその存在は認識されていたと言える。また、ソメモノイモは「薯莨」と呼ばれ、『植物名実図考』にその名が見える。しかし、共に文献の記載にはそれを「薯蕷」と同じ品種と見なすものはなく、一方で「薯蕷」に関する記述の中にも「草薢」や「薯莨」の特徴を想起させる記述はない。すなわち、これらの品種は「薯蕷」には含まれていないと考えて良い。

　特徴を想起させる記述が見られないという点では、五葉薯蕷・白薯蕷・毛芋頭薯蕷についても同じことが言える。前述したようにこれらの品種は葉柄に葉が複数あることが特徴であるが、「薯蕷」に関する記述の仲でこの特徴について触れられたことは一度も無い。トコロ類やソメモノイモと同様にこれらの品種も「薯蕷」とは考えられていなかった。

　一方、カシュウイモは「黄独」という「薯蕷」とは別の名前が与えられているが、「薯蕷」の一種とされている[8]。しかし、「黄独」自体が史料に登場することがほとんどないため、カシュウイモを論述の対象とすることは困難である。

　従って、次節以降で論述の対象とするヤマイモはナガイモ・ヤマノイモ・ダイジョの3品種から成り立った概念として用いることとする。

第6章　中国におけるヤマイモについて

2.　六朝以前のヤマイモ

　さて、ヤマイモはいつ頃から人々に利用されていたのか。文献にヤマイモが始めて登場するのは『山海経』の北山経・中山経においてである[9]。北山経・中山経は戦国時代以前に成立したものとされているので、この時には既に人々にその存在が認識され、利用されていたとすることができる。ただ、残念なことに『山海経』にはその名が記されるのみであり、ヤマイモがどのように扱われていたかを具体的に知ることはできない。

　ヤマイモに関する記述に具体性が伴ってくるのは『神農本草』からである。そこには

　　　署預は味は甘であり、（気は）温である。脾胃（消火器）の疾患を癒し、疲労を回復させ、悪寒と熱を除き、脾胃の働きを助け、気の力を増し、皮膚や筋肉を活発にさせる。長期にわたって服用すると、耳目がはっきりとし、身体は軽やかになり、飢えることがなくなり、寿命が延びる。

とあり[10]、署預、すなわち薯蕷が疲労回復を始めとする様々な効果を持つ薬品として述べられている。また六朝までの名医の文章を集めた『名医別録』にも

　　　（気は）平であり、毒はない。頭にできた蕁麻疹と頭痛に伴うめまいを治し、気の働きを抑え、腰痛を治し、疲労を回復させ、五臓を万全の状態にし、熱を除き、陰の力を助ける。……2月と8月に根茎を採り、日にさらして乾燥させる。

と『神農本草』と同様にヤマイモが疲労や内臓に対して効果のあることが述べられている[11]。これらの記述内容からも明らかなように、ヤマイモは薬

- 197 -

品として扱われていた。ヤマイモには消化酵素であるジアスターゼやムチンといった成分が含まれており、前者には胃腸の消化を助ける効果が、後者にタンパク質の吸収を促進したり老化を防止する効果があって、実際に疲労を回復させ、内臓の機能を補助する。薬品として扱われたのもこうした効能に目が向けられてのことであろう[12]。

ヤマイモを薬品と見なす認識は小説史料からも窺うことができる。晋・干宝『捜神記』に仙女の杜蘭香が張碩という男にヤマイモを食べさせる場面がある。その際杜蘭香は「これを食せば君をして風波を恐れず、寒暑を辟けしむ」と述べている[13]。こうしたセリフはヤマイモが疲労回復や体力増強に効果のあるものとする認識がないと出てこないものであり、ヤマイモの薬品利用の進展を反映したものとして捉えられよう。

しかし、ヤマイモは薬品としてのみ扱われていたわけではない。救荒食品という別の一面も持ち合わせていた。そもそも、前近代の中国において旱魃や戦争といった様々な天災・人災に見舞われた時、人々がどのようなものを食べて飢えをしのいでいたかは明確ではない。明代以降になると『救荒本草』を初めとする救荒書が次々と刊行され、その一端が明らかになるが、それ以前の時代には『救荒本草』に相当する史料がないため、この疑問に大して明確な形で答えを出すことができず、各史料に見られる断片的な記載から推測するしかない。そうした意味で『南史』巻80、侯景伝に載せる次の一文は貴重である[14]。

当時、江南はひどい飢饉に見舞われたが、江・揚の地は甚大な被害を受けた。旱魃や蝗害が相次いで、その年の収穫はあがらなかった。そのため人々は流亡し、死者は地を覆った。父子が共に手を携えて川や湖に入り、或いは兄弟が互いの腰をひもで結び合って険しい山によじ登り（食料を探したので）、ヒシの実やアサザの花は皆採り尽くされ、草の根や木の葉はこのために姿を消してしまった。（このようにして）僅かの間命を長らえさせても、結局は山沢に死んでしまった。

第 6 章　中国におけるヤマイモについて

身近に生えてはいるが普段は食さないような植物を口にしている様子が窺われるが、ここで注目したいのは草の根を食べていることである。飢饉の際に根の部分を食べる植物にはどのようなものがあるか。前述の『救荒本草』にはそうした植物が数多く記されているが、その中でも我々に身近なものとしてはユリやショウブなどが挙げられる。また中国以外の地に目を向けるとヒガンバナやテンナンショウ、前述のトコロなどが食べられており、一概に草の根といっても実に多様である。ヤマイモも根の部分を利用する植物である以上、当然草の根の中に含まれていると考えるべきであろう。このことは次に挙げる史料からも推測される[15]。

　　王法進は幼少の頃より道教の教えを好んでいた。天宝年間に三川の地が飢饉に襲われ、多くの人々は野に生えるクズやヤマイモを採取して食べた。

この逸話は天宝年間（742-756）とあることからも分かるように唐中頃の話なので、六朝以前にヤマイモが救荒食品として利用されていたことの証左とすることはできない。しかし、時代は違えども中国でヤマイモが救荒食品として食べられている事例が見られる以上、『南史』に見られる草の根にヤマイモが含まれている可能性を否定することはできない[16]。また、『湘中記』が山道に迷い食料も尽き腹を空かせていた人が老人にヤマイモを与えられ、それを食べたことで家に帰り着くことができた話を載せているが[17]、この話は人が飢餓状態にあるときにヤマイモが食べられていたことを反映したものとして考えられよう。

　以上のように、六朝までのヤマイモには薬品としての側面と救荒食品としての側面が見受けられる。また、この他にも一般的な食材としての側面も考えられるが、これについては次節第 2 項で扱うこととする。ただ、ここでは食材としてのヤマイモの利用が少なかったことだけを指摘しておこう。すな

わち、六朝以前においてヤマイモは薬品或いは救荒食品としての利用が主であったと言える。

3. 唐以降のヤマイモ

(1) 栽培法

　前節で述べたようなヤマイモの扱われ方も唐代を境にして変化を見せ始めてくる。以下、その変化の様子について項目を分けて述べていきたい。

　まず、本項では入手方法の変化について検討していく。ただ、唐以降の入手方法について見ていく前に、六朝までの入手方法について確認しておこう。史料上から確認できる方法としては採取と栽培の2種がある。無論、これらの方法によって得られたヤマイモを商業的な取引によって入手する方法もあるはずであるが、この方法による入手は史料から確認することはできない。従って、ここでは栽培と採取についてのみ検討する。

　六朝以前にヤマイモの栽培が行われていたことは『雷公炮炙論』や『異苑』に見える記述から窺われる[18]。しかし、そこに栽培方法についての記述はないため、当時の栽培の実態は全く見えてこない。後に述べる唐代の栽培技術水準を併せて考えると、恐らく六朝の時点ではその技術は低いものであったと推測される。六朝の栽培技術水準は記録されるほどのものではなく、むしろこの時期の栽培技術の蓄積が唐代の『山居要術』・『地利経』において結実していく。すなわち、六朝はヤマイモ栽培の黎明期であり、また黎明期であるからこそ栽培自体もまだ広く普及するには至らなかったと考えられる。

　それでは、採取についてはどうか。ヤマイモが採取されている事例はいくつか挙げられるが、先に挙げた『仙伝拾遺』もその一例である。そこではヤマイモは採取されている。また唐代の話であるが、『原化記』には

第6章　中国におけるヤマイモについて

　　唐高宗の顕慶年間に蜀郡青城県にある民がいた。姓名は知り得ない。かつて青城山に薬を採りに出かけると、たまたま大きなヤマイモを見つけた。数丈ほど地を掘るとその根茎はだんだんと大きくなり、（その大きさは）まるで瓶のようであった。

と山中でヤマイモを掘る人の話が見える[19]。この他にも唐初の詩人王績の詩「採薬」にヤマイモが詠われているが[20]、すきを持って山に入る様が描かれていることから考えても、このヤマイモも採取されたものとして受け取って良い。『原化記』も「採薬」も唐代のものではあるが、共に唐の初期のことを描写したものではあるので、六朝の入手法を強く反映したものと言える。これらの事例や栽培の状況を考えると、六朝までの入手方法は採取を主流とすることができる。
　こうした状況に変化が見られ始めるのが唐代である。この時代になって初めて栽培法が文献上に登場する。以下にその栽培法を載せておこう。まずは『山居要術』から[21]。

　　根茎は色が白く、（上部が）米粒のようにでこぼこしているものを選ぶ。まずムカゴを収穫し、穴を3〜5ヶ所掘っておく。（穴の）長さは1丈、幅は3尺、深さは5尺とする。底に瓦を隙間無く敷き、また穴の4面にも1尺ほどの高さまで瓦を貼って（根茎が傍らの）土中に入り込むのを防ぐ。それは根茎が細いためである。穴を作り終えたら糞を少し混ぜた土を入れ、畝を3列作り、ムカゴを植える。或いは（糞と）土を半々の割合で混ぜて穴に入れる。蔓が出てきたら支柱に這わせる。1年が過ぎると根茎はとても大きくなり、1つの穴で1年食べられる（程できる）。種芋から育てる場合は1尺以下に切って植えるようにする。

ここでは耕地の作り方や肥料、支柱の設置など栽培法が具体的に述べられ、

六朝以前からの技術の蓄積が窺われる。ただし、この栽培法には現実的ではない技術が含まれるという欠点がある。それは耕地作りに関する部分である。長さ約 3m、幅約 90cm、深さ約 1m50cm もする巨大な穴を 3 つ以上掘らせる作業や、その底や側面に瓦を敷き詰めさせるという作業は大変手間がかかり、労働力のみならず時間的・資金的余裕も求められ、実際にはなかなか行いえない。この方法が現実に即したものではなく、そのままの形では受け入れられなかったことはこれ以降の栽培法からも知ることができる。例えば『務本新書』に見られる穴の規模は長さ約 3m、深さ・幅共に約 60 ㎝であり、『農政全書』も深さを約 60 ㎝と定めており、『山居要術』のそれより縮小している。また、宋代以降に『山居要術』の方法に沿った記述をしているのは『居家必用事類全集』（以下『居家必用』と略す）戊集、種菜類及び同集、種薬類に載せる 2 種類の栽培法と『多農鄙事』に載せる栽培法の 3 例のみである。しかも、『居家必用』種菜類の方法を除く残りの 2 種類は『山居要術』の記述をそのまま引き写しているだけであるから、当時の耕地の作り方を反映したものであるとは言い難い。すなわち、この部分に関して『山居要術』の方法はほとんど実践されていないと考えて良い。このように後代の栽培法を見ると、『山居要術』の栽培法には現実的ではない部分を少なからず含んでいたことが窺われる。

一方、『地利経』による栽培法はどのようなものであろうか[22]。

大きいものは 2 寸に折り種芋にして植えるとその年の内に収穫できる。これを採取したら、冬の間これを埋めておき、2 月の初めに取り出して植える。人糞を嫌う。もし雨が降らないようであれば水をまくが、また（水をやりすぎて）土地をじめじめさせ過ぎるのも良くない。牛糞と土を混ぜるべきであり、そうすると成長しやすい。

『山居要術』と比べると短く簡潔な記述であるが、散水の必要性やヤマイモと肥料の相性など『山居要術』にはない記述も見られ、軽んじることはでき

ない。また、栽培に手間が求められないという点では『山居要術』と対照的であり、こちらの栽培法の方が人々には受け入れられやすかったと考えられる。

ただ、『地利経』の栽培法にしてもそれが万全のものであるとは言い難い。『山居要術』に見られる支柱の設置やムカゴによる栽培といった技術を書き漏らしているからである。両書に見られるこうした不備は栽培技術がまだ完全には確立していなかったことの表れでもあろう。そしてこの不完全さは、この時代がヤマイモの入手方法が採取から栽培へと移行していく過渡期にあったが故のものであると考えられる。

その栽培技術の確立は元の『農桑衣食撮要』(以下『撮要』と略す)において達成されている[23]。これはそれまでの栽培法に見られた技術をほとんど採り入れており、種芋の選び方やムカゴからの栽培法を始めとして土質への配慮、散水の必要性、支柱の設置などヤマイモ栽培に必要とされる技術をほぼ網羅している。言及されていないのは『地利経』や『図経本草』などに見えるイモの冬季保存に関する技術ぐらいであり、そこからは既存の栽培技術を研究し尽くしたような印象さえ受ける。また『撮要』の評価されるべきところは、それが単に既存の技術をかき集めただけで完結しているだけではなく、ゴマの絞りかすやワラなどの肥料の使用といったそれまでの栽培法に見られなかった新しい技術も採り入れている点にもある。既存の技術が整理されていること、『山居要術』・『地利経』以降の栽培技術の向上がそこに反映されていることが『撮要』の特徴である。

このような記述の傾向はなにも『撮要』だけに限られたことではない。同時代に成立したとされる『務本新書』に載せる栽培法も、完成度では『撮要』にわずかに及ばないものの、栽培に必要な技術はほぼ記されていると言ってよい[24]。こうした『撮要』や『務本新書』の記述から、元の時代は栽培技術が確立した時期として捉えられよう。

さて、元代が栽培技術の確立期であるとするならば、明代以降の栽培はどのようなものとして位置づけられるのか。明代以降の栽培技術を元代のそれ

と比べてみると、その質に大きな差は感じられない。確かに数多くの文献にヤマイモ栽培に関する記述が見られるが、『撮要』の栽培技術を大きく進展させたものはほとんどない。無論、明代以降の栽培法にも『撮要』には見られなかった技術は記されている。例えば『農政全書』の除草に関する記述や『農圃便覧』・『三農紀』の緑肥に関する記述がそれである[25]。しかし、これらの記述は耕地の作り方や種芋の選び方といった栽培の根幹を成すような重要事ではない。

　明代以降の栽培の特徴は、こうした基本的な栽培技術のあり方にではなく、むしろ栽培の細部にまで目が行き届いている点に求められるべきであろう。紙幅の関係上ここでこの点について詳しく見ていくことはできないが、『農政全書』で散水の頻度や施肥量、種芋を植える間隔などが指定されていることをその一例として挙げておこう[26]。また、上述した除草に対する言及もこうした細部へのこだわりの一環として見ることができる。つまり、明代以降の栽培は『撮要』による栽培法の確立を受け、それをより丁寧でより精緻なものにしようとする方向に進んでいた。

　以上、ヤマイモの栽培法について検討してきた。栽培法の確立、そしてその集約化という動きが確認されたわけであるが、こうした動きは栽培の普及と関連すると考えられよう。採取するだけで需要に十分応じられるならば、ヤマイモの栽培が行われる必要もなく、また農書や類書に栽培法が記載されることもないはずである。しかし、現実には栽培法は記され続け、しかも時代を追うごとにそれを載せる文献の数も増え、技術の質も向上してきている。こうした現象は需要の増加とそれに応じた栽培の普及を抜きにしては考えられない[27]。では、需要の増加という現象は消費する側から検討しても確認できるものなのか。次項ではこのことについて検討していく。

(2) 調理法

　本項ではヤマイモの調理法について検討することで利用法の変化を確認していく。ヤマイモ消費のあり方としては六朝までのように薬品や救荒食品と

第 6 章　中国におけるヤマイモについて

してのそれもあり、本来ならばこれらについての検討も必要であるが、史料の関係から食材としての利用に間と絞って述べていきたい。

　さて、前項でも少し触れたが、ヤマイモは六朝までは食材として利用されることは少なかったようである。確かに、『神農本草』に付された陶弘景の注や『異苑』には食材としてのヤマイモが記されている[28]。しかし、この他にヤマイモが食べられていたことを示す史料はない。例えば、北魏の『斉民要術』にもヤマイモを用いた料理は見られない。『斉民要術』は地域を華北に限定されはするが、当時の料理を数多く伝えており、六朝における食のあり方を知る上で欠かすことのできない史料である。これらの料理の材料にヤマイモが全く使用されていないことは、むしろヤマイモが食材として利用されていなかったことを積極的に証明していると言えよう。

　食材としての利用が増えてくるのは唐代以降のことである。杜甫「発秦州」（『杜工部集』巻 3）、韓愈「送文暢師北遊」（『昌黎先生集』巻 2）などの詩に食料としてのヤマイモが見られるのもその現われであろう。ただ、食べられるようになったとはいえ、唐代のそれは薬効を見込んで食べられることが多かったようである。唐代にも料理書はいくつかあるが、その中でも『食療本草』や『食医心鑑』といった食療書にヤマイモが登場することからもこのことは窺われよう[29]。『四時纂要』にもヤマイモの粉末を「料理に使用してもかまわない」とする記述があるが[30]、同じ文章中に「服用すれば健康になり、病を追い払う」という記述が見られる以上、その薬効が意識された上での記述と捉えるべきであろう。

　こうした傾向は次の宋代においても強く、例えば王懐隠らに編纂された医書『太平聖恵方』にもヤマイモを使った料理はいくつも載せられている。しかし、宋代では医書・食療書以外の文献にもヤマイモが登場する。例えば、『山家清供』に載せる金玉羹は薄切りにしたヤマイモを入れた羹（スープ）である[31]。また、宋初の人呉淑の詩「冬日招客」に羹が詠われているが、これに入れられた具である「玉杵」はヤマイモである[32]。このように宋代に入ると、薬効を意識しない普通の食材としてヤマイモが利用されだした。

ただし、こうしたヤマイモの料理が一般性の高いものであったかは疑問である。と言うのは、史料を見る限りヤマイモを食する主体が高い社会階層に属する者に限られているからである。例えば、『清異録』は五代十国時代の地方政権である後蜀の君主孟昶がヤマイモを喜んで食べた話を伝えているし[33]、『宋史』は北宋の宰相王旦が病に伏した折に皇帝がヤマイモの粥を送り届けた話を載せている[34]。共に高い社会階層に属していることは言うまでもないし、また先の呉淑も士大夫である以上決して低い階層に属する者ではない。

　それでは、なぜヤマイモはそれほど一般性が高くなかったのか。まず考えられるのはヤマイモが高価な物であったことである。宋代においてヤマイモの価格がどの程度であったかを示す史料はないが、『本草衍義』にヤマイモが高価であることが記されていること[35]、また前項で検討したように宋代はヤマイモの入手法が採取から栽培へと移行する時期にあったため、その供給が十分でなかったと推測されることから、ヤマイモは庶民にはなかなか手の届かない高価な物であったと考えられる。また、蔬菜としてのヤマイモがまだ一般に浸透していなかったことも影響していよう。いくら蔬菜としての利用が見られるようになってきたとはいえ、宋代にはヤマイモを薬品と見なす既存の意識が受け継がれており、そうした意識が依然として強かったはずである。当然ヤマイモ＝薬品という意識はヤマイモが蔬菜として食卓に上がることを妨げたと考えるべきである。

　こうした状況は元代から少しずつ変化を見せ始める。それは特に調理法においてはっきりと現れる。宋代までの調理法は羹や粥への利用が多いことが特徴である。このことは先に挙げた金玉羹や呉淑の詩、王旦の例からも知り得よう。無論、元代に入ってもヤマイモを使った羹や粥は多く見られ、例えば『居家必用』の骨挿羹（庚集、巻13）や玉葉羹（庚集、巻14）、『雲林堂飲食製度集』の爛肉羹、また食療書である『飲膳正要』の葷素羹や台苗羹（共に巻1、聚珍異饌）、山薬粥（巻2、食療諸病）といった料理はヤマイモを使用している。

第6章　中国におけるヤマイモについて

　しかし、注目すべきは元代にはヤマイモが小麦粉製品に利用される事例が多く見られることである。以下にその調理例を掲げどのようにヤマイモが使用されていたかを具体的に示しておこう。まずは『居家必用』に載せる山芋餺飥という料理 (36)。

　　煮（ゆで）た山芋の皮をむいてより擂り、目の細かな布で絞ってかすを去る。それを麵（こむぎこ）に和わせ、豆粉を粋（うちこ）として捍べる。闊（はばひろ）に切るか細く切るかは任意である。煮方（ゆでかた）は、まず 20 回ほど煮立たせ、さらに煎じるように百回も煮立たせて、軟らかく滑らかにする。かけ汁は任意である。

調理法からも分かるように、これは日本で言うメン類に当たる料理であり、ここでヤマイモはメン生地に混ぜられている。次に同書に載せる山薬胡餅という料理 (37)。

　　水煮した山薬 2 斤、麵 1 斤、蜜半両、油半両を和わせて捜（こ）ね、餅に捍べる。

「餅」は前章で触れたように小麦粉製の食品を指すが、この調理法においてもヤマイモは小麦粉の生地に混ぜられている。この他にもヤマイモをつなぎとして利用する事例はいくつか挙げられ、『居家必用』の山薬撥魚（庚集、巻13）、山薬飦饂（庚集、巻14）、『飲膳正要』の山薬麵（巻 1、聚珍異饌）、山薬飥（巻 2、食療諸病）などがそれに当たる。
　ところで、これらの調理法がなぜ注目に値するのかを知るには、まず元代において小麦粉が担った役割について見ておく必要がある。コムギが中国でいつ頃から食べられ始めたかについては諸説あるが、少なくとも前漢の時代に既に食べられていたことは確認できる (38)。これ以後コムギは次第に普及していくが、その普及に大きな進展が見られたのは唐と南宋の時代である。

唐代においては大都市の出現による消費量の増加という需要側の要因とそれに伴う荘園経営者のコムギ栽培の奨励という供給側の要因、そして社会的な要請による農業経営の集約化によってコムギ栽培が広く行われるようになったことが大きく影響し[39]、南宋の時代においては金の華北支配を避けて多くの人が長江以南の地に移住してきたことを受けて、中国の南方においてもコムギの需要が増大したため、コムギの栽培地域が拡大した[40]。このうち南宋における動きは、それまでコムギが栽培されることがなかった中国の南方でも積極的に栽培されるようになり、その結果コムギの栽培地が前代よりも格段に広がったことを意味する。すなわち、南宋の時点でコムギは広い範囲で、しかも庶民に至るまでの広い階層で食べられていた。当然、元においてもこうした傾向は受け継がれたはずであり、コムギは依然として多くの人々に食べられていたと考えてよい。つまり、元代においてもコムギはコメなどと共に欠かすことのできない重要な食材であった。

　このようにコムギが主食、或いはそれに準じる重要性を持った食材であった以上、コムギを使った料理に使用されているヤマイモも多くの人々によって口にされていたはずである。つまり、元代に入りヤマイモがコムギ製の食品に使用されるようになったことは、元代のヤマイモが宋代以上に一般性を持つようになったことを示している。

　こうしたヤマイモ利用のあり方は明清の時代に入っても変わらない。羹や粥にヤマイモが使用される事例はいくつも見られるし[41]、肉料理、魚料理を問わず様々な料理に食材として使用されている[42]。また山薬撥魚（『飲饌服食』巻上、菓実粉麵類）のように小麦粉製品にも使用されている。ただ、それ以前の時代と異なるのはヤマイモ粉の使用という新たな調理の傾向が見られることである。

　元々ヤマイモを粉末にして使用するという発想自体は薬品利用の側から生まれてきたものである。文献上、粉末としての利用は唐代の『新修本草』に「日もて乾かして搗き、細篩もて粉と為す」とあるのが初見であるが[43]、『名医別録』の時点で既に「根を採りて暴乾せしむ」とヤマイモを乾燥させる記

第 6 章　中国におけるヤマイモについて

述があることから[44]、その利用はかなり古い時代に遡ることができると考えてよい。しかし、粉末が調理の場において使用されることはほとんどなかった。唐末の『四時纂要』には「厨饌に備うるを妨げず」とあるが[45]、実際に使用されている事例は南宋に 3 例見られるのみであり[46]、それ以外の時代には 1 例も見られない[47]。つまり、元代までヤマイモはすり下ろすか切るかして使用するのが一般的であったわけである。

　ところが、明代に入るとヤマイモ粉を使用して調理する事例が急激に増えてくる。その理由は明確ではないが、ヤマイモの需給関係とその保存・流通のあり方が関わっているように思われる。元代までヤマイモは、農村ではその土地で栽培或いは採取されたものが、都市では都市周辺で栽培され持ち込まれたものが消費されていたようである。このことは『図経本草』に都市近郊の人によるヤマイモ栽培を示す記述が見えることからも窺われる[48]。恐らく元代までこうした需給関係はうまくバランスが取れていたと考えられる。しかし、前述したようにヤマイモの需要は時代を追うごとに高まっていったため、明代には既に需要が供給を上回る状態にあったと推測される。そこで都市の需要に応じるために、さらなる遠隔地からもヤマイモを運び込んでくる必要があった。しかし、ここで問題となるのはヤマイモが長時間かけての保存・運搬に向かない性質を持っていることである。まず、ヤマイモには 0 ℃以下では低温障害が発生し腐敗してしまうという性質がある[49]。暖かい南方でならともかく寒さの厳しい北方での長距離の運搬は腐敗の危険性をはらんでいた。また、病気に弱いという性質がある。何かの拍子に根茎に傷がつくと、そこから病原菌が入り病気に感染することが多々見られる。病気に侵されると表面が黒や褐色に変色していくが、こうしたヤマイモは史料にも見られ、「青黒なる者は堪えず」と人々の頭を悩ませていたことが分かる[50]。ただ、元代までのように短距離の運搬ですませられるならば、低温障害が発生する可能性や運搬過程で傷がつき病気に感染する可能性は低くてすむ。しかし、産地と消費地の距離が開けば開くほどその可能性が高くなっていくから、遠隔地からの運搬はこれらのリスクが常に伴う作業だったと見

てよい。こうしたリスクを避けるために用いられた方法が、産地でヤマイモを乾燥させこれらのリスクからヤマイモを守るというものであったのではなかろうか。いったん乾燥させてしまえば低温障害が発生したり病気に感染することはなくなるため、これらのリスクからは解放される。乾燥したヤマイモから作られる粉末の利用が盛んになった背景には以上のような事情があったのではなかろうか。

　こうした仮説の当否はさておき、確かなことは元末明初の頃からヤマイモ粉の利用が増加してきたこと、そしてそれが食材としてのヤマイモの多様化、一般化をさらに推し進めたことである。一見粉末の状態で用いるよりも生のヤマイモを用いた方が調理の幅は広いように思われるが、実はそうでもない。『食憲鴻秘』にはヤマイモ粉について「糕とすべし、粥とすべし。また肉饌に入るべし」と記されているし[51]、現に明清時代の料理書にはヤマイモ粉が粥や肉料理に使われている事例が見られる[52]。またこれ以外にも神仙富貴餅（『飲饌服食』巻下、甜食類）、枸杞餅（『食憲鴻秘』巻下、果子属）といった料理にヤマイモ粉が使われており、その利用法の多様性を窺わせる。次に挙げるのは『飲饌服食』巻中、野蔌類、甘菊苗に見られるものである[53]。

　　甘草をつけ込んだ水にヤマイモ粉を混ぜ、そこに（甘菊の）芽を浸し、
　　それを油で揚げる。その香りは大変素晴らしい。

天ぷらに近い調理法であるが、ヤマイモの粉末はここでは天ぷらにおける小麦粉に当たる役割を果たしている。このように粉末が使用されることによって明代以降の調理法にはさらなる多様化が見られるようになる。そしてこの傾向はヤマイモの食品としての一般化を一層進めたと言えよう。

　以上、ヤマイモの調理法を時代ごとに見てきた。ここで確認できるのはヤマイモの扱われ方の変遷に薬品から食材へというベクトル、そして特殊な食材から一般的な食材へというベクトルを見出せるということである。前項との関連で言えば、これらのベクトルは需要の増加と関連するものとして捉え

第6章　中国におけるヤマイモについて

ることもできよう。次項ではこうしたヤマイモの一般化という動きを別の角度から検討してみたい。

(3) 分類

　前述したようにヤマイモにはいくつもの側面がある。薬品や食材・救荒作物・染料としての側面が、また日本の事例ではあるがトコロの根茎に生えたひげ根をヒゲに、曲がりくねった形状を腰の曲がった老人に見立てることで長寿の象徴とする、いわゆる縁起物としての側面もある。これらの側面の内、前近代の中国において強く意識されていたのが薬品としての側面と食材としての側面であったことは間違いない。それではそれぞれの時代においてこの2つの側面はどちらがより強く意識されていたのか。これは重要な問題である。なぜならばどちらが強く意識されているかをはっきりさせることによって当時のヤマイモの一般化の度合いを測ることができるからである。薬品としての利用と食材としての利用とでは、後者の方が日常生活におけるヤマイモの使用頻度を高めることは間違いない。従ってヤマイモを食材と見なす意識の高まりは、ヤマイモが人々に利用される機会の増加、言い換えればヤマイモの一般化の進展を示すものとすることができる。つまり、ヤマイモ＝食材という意識の確立はヤマイモの一般化を示すメルクマールとなりうる。

　さて、ここで表6－2について検討してみたい。本表は類書や農書或いは地方志においてヤマイモが薬品と蔬菜（すなわち食材）のどちらの項目に分類されているかを示したものである。薬品に関する項目の中にヤマイモの記述がある場合には「薬品」の欄に「○」が、そうでない場合には「×」がつけられている。「蔬菜」の欄にも同じ要領で「○」と「×」がつけられている。例えば『太平御覧』は菜茹部ではなく薬部にヤマイモの記述を載せているので、「薬品」欄には「○」が「蔬菜」欄には「×」がつけられている。

　また分類項目の中には薬品や蔬菜を集めたものとは思われないものもある。『芸文類聚』の「草部」、『太平広記』の「草木」、『農政全書』の「雑種」などがそれである。これらはその内容に明らかに薬品や蔬菜のみを集めてい

表6-2 ヤマイモの分類

時代	文献名	薬　品	蔬　菜
唐	『芸文類聚』	○(巻81、薬香草部上)	×(巻82、草部下)
北宋	『太平御覧』	○(巻989、草部)	×(巻976～980、菜茹部)
北宋	『太平広記』	○(巻414、草木)	×(巻411、草木)
南宋	淳熙『三山志』	○(巻41、土俗類、物産、薬)	×(巻41、土俗類、物産、菜蔬)
南宋	『新安志』	×(巻2、叙物産、薬物)	○(巻2、叙物産、菜茹)
南宋	嘉定『赤城志』	○(巻36、土産、薬之属)	×(巻36、土産、蔬之属)
南宋	『全芳備祖』	×(後集28～31、薬)	○(後集25、蔬)
南宋	『事林広記』	○(戊集下、医学類、炮製方法、草薬)	×(戊集下、医学類、炮製方法、果菜)
南宋	咸淳『臨安志』	○(巻58、物産、薬之品)	×(巻58、物産、菜之品)
南宋	咸淳『毗陵志』	○(巻13、土産、薬之属)	×(巻13、土産、蔬之属)
元	『夢粱録』	○(巻18、物産、薬之品)	○(巻18、物産、菜之品)
元	『居家必用事類全集』	○(戊集、種薬類、薯蕷)	○(戊集、種菜類、山薬)
元	『農桑輯要』	○(巻6、薬草)	×(巻5、瓜菜)
元	至元『嘉禾志』	×(巻6、物産、薬之品)	○(巻6、物産、果之品)
元	大徳『南海志』	○(巻7、物産、香薬)	×(巻7、物産、菜)
元	至順『鎮江志』	×(巻4、土産、薬)	○(巻4、土産、蔬)
明	『神隠』	○(巻下、三月、蒔薬)	×(巻下、三月、蒔種)
明	『多能鄙事』	○(巻7、種薬物産、薯蕷)	○(巻7、種水果法、山薬)
明	『群芳譜』	×(利部、薬譜巻1～3)	○(享部、蔬譜巻2)
明	『陶朱公致富全書』	×(巻2、薬部)	○(巻1、蔬部)
明	『唐類函』	○(巻181、薬菜部)	×(巻181、薬菜部)
明	『農政全書』	×(巻40、雑種下)	○(巻27、樹芸、蓏部)
清	『三農紀』	×(巻7、葯部)	○(巻4、蔬部)
清	『湖雅』	×(巻3、薬)	○(巻1、蔬)
清	『物理小識』	×(巻5、医薬類)	○(巻6、飲食類)
清	『宝訓』	○(巻7、薬草)	×(巻4、蔬菜)

第6章　中国におけるヤマイモについて

る部分が認められるので採り上げている。例えば、『芸文類聚』の巻82は「芙蕖・菱・蒲・萍・苔・菰・荻・著・茗・茅・蓬・艾・藤・菜蔬・葵・薺・葱・蓼」という構成であるが、この内「菜蔬」以下は皆蔬菜として扱われるべき植物である[54]。分類項目名こそ「草部」であるが、蔬菜だけが意識的に集められている部分が見受けられるため表に採り上げている。

　この『芸文類聚』の例からも分かるように、分類という作業は分類する者が事物に対して持つ意識をはっきりと映し出している。植物について記すにしても、それぞれの植物を基準もなく適当に並べるのではなく、「木」や「果」・「薬」・「香」のように共通の要素を持った植物を1つのまとまりとして集め、並べて記していく。ここにはどのような基準をもってまとまりを作るのか、そして記述の対象をどのまとまりに振り分けていくのかという2つの点において分類者の意図が働いている[55]。この内、前者は分類者が持つ世界観と、後者は個々の事物に対して分類者が持つ認識と深く関わっていると言える。

　後者についてもう少し具体的に見てみよう。ヤマイモが薬品のまとまりに加えられる場合、この分類を行った人が「ヤマイモは薬品である」という認識を持っていることが前提条件として求められる。「ヤマイモは蔬菜である」という認識を持つ人がヤマイモを薬品として分類することはまずありえない。言うなれば、分類者が持つ認識と分類の結果は切っても切れない関係にあるわけである。分類者と分類の結果の間にこうした関係が成立する以上、分類の結果から分類者が事物に対してどのような認識を持っていたのかを探ることもできるはずである。無論、事物に対する認識は全ての人に共通するとは限らないから、ある文献でヤマイモが薬品に分類されていたとしても、それが必ずしもその時代の人々の認識を代表することにはなりえない。しかし、同時代の事例を集積してそれを分析することでその時代における認識の傾向を知ることはできよう。表6－2はこうした考えに基づいて各時代のヤマイモ観を示そうとしたものである。

　それでは表の検討に移ろう。まず、表全体を見て言えることはヤマイモに

対する意識が時代を追うごとに薬品から蔬菜へと移行していることである。唐や北宋の時代にはいずれの史料においても薬品として扱われていて、蔬菜として扱うものは見られないが、明清の時代には蔬菜として認識する史料が過半数を占め、ヤマイモに対する認識の変遷を窺わせる。この変遷の過程について具体的に見ていこう。まずヤマイモを蔬菜とする分類が初めて出現したのは南宋の時代のことであり、徽州の地方志『新安志』や『全芳備祖』が蔬菜として認識している。ただし、こうした認識は南宋ではまだ少数派に属するものであった。『新安志』・『全芳備祖』以外の史料は皆ヤマイモを薬品として見なしており、割合で示せば蔬菜と見なす認識はまだ全体の3割にも満たなかった。しかし、この割合は元代に入ると5割まで上がってくる。元代の史料には『夢梁録』や『居家必用』のように薬品としても蔬菜としても捉えるものもあるが、共に数に入れて数えると、薬品として見なす事例が4例、蔬菜として見なす事例が4例となり、その割合は全くの五分と言える。そして、明代以降にはついにこの割合が逆転する。明清期の事例を併せて計算すると、薬品と見なす事例は4例、蔬菜と見なす事例は7例である。これを割合で示すと蔬菜と見なす事例の割合が6割を超え、認識の割合は完全に逆転する。こうした認識の変遷は簡単にまとめると、北宋までは薬品とする認識が圧倒的であったが南宋に始まる移行期を経て明代には蔬菜とする認識が優勢なったとすることができる。

　このような認識の傾向は他の史料からも確認することができる。例えば、唐代の医書『備急千金要方』は巻26に蔬菜の一覧を載せているが、そこにヤマイモの名は見出せない。北宋以前にヤマイモが蔬菜と見なされていなかったことの証左とすることができよう。また、本草書の分類にもこの認識の傾向が示されている。後漢の『神農本草』から元の『重修政和経史証類備要本草』に至るまで薯蕷は一貫して草部に配されており、菜部に配されることはなかった。しかし、明代の『本草綱目』に至って菜部に配されるようになり、編者の李時珍も「草部よりここに移入す」と断っている。つまり、明代ではヤマイモが草の仲間に入れられることに対して違和感が生じていたこ

第6章　中国におけるヤマイモについて

と、蔬菜と見なす認識が強かったことがここから窺われよう。

このように史料に現れるヤマイモ観より各時代のヤマイモに対する認識の変遷を窺うことができた。時の経過と共にヤマイモを蔬菜と見なす認識が強くなっていくが、これはヤマイモの蔬菜としての利用が広まっていたことの表れとして捉えられる。

おわりに

以上、中国前近代のヤマイモについて検討してきた。この検討の結果を簡単にまとめると、①六朝までヤマイモは薬品、救荒食品として利用されていた、②栽培自体は六朝以前より見られたが、栽培技術が確立したのは元代に入ってからのことであり、それ以後技術は精緻なものとなりつつ広く普及していった、③食材としてのヤマイモは時代を追うごとにより多様に、より一般的になっていった、④ヤマイモに対する認識は元代を境に薬品から食材へと変わっていった、ということになる。繰り返しになるが、これらの動き、特に②～④は連動したものである。食材としての利用の増加が供給量の増加を促し、また栽培の一般化、栽培技術の向上をも促した。そして食材としての利用が増えていったことが最終的には薬品から蔬菜へと人々の認識を変化させていったと考えられる。

もちろんこのことはヤマイモの薬品としての側面、救荒食品としての側面を否定するものではない。ヤマイモは明代以降も『本草綱目』を始めとする様々な本草書に載せられており、その効能が忘れ去られたことはなかったし、『明史』には明が滅亡に向かいつつある時、銭粛楽が糧食の欠乏にあいヤマイモを掘って食べ、飢えをしのいでいる様子が描かれている[56]。山野に自生するヤマイモは依然として人々を飢えから救っていた。

しかし、ヤマイモは明清期には既に食材としての役割が第1に期待される

存在となっていた。徐光啓は『農政全書』に『救荒本草』を載せているが、『救荒本草』の記述に対して「嘉蔬にして、必ずしも荒を救わず」と注を付している[57]。救荒食品としての側面より蔬菜としての側面が強調されている。清の李漁もヤマイモについて「蔬食中の通材」と述べており[58]、やはり蔬菜と見なされている。

そして、この時代にはヤマイモは一般的な食材となると共に低い階層にまで食べられるようになっていた。『湖雅』には山薬饒なる料理について「人家の作す所にして、市に鬻がず」と庶民の家庭でもヤマイモが利用されていることが記されている[59]。先の李漁の言に見える「通材」という表現もヤマイモが広く利用されていることを受けてのものであろう。宋代には皇帝や士大夫といった高い階層に属する人々にしか食べられていなかったヤマイモも、明清時代には庶民にも食べられる食材となっていた。

ところで、注意しておきたいのは、ヤマイモは中国においては蔬菜として認識されていたことである。小麦粉製食品に用いられる事例のように日常食の一部としてヤマイモが用いられることもあるが、それらは小麦粉を主とした食品であることから、そうした事例をもってヤマイモを日常食を構成する作物と見なし、他の作物と同様に扱うことは避けねばならない。漢族にとってヤマイモは「嘉蔬」であり、それは調理法という現象面のみならず、分類という認識面においても現れている。

さて、漢族におけるヤマイモの取り扱いを以上のような形で把握した時、次に問題となってくるのは、華中・華南地域においてヤマイモが食糧として扱われる事例が散見される現象をどのように理解すればいいのかという点である。本章で見てきたヤマイモの利用とは異なる食生活がそこには存するわけであるが、これらの事例は単にヤマイモ利用の例外として片付けることはできない重要な意義を内包しており、その実態の解明が強く求められる。そこで次章ではこの問題について取り扱うこととしたい。

第 6 章　中国におけるヤマイモについて

注

(1) 夏鼎「略談番薯和薯蕷」(『文物』1961 － 8)。
(2) 例えば、佐々木高明『照葉樹林文化の道』(日本放送出版協会、1982) など。
(3) 本節における以下の記述は中国科学院中国植物志編輯委員会編『中国植物志』第 16 巻第 1 分冊 (科学出版社、1985)、堀田満主編『世界有用植物辞典』(平凡社、1989)、佐竹義輔ほか編『日本の野生植物』草本 I (平凡社、1982) を参考にしたものである。
(4) 『大観本草』巻 6、草部上品之上、薯蕷所引『図経本草』
　　臣禹錫等謹按呉氏云、署預……始生赤茎細蔓、五月華白、七月実青黄、八月熟落、根中白皮黄。
(5) 『大観本草』巻 6、草部上品之上、薯蕷所引『図経本草』
　　南中有一種。生山中、根細如指、極緊実。刮磨入湯煮之、作塊不散、味更珍美。……江湖閩中出一種。……皮紫極有大者。
(6) 例えば『救荒本草』はヤマノイモに「野山薬」という名を、『農政全書』はダイジョに「大薯」という名を与えている。
(7) 明・周文華『汝南圃史』は重さが 20・30 斤 (約 10 〜 15kg) になるものを「薯蕷」として扱っている。
(8) 注 (22) 参照。
(9) 北山経の景山・中山経の升山・陽華山・堯山の 4 箇所に薯蕷の名が見られる。
(10) 『大観本草』巻 6、草部上品之上、薯蕷所引『神農本草』
　　署預味甘、温。主傷中、補虚羸、除寒熱邪気、補中、益気力、長肌肉。久服耳目聡明、軽身、不飢、延年。
(11) 『大観本草』巻 6、草部上品之上、薯蕷所引『名医別録』
　　平、無毒。主頭面遊風・風頭眼眩、下気、止腰痛、補虚労羸痩、充五藏、除煩熱、強陰。……二月八月採根暴乾。
(12) 後漢時代の医簡にも「署輿 (薯蕷)」の名は見られ、ヤマイモが実際に薬として利用されていたことが確認できる。なお、この医簡については中医研究院医史文献研究室「武威漢代医薬簡牘在医学上的重要意義」(『文物』1973 － 12) を参照。

(13)『捜神記』巻1、杜蘭香

　　漢時有杜蘭香者。……出薯蕷三枚、大如鶏子、云、食此、令君不畏風波、辟寒暑。

(14)『南史』巻80、侯景伝

　　時江南大饑、江揚弥甚。旱蝗相係、年穀不登。百姓流亡、死者塗地。父子携手共入江湖、或弟兄相要倶縁山岳、芝実荇花所在皆罄、草根木葉為之凋残。雖仮命須臾、亦終死山沢。

(15)『事始』霊宝清斎所引『仙伝拾遺』

　　王法進者幼而好道。天宝中三川飢歉、人多采野葛山芋自食。

(16)『斉民要術』巻 10、五穀果蓏菜茹非中国者、蔆に「淮漢之南、凶年以芰為蔬、猶以預為資」とある。「預」1字でヤマイモを示す例は寡聞にして知りえないが、佐藤達全氏はこれをヤマイモと解釈されている（田中静一・小島麗逸・太田泰弘編訳『斉民要術』雄山閣出版、1997）。仮にこの「預」をヤマイモとする理解が当を得たものであるならば、六朝期における救荒食品としてのヤマイモの事例とすることができよう。

(17)『芸文類聚』巻81、署預所引『湘中記』

　　永和初、有採薬衡山者。道迷糧尽、過息巌下、見一老公四五年少。対執書告之以飢、与其食物如署預、指教所去。六日至家、而不復飢。

(18)『大観本草』巻6、草部上品之上、薯蕷所引『雷公炮炙論』

　　凡使勿用平田生二三紀内者、要経十紀者。

『芸文類聚』巻81薬香草部上、署預所引『異苑』

　　署預入薬。又復可食。野人謂之土藷。若欲掘取、黙然則獲、唱名者便不可得。人有植者、随所種之物而像之也。

(19)『太平広記』巻25、神仙、採薬民所引『原化記』

　　唐高宗顕慶中、有蜀郡青城民。不得姓名。嘗採薬於青城山下、遇一大薯薬。斸之深数丈、其根漸大如甕。

(20)『東皋子集』巻中、採薬

　　野情貪薬餌、郊居倦蓬華　青龍護道符、白犬遊仙術　腰鎌戊巳月、負錆庚辛日
　　時時断障遮、往往孤峰出　行披葛仙経、坐検農皇帙　亀蛇採二苓、赤白尋双朮

第6章　中国におけるヤマイモについて

地凍根難尽、蘂枯苗易失　従容肉作名、薯蕷膏成質　家豊松葉酒、器貯参花蜜
旦復帰去来、刀圭輔衰疾

(21)『四時纂要』巻2、2月、種署預所引『山居要術』

択取白色根如白米粒者。預収子、作三五所坑。長一丈、闊三尺、深五尺、下密布甄、坑四面一尺許亦倒布甄、防別入土中。根即細也。作坑子訖、塡少糞土三行、下子種。一半土和之、塡坑満。待苗著架、経年已後、根甚麁、一坑可支一年食。根種者截長一尺已下種。

(22)『四時纂要』巻2、2月、種署預所引『地利経』

大者折二寸為根種、当年便得子。収子後一冬埋之、二月初取出便種。忌人糞。如旱放水澆、又不宜苦湿。須是牛糞和土種、即易成。

(23)『農桑衣食撮要』巻上、種山薬

預先鉏成坑壟、以芝麻稭鋪塡。揀山薬上有白粒芒刺者、用竹刀切下、一二寸作一段、相挨排臥種、覆土五寸。旱則澆、忌人糞、宜牛糞・麻秕。生苗鉏耘、以竹木扶架。霜降後収、子種亦得。立冬後根辺四囲寛掘深取則不砕。一名黄独、其味与山薬同。以菉豆殻・麻秕腐或小便草鞋包種之。四畔用灰、則無患傷。

(24)『農桑輯要』巻6、薯蕷所引『務本新書』

種山薬、宜寒食前後、沙白地区長丈余、深闊各二尺、少加爛牛糞、与土相和、平均厚一尺。揀肥長山薬、上有芒刺者、折長三四寸、鱗次相挨、臥于区内、復以糞土匀覆五寸許。旱則澆之、亦不可太湿、頗忌大糞。苗長、以高梢扶架。霜降後、比及地凍、出之外、将蘆頭另窖。来春種之、勿令凍損。

(25)『三農紀』巻9、蔬属、山薬

植芸、春間以地掘二三尺深許、以腐草敗葉塡、半土着糞土。春社前後、取宿根多毛有白瘤者、竹刀截成二三寸長塊。堅植穴土、仍以糞土覆、与穴平、旱澆。苗生、或以竹木作援、高四五尺。旱宜頻澆。法、宜毎年易人而植、喜牛糞麻秕、悪人泄猪糞。

『農政全書』については注（26）参照。

(26)『農政全書』巻27、樹芸、蓏部、山薬

山東種薯法。沙地深耕之、起土、坑深二尺、用大糞（乾者）和土各半、塡入坑深

一尺。次加浮土一尺、足践実。正月中、畦種薯、苗上又加土壅厚二寸。候苗長一尺、常用水灌、数日一次。苗長、架起、春夏長苗、秋深即長根。根下行遇堅土即大、若土太実即不長、浮土太深即長而細。又曰。今江南種薯法。亦用沙地、正月尽耕、深二尺。毎一歩、灌大糞一石。候乾転耕、杷細作埒、毎埒相去一尺余。其種須極大者、竹刀切作一二寸断（用鉄刀切易爛）、埒中布種。毎相去五六寸横臥之、入土只二寸、不宜太深。種後用水糞各半灌之、毎畝用大糞四十石。苗長、用葦或細竹作架、三以為簇、有草耘之、旱数澆野。八九月、掘取根、向畦一頭、先掘一溝、深二尺、漸削去土取之。

(27) 栽培の普及が進んだ時期は、具体的に限定すれば元代以降のことになると思われる。元代前期の史料である『居家必用』戊集、種薬類、種薯蕷には栽培法を述べた後の一文に「常に須らく此れを知るべし、豈に遠く山谷を尋ね採掇の辛勤を備えんや」とするものが見える。これは明らかにヤマイモ栽培を勧める文章であり、この時点で栽培がまだ十分に普及していなかったことを受けてのものであろう。従って、栽培の普及はこれ以後の需要の増加を受けて本格的になされたと推測される。

(28) 『大観本草』巻6、草部上品之上、薯預所引『神農本草経集注』
　　陶隠居云。今近道処処有、東山・南江皆多掘取食之、以充糧。南康間最大而美、服食亦用之。

　　『異苑』については注（18）を参照。

(29) 『大観本草』巻6、草部上品之上、薯預所引『食療本草』
　　治頭疼、利丈夫、助陰力。和麪作餺飥、則微動気為不能制麪毒也。熟煮和蜜、或為湯煎、或為粉、並佳。乾之入薬更妙也。

　　『大観本草』巻6、草部上品之上、薯預所引『食医心鑑』
　　去皮以刀切砕、研令細爛。於鐺中著酒、酒沸下署預不得攪、待熟着少塩葱白、更添酒。空腹飲三二盃妙。

(30) 『四時纂要』巻4、8月、作諸粉
　　芰・蓮・鳧茈・沢瀉・葛・蒺藜・茯苓・署薬・百合並皆去黒逐色、各搗水浸澄取為粉。已上当服、補益去疾、不可名言。又不妨備厨饌。悉宜留意。

(31) 『山家清供』金玉羹

第6章 中国におけるヤマイモについて

　　山薬与栗作片截、以羊汁加料煮。名金玉羹。
(32)『清異録』巻4、玉杵羹金綿鮓
　　呉淑冬日招客詩云。暁羹沉玉杵、寒鮓畳金綿。杵謂小截山蕷、綿乃黄雀脂膏。
(33)『清異録』巻2、月一盤
　　蜀孟昶月旦必素飡。性喜薯薬、左右因呼薯薬為月一盤。
(34)『宋史』巻282、王旦伝
　　（王）旦疾甚。遣内侍問者、日或三四。帝手自和薬、并薯蕷粥賜之。
(35)『重修政和経史証類備用本草』巻6、草部上品之上、薯預所引『本草衍義』
　　此物貴、生乾方入薬。
(36)『居家必用』庚集、巻13、山芋餺飥
　　煮熟山芋、去皮擂爛、細布紐去滓。和麺、豆粉為粁、捍切、闊細任意。初煮二十沸、如錬至百沸軟滑。汁任意。
　　注(36)・(37)の訳文は中村喬氏の訳（『中国の食譜』（平凡社、1995）に従った。なお、訳文のカッコ内は原文ではルビである。
(37)『居家必用』庚集、巻13、山薬胡餅
　　熟山薬二斤、麺一斤、蜜半両、油半両、和搜捍餅。
(38) 青木正児「愛餅余話」（『華国風味』弘文堂、1949、のち『青木正児全集』9（春秋社、1970）に再録）。
(39) 西嶋定生「碾磑の彼方」（『歴史学研究』125、のち「補論」と共に『中国経済史研究』（東京大学出版会、1966）に再録）。
(40) 周藤吉之「南宋に於ける麦作の奨励と二毛作」（『日本学士院紀要』13－3・14－1、1955、のち補正して『宋代経済史研究』（東京大学出版会、1962）に再録）。
(41) 羹に使用されている事例としては「羊羹」（『随園食単』雑犠単）が挙げられ、粥に使用されている事例としては「山薯粥」（『神隠』巻下、9月、修饌）や「薏苡粥」（『食憲鴻秘』巻上、粥之属）、「鶏豆粥」（『随園食単』点心単）などが挙げられる。
(42) 肉料理として使用されている事例としては獐肉の煮物（『便民図纂』巻14、製造類上、煮諸肉）や「鴨糊塗」（『随園食単』羽族単）が挙げられ、魚料理に使用さ

れている事例としては「蒸蟹」(『食憲鴻秘』巻下、蟹類)や「湯鰻」(『随園食単』水族無鱗単)が挙げられる。

(43) 『大観本草』巻6、草部上品之上、薯蕷所引『新修本草』
　　薯預日乾搗細篩為粉。

(44) 注(11)参照。

(45) 注(30)参照。

(46) 菊苗煎・玉延索餅(共に『山家清供』)・新法浮円(『事林広記』外集、巻5、麪食類、造諸麪法)の3例。なお、後掲表6−2の『事林広記』の巻数は北京大学図書館所蔵至元庚辰刊本に拠っているが、この版本においては麪食類が目次に見えるのみで存在しないため、ここでの巻数は東洋文庫所蔵洪武壬申刊本に拠っている。

(47) ただし、ヤマイモの粉末を湯に溶かして飲むような使い方(例えば『居家必用』巳集、巻11、軽素湯)はされていた。

(48) 『大観本草』巻6、草部上品之上、薯蕷所引『図経本草』
　　近都人種之、極有息。

(49) 低温障害とは低温下において代謝異常を起こし、その結果変質、腐敗してしまうことを指す。この低温障害や以下に述べるヤマイモと病気の関わりについては『野菜の鮮度保持マニュアル』(『月刊フレッシュフードシステム』臨時増刊号、流通システム研究センター、1998)、50ページ、及び『野菜園芸大百科』13(農山漁村文化協会、1989)、368−371ページを参照。

(50) 『大観本草』巻6、草部上品之上、薯蕷所引『図経本草』
　　刮之白色者為上、青黒者不堪。

(51) 『食憲鴻秘』巻上、粉之属、山薬粉
　　可糕可粥、亦可入肉饌。

(52) 例えば、「山薬粥」(『飲饌服食』巻上、粥糜類)や「肉丸」(『食憲鴻秘』巻下、肉之属)などにヤマイモの粉末が使用されている。

(53) 『飲饌服食』巻中、野蔌類、甘菊苗
　　以甘草和山薬粉拖苗油煤。其香美佳甚。

(54) 現代の我々の感覚からすると「蓼(タデ)」は蔬菜ではないようにも思える。

第 6 章　中国におけるヤマイモについて

しかし、『斉民要術』には他の蔬菜と共に栽培法が載せられており、また同書に載せる料理にもタデを使用したものがあるので、当時は蔬菜として認識されていたと考えてよい。

(55) 分類については山田慶兒「本草における分類の思想」（山田慶兒編『東アジアの本草と博物学の世界』上、思文閣出版、1995、のち『本草と夢と錬金術と』（朝日新聞社、1997）に再録）や加地伸行代表『類書の総合的研究』（平成 6・7 年度科学研究費研究成果報告書（総合研究 A））所収の諸論文も参照。

(56)『明史』巻 276、銭粛楽伝

明年五月、軍食尽、悉散去。魯王航海、粛楽亦之舟山。唐王召之、甫入境。王已没、遂隠海壇山、採山薯為食。

(57)『農政全書』巻 59、荒政所引『救荒本草』菜部（根及実皆可食）、山薬

山薬……救飢。掘取根、蒸食甚美。或火焼熟食、或煮食皆可。其実亦可煮食。玄扈先生曰。嘉蔬、不必救荒。

(58)『間情偶記』巻 12、飲饌部、蔬菜第一、瓜茄瓠山薬

山薬則孤竹並用。無所不宜併油塩醤醋、不設亦能自呈其美。乃蔬食中之通材也。

(59)『湖雅』巻 8、餅餌之属、饆

按有……山薬饆、並人家所作、不鬻於市。

第7章　中国における食芋習俗とその展開

はじめに

　前章に引き続き、本章でもイモ類を主題とした検討を行っていく。具体的にはサトイモ・ヤマイモを食糧として利用する習俗（以下、食芋習俗とする）に議論の焦点を定め、利用の分布や生産・消費の具体的様相及び利用の主体など食芋習俗にまつわる諸要素を検討し、その中国食物史上における位置付けを試みたい。

　筆者がイモ類の日常食としての側面に着目する理由は第5章冒頭でも少し触れたが、ここでその理由を改めて確認しておこう。第3章・第4章での検討結果は華中・華南地域における日常食にとってイモ類の有する重要性の高さを窺わせるものであり、それはまた日常食研究の深化のためにイモ類利用の実態の解明が要請されていることを意味するものでもある。

　ところで、従来の中国史研究、とりわけ農業史や食物史といった分野の研究では、食糧の中でもサトイモやヤマイモといったイモ類[1]に対する位置づけは十分になされてこなかった。中国農業史・食物史は厚い研究蓄積を見せる研究分野であるが、従来の研究において研究者の関心を集めた作物はイネ・ムギ・アワ等の穀物類やサツマイモ・ジャガイモといった舶来種のイモ類に限定されており、サトイモやヤマイモなどの在来種のイモ類が食糧として果たした役割について言及する者は稀であった。そうした研究状況もあってイモ類の中国社会に対する貢献は過小に評価されてきたきらいがある。

　それでもここ10年の研究動向に目を向ければ、以前と比べてイモ類に対する研究者の関心は高まってきていると言いうる。例えば、日本においては大川裕子氏や村上陽子氏による諸研究を挙げることができる[2]。大川氏の

研究は四川・江南両地域におけるサトイモ栽培について考察したものであり、両地域における開発の進展との関わり中でサトイモの持っていた重要性について言及され、また村上氏の研究は、サトイモがどのような形で食べられていたかという消費形態に注目しつつ、その重要性を指摘された。また、筆者による第6章の成果もそうした成果の一端に連なるものである。

一方、中国においても史料上のイモ類の品種同定を行った夏鼐氏の論考や、趙徳馨・彭伝彪氏の論考[3]がある他、四川におけるイモ類栽培・利用の歴史的展開について論じた陳虹氏の研究[4]や中国のサトイモ栽培技術とその系統について検討した李慶典・李穎・周清明氏等による研究[5]が見られる。

こうした研究の傾向が見られるのは、前近代中国において穀物類のみならずイモ類もまた重要な役割を果たしていたことをそれぞれの研究者が感じとり始めたからに他ならないが、これらの研究によってイモ類の生産・消費の実態が論じ尽くされたかと言えば、そうではない。特に先に触れたイモ類の食糧としての側面についてこれらの研究が取り扱うことはなかった。すなわち、従来の研究においてはイモ類の蔬菜としての側面のみが注目されたにすぎず、日常食としてのイモ類には関心が払われてこなかったことが窺いしれよう[6]。

とは言え、こうした研究の傾向の背景にサトイモ・ヤマイモの食糧としての重要性の低さを見出すことは明らかに誤っている。現にこれらの作物はアフリカや東南アジア・オセアニア島嶼部では主たる食料として盛んに用いられており、また坪井洋文氏の著作が提示したようにサトイモは日本の民俗文化を支える重要な作物であった[7]。これらの事実はサトイモやヤマイモが食糧としての資格を備えた作物であることを示すに余りあるものである。

そして、何よりも照葉樹林文化論によるイモ類の位置づけは中国社会におけるイモ類の重要性を想起させるものである。例えば、中尾佐助氏は農耕文化の起源と展開を考える上で4つの農耕形式を想定され、その内の1つに東南アジアの熱帯地域を起源地とする根栽農耕文化を設けられた。この農耕形式はイモ類の他バナナやサトウキビなどの栄養繁殖作物の利用に重きを置

第 7 章　中国における食芋習俗とその展開

くものであり、東南アジア全域とオセアニアに広く伝播したが、北方にも広まりを見せ、中国南部も含む照葉樹林帯において展開した後、照葉樹林文化へと変容したとするのが中尾氏の理解である[8]。

こうした見解はその後の議論を経て大きな修正を余儀なくされるが、佐々木高明氏によって批判的に継承されてさらに発展した形で世に示されることとなる。佐々木氏はフィールドワークで得られた知見に基づいて照葉樹林帯における文化の発展段階モデルを構築し、その中の「雑穀＝根栽型」の段階において欠かすことのできない文化要素としてイモ類を位置づけられた[9]。

無論、フィールドワークの調査結果を主たる根拠として立論されたこれらの議論を直ちに時間を遡って中国の華中・華南社会に適用するのは差し控えなければならない。しかし、中国社会とイモ類の深い関係を想起させるその成果は、食糧としてのイモ類が中国農業史や食物史といった枠組みの中で検討に値するだけの価値を有していることを明示するものでもある。従って農業史や食物史の中に食糧としてのイモ類を位置づける作業は、従来の歴史像に見直しを迫るだけのインパクトを有しており、また歴史学の立場からサトイモ・ヤマイモの利用実態について明らかにすることは、照葉樹林文化論に代表される人類学や民俗学における議論に対して新たな検討の材料を提供することにもなり、その意味においても大きな意義が存する。

そこで本稿では、中国全土を対象としてサトイモ・ヤマイモを食糧として利用する習俗について検討し、イモ類利用にまつわる具体像を提示すると共に、そうした食芋習俗を成立せしめる背景についても考察し、その中国農業史・食物史上における位置づけを試みたい。

1.　食芋習俗の分布

食芋習俗の実態に迫っていくに当たり、まずはこの習俗の地域的な分布を

確認しておきたい。そのために以下では図7－1及び表7－1について検討していく。図7－1は食芋習俗を史料より確認することのできる地域を図示したものであり、またその典拠を表にまとめたものが表7－1である。本図では元代までの食芋習俗については「○」・「△」の白抜きの記号で、明代以降の食芋習俗については「●」・「▲」の黒抜きの記号で示している。また、具体的な地名が判明している場合は「○」・「●」の丸記号でその地を示し、地名がはっきりしない場合には「△」・「▲」の三角記号でその省の省都に示してある。なお、図中の行政区画は便宜上現在のものに従っている。

食芋習俗にまつわる史料の収集に当たっては、「これを以って糧と為す」・「以って饕飧に供す」・「これを以って飯に代う」等イモ類を食糧として扱っていることを示す記述があること、或いは地方志において芋・薯が穀に分類されていることを基準として史料を収集した[10]。なお、史料に芋・薯を食糧とする記述が見られても、明らかにサトイモ・ヤマイモを指すものではないと分かるものや、飢饉の年にのみ食糧として扱われている記述については除外している。

また、地方志からの事例の検出に当たっては『中国方志叢書』、『中国地方志集成』を中心として約 3500 種の地方志を実見した。現存する地方志は 8000 種と言われており、その全てに目を通すことは叶わないが、分布の傾向を把握するに当たっては十分な数であると考えられる。なお、地方志の利用に際しては主として府志・州志・県志レベルのものを用い、基本的には通志レベルのものは用いていない。

さて、本図からはいくつかの特徴を見出すことができるが、まず挙げられるのはその地域的偏在である。それは、記号が華中・華南に集中しており、華北にはほとんど見られないこと、そして、華中・華南においても記号の粗密に地域的な差が見られることである。

具体的に見ていこう。まず、前者について見てみると、華北には山東省と河南省、そして陝西省に記号がわずかに確認されるのみで、それは全体的に見ると非常に少数である。記号の大半は華中・華南の諸地域に広く分布して

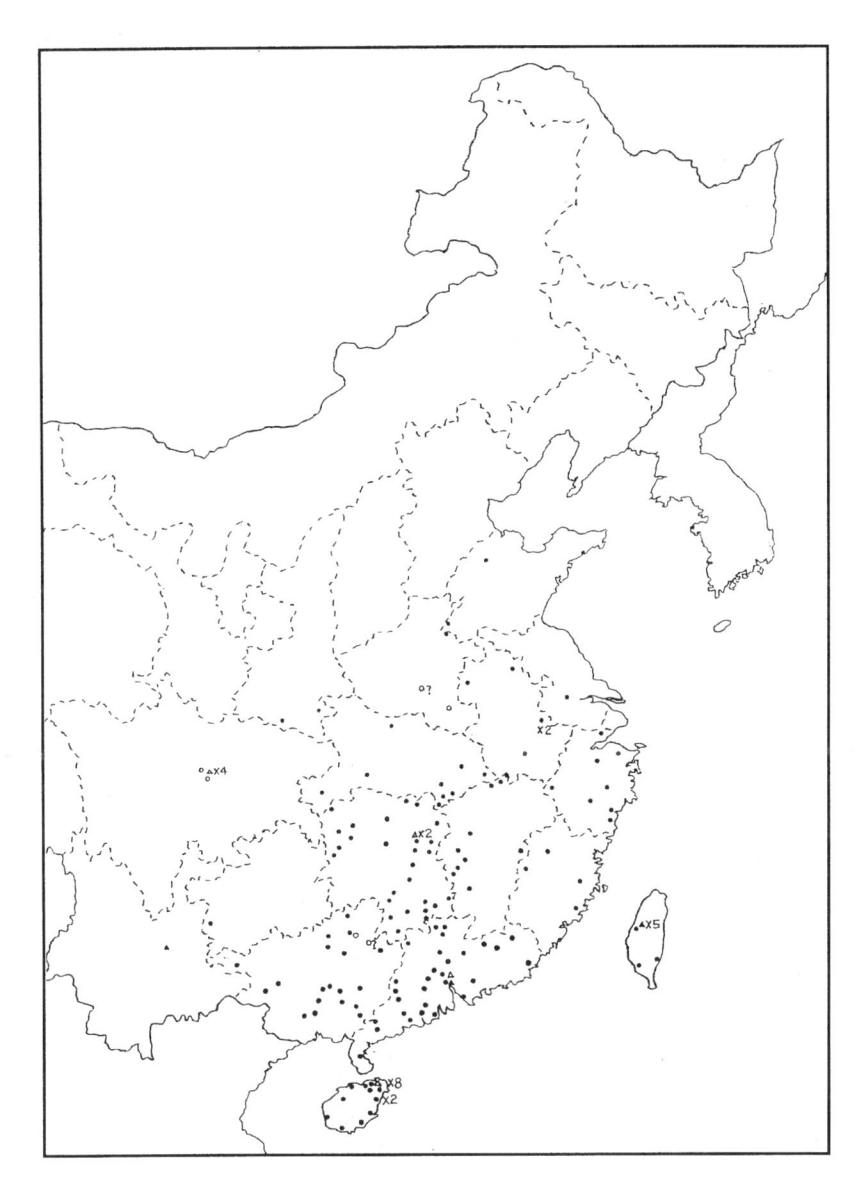

第7章　中国における食芋習俗とその展開

図7-1　食芋習俗の分布

表7－1 食芋習俗の見られる地域

時代	地域	地名	典拠
民国	山東	斉河県	民国『斉河県志』巻17、物産
民国	山東	東明県	民国『東明県新志』巻4、物産
前漢	河南	汝南	『漢書』巻84、翟方進伝
梁	河南？	東山	『本草経集注』巻6、薯蕷
民国	河南	考城県	民国『考城県志』巻7、物産
清	陝西	洵陽県	光緒『洵陽県志』巻7、物産
清	陝西	定遠庁	光緒『定遠庁志』巻8、物産
清	江蘇	丹陽県	光緒『丹陽県志』巻29、物産
清	安徽	貴池県	光緒『貴池県志』巻10、土産
清	安徽	五河県	光緒『五河県志』巻10、物産
清	安徽	太平府	乾隆『太平府志』巻12、物産
清	安徽	当塗県	康熙『当塗県志』巻11、物産
民国	安徽	太和県	民国『太和県志』巻4、物産
明	浙江	温州府	弘治『温州府志』巻7、土産
明	浙江	瑞安県	嘉靖『瑞安県志』巻3、物産
清	浙江	開化県	光緒『開化県志』巻2、地産
清	浙江	嘉興府	康熙『嘉興府志』巻12、物産
清	浙江	慈谿県	光緒『慈谿県志』巻53、物産所所引『句章土産志』
清	浙江	諸曁県	光緒『諸曁県志』巻19、物産
清	浙江	仙居県	光緒『仙居志』巻18、土産
民国	浙江	宣平県	民国『宣平県志』巻5、物産
清	福建	永福県	乾隆『永福県志』巻1、物産
清	福建	甌寧県	康熙『甌寧県志』巻7、風俗礼文
清	福建	晋江県	乾隆『晋江県志』巻1、物産
民国	福建	建寧県	民国『建寧県志』巻27、物産
明	江西	瑞州府	崇禎『瑞州府志』巻24、物産
清	江西	安福県	康熙『安福県志』巻1、物産
清	江西	永新県	康熙『永新県志』巻3、物産

第 7 章　中国における食芋習俗とその展開

清	江西	永寧県	乾隆『永寧県志』巻 1、物産
清	江西	宜春県	康熙『宜春県志』巻 13、物産
清	江西	湖口県	康熙『湖口県志』巻 3、物産
清	江西	新城県	康熙『新城県志』巻 1、風俗・乾隆『新城県志』巻 3、物産
清	江西	徳化県	同治『徳化県志』巻 9、物産
清	江西	彭沢県	乾隆『彭沢県志』巻 5、物産
清	江西	龍泉県	乾隆『龍泉県志』巻 13、物産
清	湖北	襄陽府	『皇朝経世文編』巻 37、勧襄民種桑説三則
清	湖北	嘉魚県	乾隆『嘉魚県志』巻 2、土産
清	湖北	黄岡県	乾隆『黄岡県志』巻 1、物産
清	湖北	広済県	同治『広済県志』巻 1、物産
清	湖北	崇陽県	同治『崇陽県志』巻 4、物産
清	湖北	宣恩県	同治『宣恩県志』巻 10、物産
清	湖北	長陽県	同治『長陽県志』巻 1、物産
清	湖北	通山県	同治『通山県志』巻 2、土産
清	湖北	通城県	同治『通城県志』巻 7、土産
北宋	湖南		『文献通考』巻 328、盤瓠種所引『桂海虞衡志』
南宋	湖南		『睽車志』巻 1
清	湖南	錦田郷	『皇朝経世文続編』巻 92、壬辰征猺記論
清	湖南	安化県	同治『安化県志』巻 10、物産
清	湖南	永興県	光緒『永興県志』巻 52、物産
清	湖南	永州府	道光『永州府志』巻 7 上、物産
清	湖南	永定県	康熙『永定衛志』巻 2、物産
清	湖南	岳州府	乾隆『岳州府志』巻 12、物産
清	湖南	華容県	光緒『華容県志』巻 4、物産
清	湖南	宜章県	嘉慶『宜春県志』巻 7、風俗・巻 7、物産
清	湖南	祁陽県	同治『祁陽県志』巻 8、物産
清	湖南	桂東県	嘉慶『桂東県志』巻 8、物産
清	湖南	乾州庁	光緒『乾州庁志』巻 13、物産
清	湖南	沅陵県	同治『沅陵県志』巻 38、物産、植物、稲
清	湖南	衡山県	光緒『衡山県志』巻 20、風俗

清	湖南	興寧県	光緒『興寧県志』巻5、物産
清	湖南	衡陽県	乾隆『衡陽県志』巻3、物産
清	湖南	湘潭県	乾隆『湘潭県志』巻12、物産
清	湖南	新田県	嘉慶『新田県志』巻10、猺峒
清	湖南	長沙県	嘉慶『長沙県志』巻14、風土
清	湖南	郴州	嘉慶『郴州総志』巻21、風俗・巻40、物産
清	湖南	道州	光緒『道州志』巻10、土産
清	湖南	武陵県	同治『武陵県志』巻18、物産
清	湖南	平江県	乾隆『平江県志』巻12、物産
清	湖南	鳳凰庁	道光『鳳凰庁志』巻18、物産
清	湖南	保靖県	同治『保靖県志』巻3、物産
清	湖南	龍山県	嘉慶『龍山県志』巻8、物産・光緒『龍山県志』巻11、風俗
清	湖南	瀏陽県	同治『瀏陽県志』巻7、物産
清	湖南	醴陵県	同治『醴陵県志』巻1、風俗
秦	四川	汶山	『史記』貨殖列伝
東晋	四川		『斉民要術』巻2、種芋所引『広志』
梁	四川	南江	『本草経集注』巻6、薯蕷
北宋	四川		『続資治通鑑長編』巻77、大中祥符5年正月乙酉
北宋	四川		『続資治通鑑長編』巻214、熙寧3年8月辛巳
北宋	四川		『文献通考』巻328、盤瓠種所引『桂海虞衡志』
北宋	広東		『文献通考』巻328、盤瓠種所引『桂海虞衡志』
清	広東		『広東新語』巻27、藷
清	広東	英徳県	道光『英徳県志』巻16、物産
清	広東	恩平県	道光『恩平県志』巻16、物産
清	広東	海康県	嘉慶『海康県志』巻1、物産
清	広東	嘉応州	光緒『嘉応州志』巻8、礼俗
清	広東	九江郷	光緒『広州府志』巻16、物産所引『九江郷志』
清	広東	掲陽県	雍正『掲陽県志』巻4、物産
清	広東	高要県	道光『高要県志』巻21、列伝、猺蛋
清	広東	四会県	光緒『四会県志』編1、物産
清	広東	韶州府	同治『韶州府志』巻11、物産

清	広東	新安県	嘉慶『新安県志』巻3、物産
清	広東	信宜県	光緒『信宜県志』巻1、物産
清	広東	清遠県	光緒『清遠県志』巻2、物産
清	広東	西寧県	道光『西寧県志』巻3、物産
清	広東	長寧県	道光『長寧県志』巻8、物産
清	広東	博羅県	乾隆『博羅県志』巻9、物産
清	広東	仏岡庁	咸豊『仏岡庁志』巻2、物産
清	広東	茂名県	光緒『茂名県志』巻1、物産
清	広東	封川県	道光『封川県志』巻1、物産
清	広東	陽江県	康熙『陽江県志』巻4、物産
清	広東	陽春県	康熙『陽春県志』巻14、物産
清	広東	龍川県	嘉慶『龍川県志』巻39、物産
民国	広東	花県	民国『花県志』巻6、物産
民国	広東	開平県	民国『開平県志』巻6、物産
民国	広東	仁化県	民国『仁化県志』巻5、物産
民国	広東	赤渓県	民国『赤渓県志』巻2、物産
民国	広東	番禺県	民国『番禺県続志』巻12、農域
民国	広東	羅定州	民国『羅定志』巻3、物産
民国	広東	連山県	民国『連山県志』巻2、風俗
民国	広東	和平県	民国『和平県志』巻10、物産
梁	広西?	東山	『本草経集注』巻6、薯蕷
北宋	広西		『文献通考』巻328、盤瓠種所引『桂海虞衡志』
南宋	広西	静江府	『嶺外代答』巻3、猺人
元	広西	清湘県	『元文類』巻41、所引『経世大典』
清	広西	鬱林州	光緒『鬱林州志』巻4、風俗・物産
清	広西	義寧県	道光『義寧県志』巻2、物産
清	広西	新寧県	光緒『新寧州志』巻2、風俗
清	広西	西林県	康熙『西林県志』物産
清	広西	鎮安府	光緒『鎮安府志』巻8、風俗
清	広西	田州	雍正『広西通志』巻32、風俗所引『思恩府志』
清	広西	龍勝庁	道光『龍勝庁志』風俗

民国	広西	貴県	民国『貴県志』巻2、生活状況
民国	広西	鍾山県	民国『鍾山県志』巻6、物産
民国	広西	遷江県	民国『遷江県志』第2編、風俗・第4編、物産
民国	広西	賓陽県	民国『賓陽県志』(『中国地方志民俗資料匯編』中南巻(下)、901頁)
民国	広西	武宜県	民国『武宜県志』(『中国地方志民俗資料匯編』中南巻(下)、972頁)
民国	広西	平南県	民国『平南県鑑』物産
民国	広西	融県	民国『融県志』第4編、物産
民国	広西	邕寧県	民国『邕寧県志』巻18、物産
民国	広西	来賓県	民国『来賓県志』上篇、物産
民国	広西	雒容県	民国『雒容県志』巻上、物産
民国	広西	陸川県	民国『陸川県志』巻4、風俗・巻20、物産
民国	広西	柳城県	民国『柳城県志』巻2、物産
清	貴州	普安庁	光緒『普安直隷州志』巻10、物産
清	雲南		『滇游続筆』芋
前漢	海南島		『太平御覧』巻790、儋耳国所引『異物志』
西晋	海南島		『斉民要術』巻10、藷所引『南方草物状』
西晋	海南島		『南方草木状』巻上、甘藷
北宋	海南島		『蘇軾詩集』巻41、聞子由瘦
北宋	海南島		『蘇軾詩集』巻41、和勧農六首
北宋	海南島		『蘇軾詩集』巻47、過黎君郊居
北宋	海南島		『蘇軾文集』巻73、記薯米
南宋	海南島		『荘簡集』巻16、儋耳廟碑
清	海南島	澄邁県	『皇朝経世文続編』巻119、匯稟雷瓊水利
清	海南島	会同県	『皇朝経世文続編』巻119、続匯稟雷瓊水利
清	海南島	会同県	嘉慶『会同県志』巻2、土産
清	海南島	定安県	光緒『定安県志』巻1、物産
清	海南島	万州県	道光『万州志』巻3、土産
清	海南島	陵水県	乾隆『陵水県志』巻1、物産
清	海南島	臨高県	光緒『臨高県志』巻4、物産
民国	海南島	崖州県	民国『崖州志』巻3、物産
民国	海南島	感恩	民国『感恩県志』巻3、物産

第7章　中国における食芋習俗とその展開

民国	海南島	儋県	民国『儋県志』巻3、物産
民国	海南島	文昌県	民国『文昌県志』巻2、物産
清	台湾	鳳山県	『皇清職貢図』巻3、鳳山県猪毛等社帰化生番
清	台湾		『台海使槎録』巻5、北路諸羅蛮五、飲食
清	台湾		『台海使槎録』巻6、北路諸羅蛮七、飲食
清	台湾		『台海使槎録』巻6、北路諸羅蛮一〇、飲食
清	台湾		『東征集』巻6、紀台湾山後崇爻八社
清	台湾		『鹿洲初集』巻11、粤中風聞台湾事論
清	台湾	彰化県	道光『彰化県志』巻9、風俗
清	台湾	台東州	光緒『台東州采訪冊』風俗・物産

※「地域」欄の「？」は『本草経集注』に載せる「東山」が河南省と広西省いずれを指すのか判別できないため併記していることを示す。

※「地名」欄が空白になっているものはそれが食芋習俗の行われた地を特定できない史料であることを示す。

おり、この比較からも食芋習俗は華中・華南地域を中心として展開していたことが窺われる。

　しかし、一言に華中・華南と言っても食芋習俗がこれらの地域全体に広がっていたわけではない。このことを示すのが後者の傾向である。図中の記号の数を追っていくと、高い数字を示すのが広東（30）・湖南（29）・広西（21）・海南島（20）の諸地域であり、そしてこれらの地域に続く形で江西（10）・湖北（9）・浙江（8）・台湾（8）・四川（6）・安徽（5）・福建（4）の諸地域に記号が散見される。その一方で江蘇（1）・貴州（1）・雲南（1）のように記号がほとんど見られない地域もある。この数字の偏差、そして江西・湖北といった比較的高い数字を示す地域で湖南寄りの地域に記号が分布していることから、湖南・広東・広西・海南島の諸地域が食芋習俗の中心地であったことが分かる。同じ華中・華南の地でもこのような違いが発生する理由については後節にて考察することとし、ここでは食芋習俗が一定の地域的な偏

りを持って分布していたことを指摘しておくにとどめておきたい。

　また、図から窺えるもう1つの特徴として、四川において「●」・「▲」が全く見られないことが挙げられる。このことが持つ意味を考えるために他の地域と比較してみよう。図表からは湖南・広東・広西・海南島等の地域では元代以前から民国期に至るまで一貫して食芋習俗を確認できるのに対し、四川では北宋期の記録を最後に習俗の存在を示す記載が途絶えていることが分かる。一方で「○」・「△」だけの数に注目してみると、四川は6箇所と、海南島（8）に次ぐ数を示しており、それは決して少なくない。これらの傾向からは、北宋以前の四川の地が食芋習俗の盛んな地域であったこと、そして南宋以降それが衰退していったことが窺われる。史料的な制約から衰退が始まる具体的な時期を明らかにすることは叶わないが、少なくとも南宋以降食芋習俗が緩やかに廃れていったことは明らかなことである。

　以上、図表の分析より、食芋習俗には以上のような2つの特徴、すなわち分布が華中・華南の一部地域に集中していること、そして時代の推移と共に食芋習俗の分布範囲が縮小していることが見出されたわけであるが、それではこのような特徴をもたらす背景にはどのような要因を考えれば良いのか。次節以降では食芋習俗の実態について検討していき、この問題について考える手がかりとしたい。

2. 食芋習俗の実態

　本節では食芋習俗に関する諸要素について見ていく。具体的にはイモ類がどのように入手され、食べられていたのかという生産・消費の問題、そしてどのような人々によってこの生産・消費が担われていたかという主体の問題を取り上げていく。

第 7 章　中国における食芋習俗とその展開

(1) 生産

　史料からイモの入手方法について探ってみると、それは採取と栽培とに大別される。前者は野生のイモを採取してイモを確保する方法であるが[11]、ただそれは史料にはあまり見られない稀な例である。むしろイモを栽培し、収穫することでイモを入手している例の方が圧倒的に多く、こちらの方が一般的な方法であったと言いうる。

　しかし、一概にイモの栽培といっても、その栽培形態はその環境によって異なった様相を呈する。ヤマイモのように旱地においてのみ栽培されるイモならば環境の与える影響は少ないが、サトイモについては、既に大川氏が指摘されたように、栽培地の水利環境に応じて水芋と旱芋が使い分けられていた[12]。当然のことながら、湿地と旱地ではそれぞれ栽培形態や栽培サイクルも異なってくるため、これらを区別せずに論じることは議論の混乱を招くことになろう。

　そこで食芋習俗が見られる地域におけるサトイモの栽培環境に着目してみると、史料には旱地において栽培されている事例が多いことが分かる。無論、湿地で栽培されたサトイモが食糧として利用されている事例もまま見られるが、それぞれを比較してみると旱地栽培の方が食芋習俗とより強い親和性を示していることが窺われる。

　その旱地栽培の中でもとりわけ目に付くのは山地における栽培である。「山に鋤して以って芋魁を種う、大なる者六・七觔ばかり、貯え以って糧と為す」[13]、「掲の山郷多く芋を種う」[14]、「山傍坡斜の地、また皆薯・芋を種植す」[15]のように山地におけるイモ類の栽培に言及する史料は多く、これらの史料からサトイモが山地で盛んに栽培され、そして日常の食に供されていたことが分かる。

　さらに留意すべきはイモ類栽培と焼畑耕作との強い関わりである。中国における焼畑耕作についてはすでに千葉徳爾氏や大澤正昭氏による論考があり、サトイモが焼畑耕作を構成する作物のひとつであったことが指摘されている[16]。とりわけ大澤氏がその根拠として取り上げられた白居易の詩や『続

資治通鑑長編』といった史料はサトイモと焼畑との関わりを示す史料の中でも古い部類に属するが[17]、これ以後も焼畑耕作においてイモが栽培されたことを示す事例は多々見られる。例えば、広東の嘉応州では焼畑が行われる中、ショウガやクリなどともにイモ類が栽培されており[18]、同じく広東の西寧県では火入れを行った耕地に穀物と共にイモ類が植えられている[19]。また、史料に登場する畬芋なる種類のサトイモの存在も、畬が焼畑を意味する語であることから、焼畑におけるイモ類の栽培を示唆するものとして捉えられる[20]。

　以上のように、食芋習俗が見られる地域ではイモ類は旱地という環境のもとで栽培されること、そして焼畑という方法によって生産されることもあることが分かった。ただし、注意しなければならないのは、これらの栽培環境下においてイモ類のみが主たる作物として扱われていたわけではないことである。例えば、『嶺外代答』には「猺人山を耕して生と為し、粟・豆・芋魁を以って糧に充つ」[21]とあって、サトイモはアワやマメと共に栽培されていたし、他にもムギ・キビ・ソバ・トウモロコシなど各種作物と組み合わされて栽培されていた[22]。また先に挙げた西寧県の事例も穀物がイモと共に栽培されていたことから、同様の事例を示すものとできよう。このようにイモ類は他の作物と共に主糧を構成する作物のひとつであり、この点においてイモ類に依存するところの大きいアフリカやオセアニア島嶼部におけるイモ類の利用とは性格を異にする。

(2)消費

　本項では食芋習俗が見られる地域においてイモ類がどのように食べられていたかを見ていくが、その前に食糧として利用されていたイモ類の品種について確認しておこう。サトイモやヤマイモの品種と言っても、現代日本に生活の場を持つ我々にしてみれば、多くの品種から成り立つ植物という印象は持たない。つまり、普段我々が利用するイモ類とは、サトイモについてはコイモやヤツガシラ、ヤマイモについてはナガイモやジネンジョといった品種

第 7 章　中国における食芋習俗とその展開

のみに限られる[23]。しかし、食芋習俗が見られる地域においてはこれらの品種に加えて数多くの品種が利用されているため注意が必要である。

　煩瑣を避けるためそれらの品種を全て挙げることはしないが、とりわけ代表的なものとしては、サトイモについてはタケノコイモとオヤイモが[24]、ヤマイモについてはダイジョ（*Dioscorea alata* L.）とトゲイモ（*D. esculenta* (Lour.) Burkill）が挙げられる。タケノコイモやオヤイモは子芋や孫芋をつけることなく親芋のみが肥大する種であり、ダイジョはその重量が通常で 2～3 kg、大きいと 5～10 kg になるまで育つ品種、トゲイモは根茎から匍匐枝を伸ばしてその先に子芋をつけ、また根茎には甘みがあることを特徴とする品種である。

　史料の記載全てがこれらの品種を峻別するわけではないが、「大いなる者七・八觔」[25]、「子をしてその旁らに生じせしめず、独だその母倍に肥大するのみに留む」[26]とする芋はオヤイモやタケノコイモの特徴を示しており、「大なる者径尺」[27]、「枚塊連属し、数十斤なる者有り」[28]、「重さ数十觔に至る者有り」[29]とする藷は明らかにダイジョを指した記述である。また、これまでも多くの人に指摘されてきたように『南方草木状』に見える甘藷はトゲイモであった。食糧として利用されていたイモ類は以上のような品種であったが、次にこれらのイモ類が実際にはどのように食べられていたのかを見ていこう。

　ただ、食べ方といっても、食糧としての利用であるから、蔬菜として利用される場合とは異なり、その調理法に技巧を凝らすようなものは見られない。最も単純な方法としては、イモに火を通して、それをそのまま食べるものがあるが[30]、史料に頻出する調理法はイモをコメなどの他の穀物に混ぜて食べるもの、いわゆる糧飯にする方法である。「飯に雑ぜて煮る」[31]、「以って飯客とすべし、藷飯と称し、穀米の佐と為す」[32]といった形の記載はそれ示すものであるが、この方法は北宋期には既に史料に登場している。蘇軾が海南島に流謫された折、「藷芋を以って米に雑ぜ、粥糜を作り、以って飽を取る」[33]と現地の民がヤマイモを糧飯として利用する様子を書きとめ

ているのはその一例である。また、中には「貧民多く米に和ぜて飯を作し、或いは米粉に雑ぜ羹を為す」[34]と米粉と共に利用する事例や、後掲『曀車志』に見えるイモとクリを粥状になるまで煮込んだものなど、イモ類と共に用いられる作物も多岐にわたっていた。

　ところで、このような形での利用は、イモ類が他の作物との組み合わせの中で利用されていたことを示すものとして捉えられる。前項で述べたこととも関わるが、食芋習俗の中におけるイモ類とは主糧となる作物群の中の1つとして組み入れられた存在であり、決して唯一無二の食糧として扱われていたわけではなかった。史料中にイモ類のみが食糧として扱われている事例がほとんどないのはその証左であろう。

　例えば、海南島は前漢の『異物志』以来絶えず食芋習俗の記録を残しており[35]、イモ類に多くを依存していた地域であるが、ここでもイモ類のみが利用されることを示す史料はない。唯一の例外が「土は藷・芋に宜し、民はこれを資とし以って糧と為す、歎歳惟だ藷のみを食す」[36]とする南宋の李光の記録であるが、これは不作の年のみの例外的な扱いであり、むしろ不作の年以外はイモ類だけを利用することもなかったと理解すべきであろう。

(3) 主体

　前二項において確認したイモ類の獲得及びその利用はどのような人々によって担われていたのか。本項では食芋習俗に携わった主体について検討していく。

　まず、図7−1で示した食芋習俗の分布が江蘇・浙江・福建といった漢族が多数を占める地域にも及んでいることから、漢族がイモ類を食糧として利用していたことは確かなことである。しかし、より注目すべきは食芋習俗に対する非漢族の関わりが強く見られることである。例えば、前二項で取り上げた史料においても『嶺外代答』や『台海使槎録』に見える食芋習俗は、「猺」や「番」[37]によって担われていたものであり、明らかに非漢族によるもの

第 7 章　中国における食芋習俗とその展開

であることが分かる。

　これらの事例にとどまらず、食芋習俗には非漢族が関わる事例が多く見られるが、ただ図7－1からも分かるように、食芋習俗の分布は地域的に限られており、華中・華南における全ての非漢族がイモ類を食糧として扱っていたわけではない。そこで非漢族の中でも具体的にどの非漢族が食芋習俗に関わっていたのかを確認してみよう。

　まず、古くから食芋習俗との関わりを窺うことをできる非漢族としてリー族（「黎」）が挙げられる。海南島に分布するリー族は、先に挙げた蘇軾の記載に加え、「土人頓頓として諸芋を食」す[38]、と詩に詠まれていることからも明らかなように、ヤマイモを食糧として利用する民族であった。このことは、古くは前掲『異物志』や『南方草木状』に見える海南島でのヤマイモ利用がリー族との深い繋がりを想起させ、また、前掲した李光の「民はこれを資とし以って糧となす」という記載中の「民」も、当時の海南島の民族構成からしてリー族のことを指すと考えられること、そして明清期の地方志にもその様が多く記されていることなどからも窺える。

　また、リー族と同様にイモ類を盛んに利用していた非漢族として「猺」が挙げられる[39]。「猺」がイモ類を利用する事例は北宋の『桂海虞衡志』が初出であるが[40]、これ以降、「猺」と食芋習俗との関係を示す史料は数多く見られる。例えば、前出の『嶺外代答』もそうした史料の1つであるが、中でも次に挙げる史料は「猺」がイモ類をどのように利用していたのかを示すものとして貴重である。やや長くなってしまうが全文を引用する。

　　儀真の報恩寺の長老である子照師は次のような話をされた。紹興年間に
　　同輩と3人で行脚して湖南に至った時に、山谷の間を経ている内に道に
　　迷ってしまった。日も暮れる頃荒れ果てた寺院にたどり着き、ここに宿
　　を借りた。壁や屋根は崩れ落ち、人の声は全くしないが、ある部屋だけ
　　は戸が閉まっていたので、人が住んでいるようであった。部屋の中には
　　土榻といろりがあるのみであり、いろりの中のわずかな火は灰で覆われ

ている。いろりの傍らにはかめが1つ置いてあって、中をのぞくとイモの煮たものが入っていた。我々はちょうど腹を空かせていたので、これを食べたところ大変美味であった。食べ終えた後、窓に目をやると淳化の年号が入った綾紙や度牒が貼ってある。また室内にはかめがいくつかあり、イモやクリ・ヤマイモなどが貯えられているが、塩や酢の類は一切見られない。その時突如として家の主がすきとイモ・クリを背負って帰ってきた。その姿は、頭髪はぼさぼさで、体毛は皆黄色く、古く破れた僧衣をまとっている。主人は帰ってくるなり土榻に腰掛け、我々を目にしても言葉を交わすこともなく、こちらが語りかけても応ずることはない。夜も深まってきたので皆壁に寄りかかりつつ寝たが、朝になってみると主人は既に出かけていた。ただ、いろりのそばにはかめが4つ置いてあり、そのうち1つは空になっている。恐らく主人がその中身を食べて出かけていったのであろう。他の3つには煮込んで粥状になったイモやクリが入っていた。どうも我々のために用意されたものであるようなので、我々はそれを食べて寺院を後にした。また巖谷荊莽の中を進んでいき、20里ばかり行くと街道にでられたのでやっと戻ることができた[41]。

この話には、「猺」が漢人との言語的なコミュニケーションを取れなかったことや、その客人に対する応対の様子など「猺」に関する情報を提供してくれて興味深いが、本稿の趣旨に関わる情報に限定するならば、「猺」である主人がサトイモやヤマイモを重要な食糧源としていたこと、これらのイモ類は恐らくは耕作を通じて入手されていたこと、そして入手されたイモ類は保管され必要な時に粥のように煮て食べられていたこと等が確認できよう。

「猺」によるイモ類利用は宋代以降も史料に数多く登場する。元代の『経世大典』には「山地を耕し、豆・薯蕷を種う」とあり[42]、清代にも「藷・芋・包穀を墾種し、その口食を充たす」と「猺」の食芋習俗について言及する文章が見られる[43]。そして、各種地方志にも「猺」がイモ類を利用して

いたことを窺わせる記載は多く見えることから[44]、「猺」はイモ類を重要な食糧として利用していたことが分かる。

同じような利用は台湾島の高山族にも見られる。先に挙げたサトイモを灰に埋めて熱を加える調理法は高山族によるものであるし、それ以外にも清代の史料には高山族によるイモ利用について言及する記録が多く見られる。かの『皇清職貢図』には鳳山県の高山族について「喜びて薯蕷を啖う」との記載が見え[45]、『東征集』にも「鹿・麕・野黍・薯・芋の属有り、番人終歳倚頼し、他に有る無し」とある[46]。また、清代の地方官藍鼎元も「台湾の土番に生・熟の二種有り……山を耕し芋を食す」と記しており[47]、イモが高山族によって盛んに利用されていたことが示されている。

以上、食芋習俗がどのような民族によって担われていたのかを確認した。このようなイモを利用する主体としての各民族の存在が食芋習俗の広まりに対して持っていた意味についてはまた次節で触れるとして、ここではイモ類を盛んに利用していた民族が漢族・リー族・ヤオ族・チワン族・高山族等であったことを強調しておきたい[48]。

3. 食芋習俗の展開とその背景

前節での検討によって食芋習俗の具体像を提示したが、実のところこうした食芋習俗の内実は時代・地域などによって大きな差異を見せることはない。台湾における食芋習俗のみ他地域とは異なった特色を有するが[49]、それを除くと各地に見られる食芋習俗は時代・地域を問わずしてほぼ同様の形で確認される。従って、食芋習俗にまつわる諸要素を時代や地域によって類型化しようとする作業はさしたる意味を持たない。

むしろ、このような性格を持つ食芋習俗がなぜ図7−1のような分布を見せ、またその分布範囲が時代の経過と共に縮小するのか、これらの点に着目

した分析を行う方が食芋習俗を農業史・食物史上の中に位置づけるに当たって大きな意義を有する。そこで本節と次節では、前節での検討を通して得られた知見を元に、第一節で提示した分布上の2つ特徴の背景を探っていきたい。まず本節では、食芋習俗の分布が湖南・広東・広西・海南島の諸地域に集中する理由について検討していくが、まずは食芋習俗の展開に強い影響を与えた要素を前節の検討結果の中より抽出していく作業から始めたい。

　こうした要素については以下の3点を挙げることができる。まず、1つめの要素は栽培環境としての山地である。食芋習俗と山地という栽培環境との関わりの深さについては前節において言及したが、ここで注意すべきは山地の低い生産性と食芋習俗との関わりを指摘する記載が史料に多く見られることである。「大宗の出産にあらざると雖も、農家毎にこれを兼種す、山野偪仄し、遺利有る無し、貧民これに頼る」[50]、「都康山多く田少なし……専ら耕稼に事うるも、終歳一たび収むるのみ、足らざれば則ち佐くるに芋・栗を以ってす」[51]、「崇山峻嶺、尺寸を開辟し、其の黍・稷に宜しからざる者は薯・芋を藝え、以って食と為す、民の貧猶かくのごとし」[52]等の形でその土地の生産力の低さと食芋習俗との関連を直接指摘する史料は枚挙に暇がないし、また広東の恩平県のように、芋について「貧民多く米に和ぜ飯を作る」[53]とし、その背景に「此処、山陵の起伏、常に異なり、磚瓦等の物、搬運維だ艱し」[54]とする山地の環境があったことを示す事例も数多く見られる。

　この場合の「貧民」の語が、山地における生活の貧しさを本当に示しているのかはさておき[55]、山地という環境がその地における耕作のあり方を規定していたことは確かであろう。例えば、地形等の要因により水稲作に代表される集約的な農業が導入されず、清代や民国期にあっても焼畑耕作が残存していたことは山地農業の1つの傾向を示している。イモ類の盛んな利用もそうした耕作環境においてより効率的に再生産を行うために採られた選択肢の1つであったと見なすべきであり、その意味において山地という環境はイモ類の利用を促す要素であったと言いうる。

　2つめの要素として多彩な品種の生育を可能にする気候が挙げられる。前

第 7 章　中国における食芋習俗とその展開

節で確認したように食芋習俗が見られる地域では多くの種類のイモが利用されていたが、これらのイモ類には熱帯系のサトイモ・ヤマイモにあたるものも多く含まれていた。

そもそもサトイモやヤマイモは熱帯を原産とする植物であるが、その広まりと共にその種は温帯系と熱帯系の品種に分化する。コイモやナガイモ・ジネンジョ等のイモが温帯系のイモであるのに対し、先に採り上げたオヤイモやタケノコイモ・ダイジョ・トゲイモは熱帯系のイモである[56]。温帯系のイモはその生育条件が厳しくなく、熱帯系のイモが生育する環境にあっても十分に育つが、一方で熱帯系のイモには低温に弱いものが多い。熱帯系のイモが温帯にあたる日本においてあまり見られないのはそうした理由によるが、このことは中国の亜熱帯に含まれる地域では温帯以上に多様なイモ類の利用が可能であったことを示している。

そして、より重要なのは熱帯系のイモの中には先述したように5kg前後にまで生長するものがあることである。巨大なイモの存在は食糧確保の観点からすると極めて魅力的なものであり、それ故に熱帯系のイモは食芋習俗の展開にとって重要な意味を持っていた。

最後に3つめの要素として非漢族の強い関与が挙げられる。前節で確認したように、食芋習俗には「猺」という形で括られるヤオ族やチワン族、そしてリー族、高山族が主として関わっており、これらの非漢族の生活とイモ類との間に密接な関わりが見られた。

また、食芋習俗が広まる地域では漢族によるイモ類の利用にも非漢族の影響が働いていたと考えられる。図7－1に示された分布を見ると、湖南の洞庭湖周辺や広東の珠江デルタ周辺のような漢族の入植が進んだ地域でも食芋習俗が見られ、この地域での食芋習俗の広まりには漢族も関わっていたことが窺われる。そして、その分布の密度は他の地域におけるそれと比べると高く、同じ漢族でもイモ類の利用形態には地域的な差異があった。

ところで、かつて白鳥芳郎氏は華南の諸民族について検討を加え、それらの諸民族が猺・畲・苗系の民族からなる山岳民、タイ系諸民族集団・漢族

- 245 -

からなる平地民、そして平地民との接触を通じて生活形態を変化させた山岳民及び山岳民との接触によって変容した平地民の3つの類型に分類できることを指摘された[57]。そして、これら諸民族は相互間の交流によってそれぞれが独自に持っていた生活形態を変化させていたことも述べられているが、こうした指摘に従うならば、湖南・広東・広西・海南島の諸地域に進出した漢族も非漢族との接触を通じて食芋習俗を自らの生活の中に取り入れていったものとして理解されよう。このようにこの地域における漢族の食芋習俗もまた非漢族の影響を大きく受けていたと考えられ、食芋習俗における非漢族の関わりの深さが窺われる。

さて、以上の要素を簡単にまとめると次のようになる。すなわち、①コメやムギといった穀物の栽培が制限され、イモ類が重要な作物とされる山地という栽培環境、② 3～5kg もの重さに育つ熱帯系のイモの生育を可能にする気候、③古くよりイモ類の栽培・利用をその文化に組み込んできた非漢族の存在、の3点である。食芋習俗が湖南・広東・広西・海南島といった地域に高い密度で分布していたこと、また華北や安徽・江蘇等の①～③を満たさない地域にはまばらにしか見られないことの背景にはこれらの要素が強く作用していた。

4. 食芋習俗の歴史的展開

前節での検討により食芋習俗がどのような条件の下で展開していたのかを明らかにすることができた。ところで、第一節でも確認したように、このような広まりを見せていた食芋習俗は清代・民国期の時点ではそれ以前の時代と比べてその範囲を縮小させている。この縮小とは具体的には南宋以降の四川における食芋習俗の消滅を指すわけであるが、それではなぜこのような現象が起きたのか。本節ではこの問題を軸に据えつつ食芋習俗の歴史的な展開

第7章　中国における食芋習俗とその展開

について考察していきたい。

　さて、この問題について検討していくにあたり、その前提として漢族がイモ類をどのような作物として捉えていたのか、その認識を明らかにしておきたい。前節では非漢族と隣接した地域に生活の場を持つ漢族がイモ類を食糧として利用していることを指摘したが、ここではそのような条件の下にない漢族にイモ類はどのように扱われ、利用されていたのかを確認していくこととする。

　ところで、イモ類の内ヤマイモに対する認識ついては、筆者は既に言及している[58]。そこでは、ヤマイモが宋代以前には薬品として扱われることが多かったが、元代以降蔬菜としての利用が増え、ヤマイモ＝蔬菜という認識が定着していったことを明らかにした。このことは、漢族にとってヤマイモは蔬菜として認識されることはあっても、食糧の一部をなす作物としては捉えられていなかったことを意味する。

　一方で、サトイモはどのように認識がされていたのか。この問いに答えることのできる史料は少ないが、まずは次の逸話を見ておこう。

　　さて、汝南にはもと鴻郤大陂があった。郡はこのおかげで豊かな地になっていたが、成帝のとき、関東ではしばしば洪水がおき、陂から水が溢れて害をなした。翟方進が丞相となると、御史大夫の孔光と共に相談して、役人を派遣して視察させ、陂を壊して水を流してしまえば、肥沃なその地を利用できるだけでなく、堤防の維持費もかからず、水害の恐れもなくなると考え、奏上して陂を取り壊した。翟氏が滅びると、汝南の人々は（陂の廃止による損害の責任を翟方進に）帰し、翟方進が陂下の良田を求めて得られなかったため奏上して陂を取り壊したのだと言った。王莽のとき、常に水不足によって日照りに見舞われたため、郡中の人々は翟方進を怨み、子供たちは次のような謡を作って歌った。「陂を壊したのは誰なのか、翟子威様のなすところ。オイラ達の食らうもの、マメ入りご飯にイモの羹。わざわい廻って福となる、大陂を元に戻すべ

- 247 -

し。それを言うのは誰なのか、両黄鵠の出すお告げ。」と[59]。

『漢書』翟方進伝に載せるこの話には、水害をもたらす鴻隙大陂を翟方進が取り壊したが、それが逆に水不足を誘発してしまったことが記されているが、ここではそれを受けて民が詠った謡に注目したい。顔師古の注釈によると、そもそも鴻隙大陂は「漑灌及び魚・鼈・萑・蒲の利」を生み、当地に多大なる恵みをもたらしていたが[60]、陂の取り壊しに伴い、耕地には灌漑の水が流れ込まなくなってコメやキビ・アワの栽培ができなくなり、当地にはマメやサトイモしか作られなかったという[61]。この謡はこうした事態に対する皮肉の意をこめて詠われたものであるが、そこではコメ・キビ・アワといった穀物とサトイモが対比されている。当然のことながら、この対比には謡にこめられた恨みの念から「本来ならばコメやキビ・アワを食べられたはずなのに、マメやサトイモしか食べられない」というニュアンスが込められていると見るべきであり、そこに各種穀物とイモそれぞれに向けられる眼差しの違いが窺われる。つまり、ここではサトイモは穀物より劣る作物として意識されており、それ故に汝南の民のように利用せざるを得ない事情がなければ漢族はイモ類を食糧として積極的に利用することはなかった[62]。

　こうしたイモ類に対する認識は華北の人々の間で広く共有されていたと見え、現に華北でイモ類が盛んに栽培され、頻繁に利用されていたことを示す記録は少ない。むしろ、『列仙伝』に見える酒客の逸話が示すように、地方官からイモ類の栽培を勧められて初めて栽培に手をつけるようなイモ類に対する消極性が見受けられる[63]。さらに言えば、賈思勰はこの逸話をその著作『斉民要術』に引用した上で「耳目の聞見せざるところの者有るに至る」[64]との注を付している。サトイモという作物を見聞きしたことすらない民の存在は漢族のイモ類に対するスタンスを象徴的に表すものとして捉えられよう。こうした認識からは華北でのサトイモに対するスタンスが窺われ、また食糧として扱われる場合に見られるような積極的な栽培が行われない理由もそこに存する[65]。

第7章　中国における食芋習俗とその展開

　以上のような漢族のイモ類観を踏まえた上で、次に四川におけるイモ類の利用とその変遷について見ていこう。そもそも四川という地域は中国の中でも海南島と同様に古い時期から食糧としてのイモ類利用の事例が確認できるところである。その最も早い事例は『史記』貨殖列伝に載せる「吾聞く、汶山の下沃野にして、下に蹲鴟有り、死に至るも飢えず」[66]という記述である。趙の富豪卓氏によるこの発言はほぼ同文の形で『漢書』貨殖伝にも載せるが、この発言はそれに付せられた顔師古の注にも見えるようにイモ類が食糧として利用されていたことを示している[67]。

　そして、こうした四川における食芋習俗は、漢代以降も史料上に散見され、習俗が残存していたことを窺わせる。例えば、『斉民要術』に引く『広志』には「蜀漢既に芋に繁し、民以って資と為す」[68]と見え、また時代は下り北宋に入っても「或いは小歉あらば則ち蔬芋を以って食を充たす有り」[69]、「川峡の四路は内地と同じくせず、刀耕火種し、民食常に足らず、芋を種えて饑を充たすに至る」[70]と四川での食芋習俗に言及する発言がなされている。また、食芋習俗について直接言及するものではないが、杜甫が「園に芋・栗を収めて未だ貧を全くせず」[71]と詠うのも四川の民がサトイモに頼るところが多かったことを示すものとしてとることができよう。

　ことイモ類の利用に関して言えば、宋代以前の四川という地域は中国の中でも特異な存在であった。四川で見られたサトイモへの課税という現象は全国でも類例を見ないし[72]、また大川氏が詩文に見える芋の検討を通じて明らかにされたように、知識人達の間では四川がサトイモを産出する地域であるというイメージが定着していた[73]。

　このような四川における食芋習俗を支えていた人々に非漢族が含まれていたのは間違いなかろう。例えば、前掲『史記』の記載からして、そのイモの利用には非漢族が関わっていた可能性は高い。本記載の舞台である「汶山の下」とは現在の成都平原一帯を指すが、盧勛・李根蟠両氏は当時この地域が非漢族の集住する地域であって、イモ類がこうした非漢族によって利用されていたことを指摘されている[74]。また、北宋の范成大は山芋を糧とする猺

- 249 -

が「巴・蜀・湖・広の間に介」していたと記していることも四川における食芋習俗と非漢族との関わりを示すものとして捉えられる(75)。
　しかし、先に述べたように、四川では北宋期の記録を最後に食芋習俗は史料から姿を消してしまう。無論、それは当地からイモの栽培そのものが消失することを意味するわけではない。例えば、清代の四川を対象とした農書『三農紀』にはイモ類の栽培法が載せられていることからもそれは明らかである。とは言え、こうした農書や地方志に採り上げられるイモ類はいずれも蔬菜としてのイモ類であって、南宋以降の四川にまつわる史料においてイモ類に関する記載は数多く採集することはできても、そこに食糧としての利用を示す事例を見出すことはできない。
　このような変化の背後には様々な要因が働いていたと考えられるが、とりわけ大きな影響を持っていたと思われるのは、四川への漢族の移住であろう。改めて指摘するまでもないが、秦代以前から四川には漢族の移住がことあるごとに行われてきた。平時の移住に加えて、華北における政治的不安は特に人々を四川の地へと駆り立て、こうした避難先としての四川の性格が漢族の移住をさらに推し進めてきた。
　前節でも指摘したように、漢族と非漢族とが隣接して居住する環境の下では、互いに影響を与え合い、その結果として漢族の中にも食芋習俗を受容するケースが見られたが、恐らくは四川においても宋代まではそのような光景が見られたのではなかろうか。であるからこそ、四川とイモ類の深いつながりを示す史料も残っているわけであるが、漢族の移住が進み、漢族と非漢族との人口のバランスが漢族の方に傾き始めると、それぞれの文化的内実にも変質を来たしたことは想像に難くない(76)。つまり、唐末五代期や北宋末期の政治的不安を契機として大量の人口が四川に流入してきたことと、北宋期を最後に四川の食芋習俗について触れる史料が見られなくなったこととの間には相関関係が見出され、このような背景のもとで四川では漢族人口の増加と共に食糧の中においてイモ類が占めていた重要性が少しずつ減退していったと考えられる(77)。

第 7 章　中国における食芋習俗とその展開

　しかし、漢族の移住は四川以外の地域にも見られる現象であるから、宋代に至るまでの漢族の流入は食芋習俗衰退の決定的な契機とはならない。そうした意味で目を向けるべきは明末における四川での動乱であろう。張献忠の乱によって荒廃した四川の地では、人口が 50 万人を下回っていたとも言われているが、清末には 4000 万人を超えるまでに増加させており、そこから大量の漢族移民が流入したことが窺われる。そこでは従来の漢族と非漢族の人口バランスは大幅に変調をきたし、四川は漢族が主体となる地域へと変質していく。

　その結果として、そこで営まれる農業、そして食生活の中においてイモ類が持つ意味は食糧から蔬菜へと変質していた。移住民社会に関する鈴木中正・安野省三・山田賢等各氏の指摘からも明らかなように、清代以降の四川社会においてはトウモロコシを始めとする新大陸作物が食糧として重要な役割を果たしており、従来イモ類が担っていたこの役割はこれらの作物に取って代わられた[78]。

　以上のように四川における食芋習俗の衰退の経過をたどってみると、その衰退には 2 つの要素が関わっていたことが分かる。1 つは漢族の存在である。漢族を主体とする社会の形成は農耕のあり方にも影響を与え、漢族－非漢族間の相互的な影響をうけて成立した従来の農耕から、漢族的な農耕へと変質していく。ここで言う漢族的な農耕とは原宗子氏の言うところの大田穀作主義に基づく農耕である[79]。「広大な面積に単一の穀物を栽培する農業様式」（注（79）書、6 ページ）とするこの農法は単一の穀物の栽培をその中心に据えた「効率的な」農法であると言えるが、それが歴史上一貫してその定義どおりに実践されてきたか否かはさておき、勧農を己が果たすべき職務の 1 つとして心得ていた地方官や実際に農事に携わる農民それぞれに多大なる影響を与えたことは間違いない。従って、こうした穀物栽培を優先させる漢族の四川への大量移入は当地における食芋習俗の衰退を促したと考えられる。

　もう 1 つの要因はトウモロコシ・サツマイモ・ジャガイモといった新大陸作物の導入である。他の作物と比較して栽培条件が厳しくなく、かつ単位面

- 251 -

積あたりの収穫量も低くないこれらの作物は、従来イモ類が盛んに栽培されていた山地等の環境にも導入され、穀物類の不足を補っていた。現に清代・民国期の地方志に目を通してみると、イモ類を食糧として扱う記載が全く見られないのに対し、新大陸作物が盛んに利用されている様を見て取ることができる。

以上検討したように、四川における食芋習俗の衰退は穀物に高い価値を見出す漢族の移入と新大陸作物の採用という2つの要因が強く作用してなされたものであった。この衰退はとりわけ四川の地において顕著にみられたわけであるが、無論この現象は四川のみに限られたことではない。それ以外の地域においても、程度の差こそあれ、着実に進行していた。

その後の海南島 ——おわりにかえて

本章で何度も触れたように海南島は住民の生活にイモ類が密接に関わる地域であった。前漢の『異物志』を始めとして当地の食芋習俗に触れる史料は枚挙に暇なく、これらの史料は海南島の住民にとってイモ類が欠かすことのできない作物であったことを示している。しかし、この海南島にも大田穀作主義と新大陸作物の波は押し寄せていた。

民国期の地方志『海南島志』には当時の生活の様子がつぶさに記されているが、それによると、当時リー族は「食品は米を以って大宗と為し」、山地に居住するものは「玉蜀黍を以って輔と為」していた[80]。ここに海南島における穀物栽培の進展と新大陸作物の普及の様が見て取れるが、一方でイモ類について言えば「栽うる者殊に少な」き状態にあり、その訳をリー族の人間に尋ねると、「米穀多く、食料足り、これに需むる無し」という答えが返ってきたという[81]。こうした記述が当時の海南島における生活の姿をどこまで反映していたかは定かではないが[82]、当地における農耕と食生活が過

第 7 章　中国における食芋習俗とその展開

去と比べて変化を来たしつつあったことは確かであろう。

　このように中国における食芋習俗は劇的な形ではないが、時の移ろいと共に着実に衰退に向かいつつあり、その衰退は漢族の南方進出と轍を一にするものであった。すなわち、従来の中国農業史・食物史研究が漢族的な農耕様式・飲食様式の拡大していく様子をビビッドに映し出すポジであるとするならば、食芋習俗の歴史的展開はそのネガとしての役割をも有していたと言うことができよう。このようにコメとイモ類の対比は食物史・農業史の中にあって極めて重要な意味を持つものであるが、それについては終章にて改めて考察することとしたい。

注
(1) 本章において使用する「イモ」・「イモ類」という呼称はサトイモ科サトイモ属及びヤマノイモ科ヤマノイモ属の植物を総称するものとして使用する。また、混乱を避けるため、普段我々が使用する「里芋」・「山芋」の意味の場合は「サトイモ」・「ヤマイモ」とカタカナで表記し、史料上の用語として使用する場合は「芋」・「藷」・「薯」などのように漢字で表記することとする。
(2) 大川裕子「中国古代におけるイモ」(『日本女子大学大学院文学研究科紀要』6、2000)、「中国史における芋類の地域性」(『史潮』新 51、2002)、村上陽子「中国史における糧食としての「芋」利用」(『上智史学』49、2004)。
(3) 夏鼐「略談番薯与薯蕷」(『文物』1961 － 8)、趙徳馨・彭伝彪「蘇東坡吃的是芋頭」(『農業考古』1982 － 2)。
(4) 陳虹「四川芋薯類作物的消長的研究」(『農業考古』2002 － 3)。
(5) 李慶典・李穎・周清明「中国古代種芋法的技術演進及其対現代農学的貢献」(『中国農史』2004 － 4)。
(6) そうした中で近年陳光良氏によって「海南"薯粮"考」(『農業考古』2005 － 1)が発表されたことは大きな意味を持つ。陳氏は海南島における食糧としてのイモ類利用の事例が丹念に検討され、当地におけるイモ類利用の実態について明らかにさ

れている。ただ、残念なことに、その対象とする地域は海南島のみに限られて他の地域における事例との比較検討は行われておらず、海南島のイモ類の利用を中国全体の中で位置付ける作業はなされていない。食糧としてのイモ類を農業史や食物史といった大きな枠の中で捉え、かつその歴史的位置付けを明らかにしていくためには、対象をより広くして検討を行うことが求められよう。

(7) 坪井洋文『イモと日本人』(未来社、1979)。

(8) 中尾佐助『栽培植物と農耕の起源』(岩波書店、1966)、「農業起源論」(『自然——生態学的研究』中央公論社、1967)、のち共に『中尾佐助著作集』1 (北海道大学図書刊行会、2004) に再録)。

(9) 佐々木高明『照葉樹林文化の道』(日本放送出版協会、1982)。

(10) 地方志の物産の項において芋・薯が穀に分類されている場合、それは当地において芋・薯が食糧として扱われていたことを示す。具体的な例証は第 1 章にて行ったが、例えば、「按ずるに、府志の藷・芋蔬類に入るも、今その荒に備えるべきの故を以って穀の末に附す」(同治『武陵県志』巻 18、食貨、物産、穀類、芋) という按語は芋・薯が穀に分類された理由を的確に示していると言えよう。

(11) 『清異録』巻 2、玉枕藷

嶺外多藷、間有発深山邃谷而得之者。枚塊連属有数十斤者、味極甘香、人多自食、未嘗貨於外。本名玉枕藷、又号三家藷。

『西河合集』蛮司合誌 12

其山多縵土、而側耕危穫、不服租庸、饑則捨橡・薯、射狐掘鼠。

(12) 大川注 (2)「中国史における芋類の地域性」。

(13) 道光『彰化県志』巻 9、風俗、番俗考、飲食

内山叢峯陡峻、鮮五穀。斫樹燔根、鋤山以種芋魁。大者可六七觔、貯以為糧。

(14) 乾隆『掲陽県志』巻 7、風俗、物産、穀菜、芋

掲之山郷多種芋、貧人籍以為粮。

(15) 雍正『広東通志』巻 62、芸文、郝玉麟、公同議覆疏

拠肇・高・廉・羅道副使于其珣等勘称、四周山谷窄狭、所有平土、久経墾熟輸糧。即山傍坡斜之地、赤皆種植薯・芋、此外再無荒土可墾。

- 254 -

第 7 章　中国における食芋習俗とその展開

(16) 千葉徳爾「華南山嶽地帯の焼畑耕作」(『地理科学』4 − 1、1967)、大澤正昭「唐・宋畬田考」(『論集中国社会・制度・文化史の諸問題』中国書店、1987、のち「唐宋時代の焼畑農業」に改題して『唐宋変革期農業社会史研究』(汲古書院、1996)に再録)

(17) 『白氏長慶集』巻 16、夜宿江浦、聞元八改官、因寄此什
　　若報生涯応笑殺、結茅栽芋種畬田。
『続資治通鑑長編』巻 214、熙寧 3 年 8 月辛巳条
　　初、遣使提挙常平倉貸青苗銭、(陸)詵言、川峡四路与内地不同、刀耕火種、民食常不足、至種芋充饑、今本路省税科折已重、蜀民軽佻、不為積蓄、万一歳儉、不能償官、適陷民於死地、可哀、願罷四路使者、如其故使、並言、差役・水利事皆不当改為、其後卒罷三路之使、独置成都府路提挙官一員

(18) 光緒『嘉応州志』巻 8、礼俗
　　民嘗艱食、而勤樹藝。其畬民尤作苦葎崒嶬巖、率婦子鋤钁、種薑・薯・芋・栗之類、以充稲食。

(19) 民国『西寧県志』巻 4、輿地、風俗
　　田之等有六……日輋田、凡貧民無恒産者、於斜崖陡壁之際、芟殺草木、焚焼根株、俟土脂熟、透徐転積灰、種以山禾。李徳裕詩所謂、五月畬田収火米、是也。或種薯・芋、以為雑糧。終歳之勤、僅足自給。

(20) 嘉慶『澄海県志』巻 23、物産

(21) 『嶺外代答』巻 3、猺人
　　猺人耕山為生、以粟・豆・芋魁充糧、其稲田無幾。年豊則安居巣穴、一或饑饉則四出擾攘。

(22) 道光『連山綏猺庁志』食貨、田制
　　連山皆邱陵無原衍、民皆依山開墾畽田、悉奇零磽确、刀耕火種、高者為畽種麦・黍・蹲鴟。
民国『融県志』第 4 編、経済、物産、農産、雑糧、芋頭
　　薯・芋・玉蜀黍・蕎麦・大麦・小麦等、旧志均已載及。雖非大宗出産、農家毎兼種之、山野偪仄、無有遺利。貧民頼之、以代菽粟。

- 255 -

(23) サトイモ・ヤマイモの品種やその具体的な特徴については大澤正昭ほか「中国史上の芋類史料集成稿（一）」（『上智史学』49、2004）、及び本書第6章を参照。

(24) サトイモ（*Colocasia eucurenta* (L.) Schott）は植物学的にはヤマイモのように細かく分類されることはないが、堀田満氏はその形態から6つの群に分けられる。タケノコイモとオヤイモはそうした群の一つであり、本章ではその分類に従って名称を使用している。詳しくは堀田満「イモ型有用植物の起源と系統」（佐々木高明編『日本農耕文化の源流』日本放送出版協会、1983）を参照。

(25) 『台海使槎録』巻7、南路鳳山瑯嶠十八社、飲食

諸番傍巖而居、或叢処内山。五穀絶少、斫樹燔根、以種芋魁。大者七・八觔、貯以為糧、収芋時穴為窖。積薪焼炭、置芋灰中、仍覆以土。聚一社之衆、発而噉焉。

(26) 民国『開平県志』巻6、輿地、物産、植物、蔬之属

有黄芋、不使子生其旁、独留其母倍肥大。

(27) 『荘簡集』巻16、儋耳廟碑

雖地狭民貧、而酒茗皆資之舶舡。土宜諸芋、民資之為糧、歉歳惟食藷。藷有二種、大者径尺。豊歳幾不論銭、故凶年不見丐者。

(28) 注（11）『清異録』。

(29) 道光『長寧県志』巻8、物産、蔬之属、木頭薯

亦名大侗薯、有重至数十觔者、可以当飯。

(30) 注（25）『台海使槎録』。

(31) 光緒『広州府志』巻16、輿地、物産、蔬品、芋所引『九江郷志』

芋類有黄、有青、有檳榔、其味倶甘、黄為最、雑飯煮皆可療饑。

(32) 『広東新語』巻27、草語、藷

東粤多藷、其生山中、繊細而堅実者……皆甜美。可以飯客、称藷飯、為穀米之佐

(33) 『蘇軾詩集』巻41、和勧農六首序

海南多荒田、俗以貿香為業。所産秔稌不足於食、乃以藷・芋雑米作粥糜、以取飽。

(34) 民国『花県志』巻6、実業、物産、蔬瓜、芋

貧民多和米作飯、或雑米粉為羹。

(35) 『太平御覧』巻790、四夷、南蛮、儋耳国所引『異物志』

第7章　中国における食芋習俗とその展開

　　儋耳夷……食藷、紡績為業。
(36) 注（27）『荘簡集』。
(37) 以下、非漢族に対する表記については、中華人民共和国の認定した少数民族名として表す場合はカタカナで（ただし、高山族のみ漢字で表記する）、史料用語として表す場合は漢字で行うこととする。
(38) 『蘇軾詩集』巻41、聞子由瘦
　　土人頓頓食藷芋、薦以薫鼠焼蝙蝠。
(39) 「猺」は、「黎」が現在のリー族とほぼ一致するのとは異なり、現在のヤオ族以外の民族も含んでいたようであり、その同定は困難である。ただ、イモ類を利用していた「猺」は図7－1の分布から現在のヤオ族やチワン族であると推測される。
(40) 『文献通考』巻328、四裔、盤瓠種所引『桂海虞衡志』
　　傜本盤瓠之後。其地山渓高深、介於巴・蜀・湖・広間、緜亘数千里。椎髻跣足、衣斑爛布褐、名為傜。而実不供征役、各自以遠近為伍、以木葉覆屋、種禾・黍・粟・豆・山芋、雑以為糧、截竹筒而炊、暇則猟食山獣、以続食。
(41) 『睽車志』巻1
　　儀真報恩長老子照言、紹興間、嘗与同輩三人行脚至湖南、経山谷間、迷惑失道、暮抵一古廃蘭若、相与投宿。牆屋頽圮、寂無人声、一室掩戸、若有居、中惟土榻地炉、以灰掩微火、傍置一瓦缶、視之則煮芋也。諸僧正饑、食之甚美。已而視糊窓、乃淳化中故綾紙度牒。室内有数大甕、所貯或芋、或栗、或山蕷、了無塩醯之属。俄有一人荷鍤負芋・栗自外帰、被髪、体皆黄毛、衣故敗僧衲。有入坐土榻、見客不交一談、与語亦不応答。夜既深、皆倚牆壁坐睡。暨天暁、已失其人所在、惟炉火傍置四瓦缶、其一已空、蓋其人食之而出。余三缶皆芋栗、煮已糜熟、若以餉客者、三人食之而出、又行巖谷。荊茅中二十余里、乃得路還。
なお、この話にはこの主人が「猺」であることは示されていないが、当時「猺」が湖南の山中に拠点に活動していたことは前掲『桂海虞衡志』を始めとして様々な史料から明らかであるので、この主人は「猺」であったとみて良い。
(42) 『元文類』巻41、雑著、『経世大典』序録、政典、征伐、招捕、湖南
　　至元十五年、全州教授唐子定奉府檄……此猺人居深山窮谷巣穴中、不巾不裳、赤

脚露脛、衣用牛血点白布、作青花。逐幅相体湊成、無領袖、耕山地、種豆薯蕷、産楮皮厚朴。

(43)『皇朝経世文続編』巻92、兵政、蛮防、湯彝、壬辰征猺記論

　　猺地跬歩皆山、稲田絶少、墾種藷・芋・包穀、充其口食、葺茅崖巌、僅蔽風雨。

(44) 民国『三江県志』巻2、社会、風俗、飲食

　　僚人以粟・禾・旱穀・玉蜀黍為上品。視田米如珍饈、時或以桐・茶子易得之、然猶滲以三分之二雑粮而食。毎日三餐、午餐純食薯・芋、佐膳品是辣椒小菜。

　光緒『鎮安府志』巻8、風俗所引『旧志』

　　猺人稲田無幾、種水芋・山薯、以佐食。

　光緒『百色庁志』巻3、風俗

　　漢土各属間有猺民、散処隴崗。食惟山薯・芋・栗、墾種余間、別無事。

(45)『皇清職貢図』巻3、鳳山県猪毛等社帰化生番

　　生番在山谷中、深林密箐、不知種類、鳳山等県皆有之……亦知耕種黍・稷、喜啖薯蕷。

(46)『東征集』巻6、紀台湾山後崇爻八社

　　八社之番、黒歯紋身、野居草食、皮衣革帯、不種桑田。其地所産、有鹿・麕・野黍・薯・芋之属、番人終歳倚頼、他無有焉。

(47)『鹿洲初集』巻11、粤中風聞台湾事論

　　台湾土番有生・熟二種。其深居内山、未服教化者為生番、皆以鹿皮敝体、耕山食芋、弓矢鏢鎗。

(48) これらの民族に対し、貴州・雲南の非漢族には食芋習俗が見られなかった。古い時代にはイモ類を食糧として利用する非漢族もいたことが指摘されているが（李根蟠・盧勛『中国南方少数民族原始農業形態』（農業出版社、1987）、129 － 131 ページ）、図表からも明らかなように、時代の推移と共に習俗は廃れていったものと捉えられる。

(49) 台湾における食芋習俗には利用法に糧飯が見られないことや保存技術の存在など独自の特徴が見られる。しかし、これは中国の食芋習俗の中では極めて稀な事例

第 7 章　中国における食芋習俗とその展開

であり、かつその位置づけには東南アジア・オセアニア島嶼部との関わりも含めた形での考察が必要であると考えられることから、ここでは考察から除外する。

(50) 注（22）民国『融県志』。
(51) 光緒『鎮安府志』巻 8 風俗

都康山多田少……専事耕稼、終歳一収、不足則佐以芋・栗。
(52) 『皇朝経世文編』巻 37、戸政、農政中、周凱、勧襄民種桑説三則

余守襄陽二載、見民之於耕、不遺余力。崇山峻嶺、尺寸開辟、其不宜黍・稷者、藝薯・芋、以為食。民之貧猶是。
(53) 民国『恩平県志』巻 5 輿地、物産、蔬属、芋

水田・高原俱可種、種類頗多……均可代穀充飢。貧民多和米作飯。
(54) 民国『恩平県志』巻 4 輿地、風俗、山農

此処山陵起伏異常、磚瓦等物搬運維艱。
(55) 史料中に現れる「貧しさ」が記録を残す側の視点によるものであることには注意を要する。近年日本史の分野では、従来山村に対して与えられてきた貧困のイメージに対する見直しが行われており、このイメージが外部世界から付与されたものであることが指摘されている（例えば白水智『知られざる日本』（日本放送出版協会、2005）など）。
(56) 熱帯系のイモと温帯系のイモとの違いについては堀田注（24）論文を参照。
(57) 白鳥芳郎「華南少数民族の生業形態の分析と類型」（『中国大陸古文化研究』1、1965、のち『華南文化史研究』（六興出版、1985）に再録）。
(58) 本書第 6 章参照。
(59) 『漢書』巻 84、翟方進伝

初、汝南旧有鴻隙大陂、郡以為饒、成帝時、関東数水、陂溢為害。方進為相、与御史大夫孔光共遣掾行視、以為決去陂水、其地肥美、省隄防費而無水憂、遂奏罷之。及翟氏滅、郷里帰属悪、言方進請陂下良田不得而奏罷陂云。王莽時常枯旱、郡中追怨方進、童謡曰、壊陂誰、翟子威。飯我豆食羹芋魁。反乎覆、陂当復。誰云者、両黄鵠。
(60) 『漢書』巻 84、翟方進伝、顔師古注

鴻隙、陂名、藉其溉灌及魚・鼈・萑・蒲之利、以多財用。

(61)『漢書』巻84、翟方進伝、顔師古注

言田無溉灌、不生秔稲、又無黍・稷、但有豆及芋也。

(62) 村上氏は注（2）論文においてこの記載を根拠として芋の食糧としての性格を見出されているが（54ページ）、漢族と食芋習俗の関わりという視点から見るならば、その文脈からしてこの芋の利用は例外的なものとして捉えるべきであり、漢族による食糧としてのイモ類利用の普遍性を証明することはできない。

(63)『列仙伝』巻上、酒客

酒客者、梁市上酒家人也……後百余歳、来為梁丞。使民益種芋菜、曰三年当大飢。卒如其言、梁民不死。五年解印綬去、莫知其終焉。

(64)『斉民要術』巻2、種芋

按芋可以救饑饉度凶年、今中国多不以此為意、後至有耳目所不聞見者。及水・旱・風・蟲・霜・雹之災、便能餓死満道、白骨交横、知而不種、坐致泯滅。悲夫。人君者、安可不督課之哉。

(65) 漢族のサトイモ利用に対する消極性についてはフォン・グラーン氏も言及されている。R. Von Glahn, *The Country of Streams and Grottoes: Expansion, Settlement, and the Civilizing of the Sichuan Frontier in Song Times.* Cambridge (Massachusetts), Harvard University Press, 1987, p.176.

(66)『史記』巻129、貨殖列伝

蜀卓氏之先、趙人也、用鉄冶富。秦破趙、遷卓氏。卓氏見虜略、独夫妻推輦、行詣遷処。諸遷虜少有余財、争与吏、求近処、処葭萌。唯卓氏曰、此地狭薄、吾聞汶山之下沃野、下有蹲鴟、至死不飢。民工於市、易賈。乃求遠遷、致之臨邛。

(67)『漢書』巻91、貨殖伝、顔師古注

蹲鴟謂芋也、其根可食、以充糧、故無飢年。

(68)『斉民要術』巻2、種芋所引『広志』

蜀漢既繁芋、民以為資。

(69)『続資治通鑑長編』巻77、大中祥符5年正月乙酉条

并州上芻粟之数可給四・五年、上曰、河東仍歳豊穰、儲蓄尤広、自今諸路稔歳、

- 260 -

第 7 章　中国における食芋習俗とその展開

宜以時積穀為凶年之備、因言蜀州儲蓄甚鮮、陳堯叟曰、両川地皆肥饒、而民不務儲蓄、或小歉則有以蔬芋充食、上曰、河東北非粟不可務農、宝穀乃国家養民之道也。

(70) 注 (15) 『資治通鑑長編』。
(71) 『分門集註杜工部詩』巻 7、南隣
　　　錦里先生烏角巾、園収芋栗不全貧。
(72) 『唐会要』巻 84、租税下
　　　（大和）四年五月、剣南西川宣撫使・諫議大夫崔戎奏……旧有税薑・芋之類、毎畝至七・八百、徵斂不時。今併省税名、尽依諸処為四限等第、先給戸帖、余一切名目勒停。勅旨、宜依。
なお、盧綸の詩「送塩鉄裴判官入蜀」（『盧綸集』巻 2）にも「商に権すは蛮客の富、地に税るは芋田の肥」とイモに税がかけられていたことを窺わせる句が見られる。
(73) 大川注 (2)「中国史における芋類の地域性」。
(74) 盧勛・李根蟠『民族与物質文化史考略』（民族出版社、1991）、41 ページ。
(75) 注 (40) 『桂海虞衡志』。
(76) フォン・グラーン氏は、宋代の瀘州における農業は雑穀とサトイモからなる焼畑耕作が支配的であったが、漢族の移入・定着と共にイネ栽培を主とする農業へと移行していったとされる。Von Glahn, *op. cit.,* pp.174-181.
(77) 陳虹氏は唐宋期におけるイモ栽培の衰退の原因を黍・粟－冬小麦・水稲－麦という輪作の普及に求められている。詳しくは陳注 (4) 論文参照。
(78) 鈴木中正『清朝中期史研究』（愛知大学国際問題研究所、1952）、安野省三「中国の異端・無頼」（木村尚三郎編『中世史講座』7、学生社、1985）、山田賢「清代の移住民社会」（『史林』69－6、1986、のち『移住民の秩序』（名古屋大学出版会、1995）に再録）。
(79) 原宗子『「農本」主義と「黄土」の発生』（研文出版、2005）。
(80) 民国『海南島志』第 3 章人民、附黎苗俍伎、生活状況、飲食
　　　黎人飲食、因其村地大部分為水田、稲作較之漢人尤発達、食品以米為大宗。豆・米質良好、勝於沿海漢人所種。山居者則以玉蜀黍為輔。

(81) 民国『海南島志』第 3 章人民、附黎苗偒伎、生活状況、薯芋

黎地本適於種薯芋、歳中除種稲外、余時尚多、然栽者殊少。詢之黎人、則云米穀多、食料足、無需乎此。

同様の光景はこの島を訪れた外国人によっても目にされており、ドイツの人類学者スチューベルはリー族のイモ類利用について「タロ芋」と「つくねいも」は「少し食べ」られる程度であったと報告書に記しており（H・スチューベル（平野義太郎編・清水三男訳）『海南島民族誌』（畝傍書房、1943、のち 2002 年に大空社より復刊）、87 ページ）、また、社会学者の尾高邦雄も海南島での調査に従事し、黎族の栽培する作物が米・玉蜀黍・粟・甘藷であったことを述べている（尾高邦雄『海南島黎族の経済組織』(1994、のち『アジア太平洋地域民族誌選集』13（クレス出版、2001）に再録）、38 － 40 ページ）。

(82) 例えば、台湾総督官房調査課編『海南島に於ける農産業調査』(1929)、22 － 25 ページのように海南島でのイモ類栽培に言及する調査もある。

終章

　『大冶農村経済研究』という著作がある。1937 年の序を持つ本書は李若虚なる人物が中国地政学院の調査実習の成果を踏まえて作成したものであり、湖北省東部の大冶県の農村経済についてまとめた報告・研究である。第 3 章で採り上げた『湖北省之土地利用与糧食問題』がそうであったように、本書もまた現場の調査を経てなされた大変貴重な史料であるが、そこに載せる李の観察によれば当地の農村ではコメが口に入るのは 1 年のうち多くとも半年であり、それ以外の時期はサツマイモに頼っていたという。さらにコメやサツマイモを食するにも「雑糧」を混ぜて利用していたが、こうした状況は大冶県の農村にあっては決して珍しいものではなかった[1]。そして李は次のようにも記している[2]。

　　大冶の農村にあっては、もし彼等に「私たちは 1 年中コメを食べています」と話したならば、彼等は驚きの表情を浮かべつつこれを羨むでしょう。なぜならば 1 年中コメを食べられるということは彼等にしてみれば思いもよらないことだからです（城鎮の中に住む豊かな人たちはこの中に入りません）。彼等の食糧と言えば、1 年の内 4 分の 3 が甘薯と雑糧でまかなう、そのような食事のあり方なのです。

コメ以外の作物に多くを依存する農村の食の実態がここから窺い知れるわけであるが、この記述で何より興味深いのは農民達のコメに対する反応である。コメをたくさん食べられる環境にある調査者に対して農民が向ける羨望の眼差し、このやりとりは仮定のこととして書かれてはいるが、農民の心性にまで踏み込んでなされる描写は、実際に農村の中に入り込んで農民の生の声に接している者にしか書けない文章である。それはさておき、コメに対して農

民が露わにするその感情は湖北の農民にとってコメが容易には食することを許されない作物であったことを物語るものとして受け取られる。

無論、李が調査に入った1930年代の大冶県が国民党と共産党の戦闘の余波を受けて経済が疲弊していたことを考慮に入れるならば、上記の描写をもって当時の日常食の様相を代弁させるわけにはいかない。より社会の安定している地域や稲作栽培の盛んな穀倉地帯にあっては大冶県よりもコメを食する機会にめぐまれることも多かったはずである。しかし、程度の差こそあれ湖北省の農民がとっていた食事においてオオムギ・コウリャン・トウモロコシ・サツマイモ等の作物は欠かすことのできないものであり、それらが果たした役割の大きさを否定することはできない。そして、このような民衆と食との関係性は「南米北麦」のような単純なモデルからは遠くかけ離れたものである。

本書で一貫して示してきたのは、以上のような日常食の具体的な内容とそうした食事の摂取を人々に促す社会的・経済的な背景である。無論、この検討作業を通じて明らかにしえた事実がある反面、言及できなかったことも数多く残されているが、差し当たって本書における検討が中国農業史・食物史研究においてどのような部分を開拓しえたのか、そうした新たな側面を提示しつつひとまずの小結としたい。

まず1つめの側面は華中・華南地域における日常食、そしてそれに深く関わるものとしての栽培作物種の多様性に求められる。序章でも言及したように、従来の中国食物史研究においては「南米北麦」のように華中・華南地域における日常食はコメのみで語られる傾向が強かった。農業史研究においても同様のことが言え、華中・華南地域の農業はイネの栽培を中心に据えて論じられることが多かった。

しかし、本研究を通じて浮かび上がってくる華中・華南地域の農業像そして日常食の実態は決してコメだけで語りうるものではない。そのことは第2章の検討結果が如実に示しているし、より具体的には第3章の成果が都市部におけるコムギの重要性を、農村部におけるコムギ・オオムギ・コウリャ

ン・トウモロコシ・サツマイモ等の畑作作物の重要性を示し、第 4 章の成果は第 3 章の事例よりも一層畑作作物に依存する食生活・農業生産の様相を指し示したように、環境に応じた日常食の実態を見て取ることができる。また、第 5 章や第 7 章においてはソバやイモ類の利用を通じて貧困層の再生産活動が保障されていたことを明らかにし、従来の研究では省みられることのなかったソバやイモ類の重要性について指摘したが、これらの事実からも華中・華南地域の人々の生活はコメ以外の作物に多くを依拠していたことを窺うことができよう。

　無論、こうした見解は華中・華南地域におけるコメの重要性を否定するものではない。華中・華南の各地域でのイネ栽培は他の作物と比べて群を抜く生産量を誇っており、そうした生産の様相は当該地域においてコメの持つ巨大な存在感を物語るものである。

　ただ、生産の側面だけではなく、消費の側面にも注意を払いつつ当時の食と農の姿を理解しようとするならば、コメ以外の穀類やイモ類に対する上記の評価はいささかも揺るがない。それは各種作物に対する依存度が地域や社会的・経済的階層といった条件によって大きく異なるという複雑な利用事情が存したからである。確かに官僚や地主・商人といった富裕層、或いはイネ栽培が盛んな地域の民衆の間では日常食においてコメが占める割合は大きい。そこに従来のような「南米」像を当てはめてもさしたる違和感は発生しないが、一方でそれ以外の人々の食事にこうしたイメージを求めようとすると無理が生じてくる。例えば、第 3 章・第 4 章で触れたようにコメは租税・小作料として或いは販売用として用いられることが多く、農民の手元に残るコメの量はその生産量を一定の程度減じたものであった。つまり、全ての農家が家族 1 年間の食を保障するだけのコメの量を確保できるわけではなく、そうした不足分を補う作物としてムギを始めとする各種穀物やイモ類が重宝されていた。当然、このような生活環境の下ではコメの重要性は相対的に低くならざるをえない。

　以上の利用実態からも明らかなように、華中・華南地域における日常食

は複雑で多様な性格を有しており、「南米」のような平板なイメージで語りきれるようなものではない。また、コメとコメ以外の作物いずれが利用されたのかという対立的な構図の中で理解することも実態からの乖離を促してしまうだろう。華中・華南地域のコメをめぐってはコメとコメ以外の作物の関係をどちらか一方でも欠けてしまうと社会全体の機能に支障を来すような有機的な関係として捉えるのが最も実情に近い理解であると言えよう。ここから「南米」のイメージは中華民国期以前の華中・華南社会には安易に適用できるものではなかったと結論付けることができる。

このように日常食と農業の現場について詳細な観察を加えると生産・利用される作物の多様性という現実が見えてくるわけであるが、その一方で漢族が日常食や農業そのものに対してこうありたいと望む心性、いわば食や農業における理想について目を向けるならば、そこにはコメに高い価値を見出す傾向が看取される。そして、そうした価値観の反映として食生活や農業生産の現場ではコメ志向という言葉で言い表されるべき方向性が現出していた。このコメ志向こそが本研究を通じて明らかになった食物史・農業史上におけるもう1つの新たな側面である。

一概に理想と言っても、それはどちらかと言えば人間の内面に存する事柄であるから、史料の中にそれが表明されることは極めて稀であり、実際には論証しがたい。ただ、断片的な史料の集積や本研究で明らかにした事実からの類推を通じて、そうした傾向は確かに汲み取ることができる。

冒頭に掲げた李若虚の一文はそうした傾向、換言すれば人々の持つコメへの憧れが垣間見られる大変貴重なものである。1年を通じて常にコメが食卓に上がるという食生活に対して農民が向けると目される反応は明らかに農民達にとってコメが持っていた魅力を示すものであり、それは見方を変えれば、農民達の間ではコメは他の作物と比べて高い価値を持ち、高い序列にある作物として意識されていたことを示すことにもなる。

そのように意識されるからこそ華中・華南地域ではイネが他の穀物よりも優先的に栽培されるようになる。イネの栽培が比較的容易に行える平原や

終章

支谷は稲作地帯へと変貌していったが、それ以外の土地、湿地帯や山地でも稲作栽培を行う条件が整えられれば、そこでは栽培サイクルの中にイネが加えられ、さらに栽培技術や自然環境といった条件が許せばイネの二期作・三期作も行われた。長江下流域や鄱陽湖周辺・江漢平原・四川盆地・珠江デルタなどの穀倉地帯としての景観はこうした活動の賜物である。

　この栽培傾向を示す事例は本研究の中にも見出すことができる。例えば、第4章で検討の対象に据えた湖南省永順府の農業について考えてみよう。永順府は18世紀における直轄地化を経て漢族の移民を多数受け入れるが、それと共に当地には稲作栽培が持ち込まれている。永順府はその領域の大半が山地で占められており、稲作に適した土地は極めて限られているにもかかわらず、である。わずかなりとも可耕地があるならば、そこをイネの栽培地に充てようとする農民の判断からはコメに対するこだわりが見て取れる。

　これは永順府のみの特別な事例ではない。同様のことは湖北省を対象とした第3章での検討からも確認することができる。湖北省西南部に位置する施南府は永順府と同時期に改土帰流政策を受けて漢族の経営する土地となり、省内・省外から多数の移住者が流入する。本地もまた鄂西山地に属する山岳地帯であり、お世辞にも豊穣な稲作地帯となりうる土地であるとは言えない。しかし、表3－2を見れば分かるように、施南府に属する五峯・鶴峯・宣恩・来鳳・咸豊・利川・恩施各県におけるコメの生産量は決して低くない。無論、他の穀倉地帯に比べれば高い生産量を誇っているとは言いがたいが、それが外部からやって来た漢族が稲作を持ち込んでの結果と考えるならば、その数字は漢族の農業生産の志向を象徴するものとして別の意味を持つことになろう。

　この生産志向は漢族の四川への移住からも読み取れる。第7章でも示した通り、中国においてサトイモ・ヤマイモは古い時代より食糧として重要な役割を果たしており、四川でも食芋習俗は顕著であった。しかし、四川では清代に入って食芋習俗が消滅してしまう。それは明末の混乱を経て極度に荒廃した当地に全国各地から漢族が移住を行い、積極的な稲作栽培に従事した

- 267 -

結果のことである。未だ非漢族の影響力が強く残っている湖南・広東・広西といった地域では、非漢族との関わりもあって食芋文化を受容する漢族が多く見られたが、人為的な原因によって漢族・非漢族共に人口が激減し文化的な空白地帯となった四川にあっては、漢族は非漢族の影響を受けることなくその稲作志向を発揮した。

　以上のような事例からは漢族の持つコメ志向を読み取ることができ、またその志向を現実のものとするために開発の最前線に入り込み、イネの栽培地域を拡大させていく漢族の姿を見ることができる。そして、こうした農業生産の実態を踏まえた上で、明代から民国期にかけての長期間に生じた華中・華南地域における移住の波を捉え直すならば、それを華中・華南の辺境地域にまでイネに重きを置く価値観が浸透していく過程、漢族的な農業が定着していく過程として描くことも可能であろう。

　ただし、華中・華南地域における稲作栽培地域の拡大という現象に対し、理想という内面的な要素だけでそれを説明付けることは正しくない。農民達が稲作栽培に積極的に取り組む背景には、租税の銀納化とそれに伴う農業生産に対する要請の変化という外面的な要素もまた見出されるべきであろう。周知の通り、一条鞭法の施行以降、収税の現場は現物納入から貨幣納入へとシフトしていき、その影響で農民にも貨幣の獲得が求められるようになる。このことは直接生産者までもが貨幣経済の末端に組み込まれることを意味しており、またそのあおりを受けて農業生産の形態や農民の持つ作物観もまた変化を余儀なくされた。ワタ・ダイズ・タバコ等商品作物生産の増大はそうした現象を顕示するものとして捉えることが可能であるが、各種穀物類も売却用のものと日常消費用のものとに用途が分化し、コメは効率よく貨幣を獲得できる穀物として優先的に栽培されていくこととなる。以上のような農業生産の周辺における環境の変化が農民の抱く理想と作用し合い、コメ志向に一層の拍車をかけたことは想像に難くない。

　このように清・民国期の農業はこうした様々な要素の絡み合いの末に方向付けられたものであるが、まさにこの点に宋元期までの農業との差異が見

いだされる。第2章にて確認したように当時の農民は春夏の端境期を迎えるまでは前年に収穫したコメを利用していたが、銀納制の定着に伴うコメの商品化が進んだ状況においてはコメを積極的に口にしようとする姿勢は農民の間に見られない。無論、それは個々の農民を取り巻く諸条件によって異なるものであり、一概に適用される農民像ではないが、時代の変化と共に農家経営にまつわる農民の戦略性も緻密になっていったと見てよい。

つまり、本書において繰り返し提示してきたコメ以外の穀類とイモ類を盛んに活用する食生活の背景には、「コメを口にできない」という側面と「コメを口にしない」という側面が働きかけていたことになる。前者は低い生産性や国家・地主などによる搾取といった理由によって農民の手元に自家消費用に充てるだけのコメが残されていない状況を、後者は再生産活動の維持を図るためコメの大半を売却用に充てようとする農民の姿勢を意味している。農業生産や農民の生活はこれらの要因が作用して一定の変化を来したものと理解され、早いところでは明代の後半の時点でそれが生じていたと推測される。また、こうした点を踏まえるならば、第2章に示したような宋代における農民の生活は後代に比べるとまだ牧歌的な雰囲気を残していたものと見なすことも可能であろう。

以上、本書を通じて明らかにしえた2つの側面について論じてきた。前者が農業生産と食生活の現実としての栽培穀物の多様性を、後者がその理想としての稲作・コメ志向を示すものである。従来の中国農業史・食物史ではこの食と農に見られる現実と理想とが峻別して論じられることはなかった。しかし、この現実と理想を意識して中国食物史・農業史を捉えなおすことは、今後中国の農業や食生活にまつわる具体像を描いていく上で有効な手段であると言える。

例えば、理想の側面について検討を進めていくことは、官僚や農民の抱く農業観・食物観に対する理解を深めることにつながる。こうした理解の深化は、農業開発の進展や食生活の変遷など農と食の歴史的展開を長期的な視野から捉えようと試みる際に、その展開の背景にある理念的な基盤を提供す

ることになろう。

　また、現実の側面について追究していくことは、農作業や食物利用に関する現場の論理に目を向けさせることになる。例えば、上述した農民の経営戦略は生産の現場に立つ者の持つ合理的な思考に基づくものであるが、そうした農民の姿は従来の社会経済史研究に見られる発展史観においては見過ごされてきたものである。従来の研究が現代社会を到達点として生産力がいかにして向上してきたかを論じ、その筋書きに合わせた形で生産技術や生産形態・所有形態など関連する諸要素を理解してきたが、それに対して生産者の論理を踏まえた上で農業史・食物史を描き出すことは生産性のみを歴史理解の軸としない農業史・食物史像の描写を促し、従来とは異なった角度からの歴史像の構築も可能になろう。

　このように本論での検討結果は今後中国の農業や食といった分野のみならず、社会・経済全般のあり方を考察する上での有効な材料を提供するものである。本論が日常食の検討を通じて得られた成果の1つはここにあると考える。

　そして、今後は以上のような問題意識の下で中国の農業・食物の歴史に対する理解を一層深めていくことが求められよう。中国の日常食に関わる研究課題はまだ数多く残されている。例えば、より多くの個別事例の検討とそれらに基づく議論の体系化はそうした課題の1つである。本論では湖北や湖南の事例を通じて日常食の階層性や地域性について論及したが、こうした特質を農業史や食物史といった大きな枠組みの中に位置づけるにはより多くの個別事例の検討が必要とされよう。長江下流域や珠江デルタのような稲作が盛んな地域での階層性はいかにして描写されるのか、福建や四川・貴州といった山地での日常食は湖南におけるそれといかなる共通点と相違点が見出されるのか、検討すべき事柄は山積している。これらの事例を踏まえた上で本論にて提示した日常食像・農業像をより多角的な視点から総体的・体系的に把握することが強く求められる。

　そうした問題については今後の研究課題とするとして、本論での検討結

果をまとめるならば、華中・華南地域の農業社会・食生活空間は上記の理想と現実の中で展開を見せたこと、また時間の経過と共に「南米」の方向へ向かいつつあったとすることが指摘される。無論、「南米」化は直ちに実現したわけではない。実際にはムギ・コウリャン・トウモロコシ・サツマイモ・サトイモ・ソバ等々コメ以外の作物に多くを依存する生活が広く見られたわけであり、それが現実のものとなるには20世紀後半まで待たねばならない。「1年中コメが食卓にあがる生活」に憧憬の念を抱きつつ農民は日々の生産活動に明け暮れる、清代から民国期にかけての華中・華南地域の農村社会において人々の生活はそのような情景をもって描かれよう。

注
(1) 『大冶農村経済研究』21008ページ

　　表現在他們食上的是米粮擾食、得吃米的時期、最多是半年、其他的日子、是全靠甘薯（当地名藷）充饑渡過去的、雑粮除了混在米裡之外、便是混在藷裡、三月不知肉味、在大冶農村中並不稀奇。

　なお、引用ページ数は中国地政研究所叢刊版による。

(2) 『大冶農村経済研究』21110ページ

　　在大冶農村中、如果告訴他們説我們終年食米、那他們会用驚奇来表示羨慕、因為終年食米、在他們是想像不到的（自然城鎮中的富有者不在此列）、他們的食粮、四季中有三季是甘薯和雑粮－就是這様的食法、……。

後　記

　中林の家系は不思議と農桑に縁がある。

　我が家は元を辿ると上州の一農家に行き当たる。祖先がこの地に居着いた時期は判然としないものの、遅くとも江戸の初期以来長きにわたって農事に明け暮れてきた。代々受け継がれてきたこの家業から離れたのは曾祖父である。長男でないが故に農業を引き継ぐことはせず、他に職を求めて養蚕に関連する仕事に従事する。祖父もまたこの仕事を家業としない。若き頃よりいくつかの職を経て、最終的には八百屋を己が生業と定めて県庁のそばに青果店を構える。父は長男ではあるが祖父の後を継がない。店は弟に譲り、自身は東京に出て税理士の資格を取得する。こうして農桑との縁も切れるかと思いきや、勤務先は築地市場にて仲卸を行う会社であり、ここで会計畑を歩む。そして、その息子は中国史の研究者としてここに農と食に関する著作を物している。

　4代にわたって職を替えながらも、それぞれの就く職は必ず農桑と関わりがあるというのも、そうそう見られることではあるまい。生来神仏は嫌悪の対象でしかないが、こうした繋がりは縁に由るものだと説明されれば、何とはなしに納得してしまう自分がいることも否定できない。

　そのようにして考えてみると、本書がどうにか公刊に漕ぎ着けられたのも、こうした縁の力が働きかけてのことと見てよいのかもしれない。

　ひとつは立教大学を通じての縁。約20年前に入学して以来、文学部史学科に属する先生方にはご指導いただいてきた。直接の指導教員である上田信先生には博士論文の主査を、深津行徳先生には副査をお引き受けいただき、拙さを多分に含めた内容に対して的確な批判・助言をいただいた。私の非才もあってこれらが本書に十全に生かされているとは思えないが、今後の研究の指針としても心に止めておきたい。

東洋史の先生方と大学院生が一堂に会する、通称「合同ゼミ」でのやりとりもまた同様の指導を得られた場であり、ここでは上田・深津両先生に加えてイスラーム史の設樂國廣先生、東南アジア史の弘末雅士先生からも研究について講評を賜れた。中国史の枠組だけで理解を深めようとすることの浅薄さを実感させてもらえると共に、マイノリティである農業史・食物史という分野に身をおく私の研究を好意的に評価してくださり、折に触れ励ましのお言葉をいただいたことは、何物にも代えがたい精神的な支えとなった。

　精神的な支えという意味では大学院における同学の方々の名を挙げぬわけにはいかない。同門の先輩に当たる倉橋圭子さん・沼尻政徳さんには中国史にまつわる話題から雑談に至るまで気さくに応じてくださった。悪友とも呼べるイギリス史の山本信太郎さん・大和久悌一郎さんとは何かと言えば学内の喫煙所や大学周辺の喫茶店、あるいは場末の飲み屋にてヨーロッパ史に関する研究の動向を学ばせていただくこともあれば、極めて下らない話題に花咲かせることもあった。ともすれば孤独になりがちな研究生活も、これらの方々との交流によって救われ、ドロップアウトすることなく院生生活を全うすることができたのだと思う。

　また、本学に兼任講師として出講されていた民俗学の増田昭子先生にお目にかかれたことは、私の研究にとって大きな意味を持つ。増田先生は論文が公刊されるたびに懇切丁寧な講評をお寄せくださったが、それに加えて山村での民俗調査にもお誘いいただいたことは研究の根幹を形成する上で重要な機会となった。山梨県上野原市西原において行った調査では、単に山地農業の実際を見聞きするだけではなく、定期的に通っては農作業を手伝わせていただいた。そこでお世話になった中川智さん・仁さんご兄弟には農作業のイロハを指導していただいただけではなく、農民としての思考法、農業の現場で働く者としての哲学のようなものを学びとらせてもらったと思っている。本書がわずかなりとも農の現場の感覚を漂わせた内容に仕上がっているとするならば、それは全て増田先生と中川さんご兄弟のおかげである。

　こうした立教大学を通じての縁に加えて、もうひとつ、上智大学の大澤正

昭先生のゼミを通じた縁もまた本書にとって大きな助けとなっている。私は修士1年目からこのゼミに参加させていただいたが、当時立教と上智は単位互換制度を採用していたとはいえ、何のアポイントメントもとらずゼミの場に闖入した者を大澤先生は快く迎えてくださり、後には博士論文の副査も務めていただいた。こうした大澤先生に私が被っている恩恵の大きさは計り知れない。

　それに加えて、このゼミを通じて知り合った同学の方々にも多くを助けられた。畏友の小川快之さんとはことあるごとに談笑する機会を設け、その中で本書の内容についても様々なアドバイスをいただいた。村上陽子さんと大川裕子さんには古くより何かにつけお世話になり、その驥尾に付して農書の輪読や中国での調査に臨んできた。とりわけ、大澤先生を中心とした農書の輪読は継続的に行われ、両氏の他に井黒忍さん・藤本公俊さん・小野恭一さんの各氏も加わった輪読会は、ざっくばらんに中国の農業を論じ合える場として常に刺激をいただいている。

　また、村上・大川両氏のお誘いを受けて中国古代史研究会に臨席できたことも幸運なことであった。現在では池田雄一先生・多田狷介先生・太田幸男先生・佐藤佑治先生・原宗子先生といった先生方が中心となって『斉民要術』を輪読しているが、一字すらゆるがせにせず史料に接する厳格さ、些細な記述に問題の種を見いだし議論を深めていく問題意識の高さからは研究に取り組む者としての姿勢を学ばせていただいた。

　さらには大澤先生のご紹介で東洋文庫にて『中国社会経済史用語解』の編集作業に参加できたことも社会経済史に携わる身としては得がたい経験となっている。中国の社会経済史全般に目を通すこととなるこの作業が、これまで農業史に凝り固まっていた自分自身にとってはいたく蒙を啓くものであったし、斯波義信先生を始めとして梅原郁先生・千葉焃先生・渡辺紘良先生・相田洋先生・土肥祐子先生・長谷川誠夫先生・石川重雄先生といった先生方の謦咳に接する機会を得られたことも貴重な財産である。わけても、作業の合間に斯波先生より伺った学問にまつわる数々のお話には、今となっては知

る人も少なくなってきた内容のものも多く含まれ、正直な話、これを楽しみとして東洋文庫に通勤していたところもある。

　このように本書は数多くの先生方、同学の皆さんとの縁に支えられてできあがったものであり、本書が研究の進展に裨益する内容を含んでいるとすれば、それはこうした方々による助言・批判・激励に多くを拠っている。また、本書の刊行は、汲古書院の石坂叡志社長からの格段のご配慮、並びに三井久人さん・小林詔子さんからの的確なアドバイスをいただいて実現したものである。これらの方々に対して厚くお礼を申し上げます。

　最後に両親に心からの感謝を申し上げたい。不肖としか形容のしようがない息子を文句一つ言わずに見守り、陰ながらに支えてくれたからこそ本書は日の目を見たのだと思う。

2012 年 8 月　　　中林　広一

索　引

- 索引は「事項」・「作物名・加工品名」・「研究者名」の三種に分け、それぞれ語彙を五十音順に従って配列した。ただし、研究者名の内、「中国・台湾・韓国」はピンイン順に従っている。
- 作物や加工品の名称については現代的な名称として用いている場合（カタカナ）と史料用語として登場する場合（漢語）とで分けて採集している。例えば、「アワ」と「粟」のごとくである。
- 史料用語としての作物名・加工品名については和名に基づく配列は行わず、語彙の音読みに従った。例えば、「粟……ゾク」や「粥……シュク」のごとくである。
- 語彙の採集については適宜採否を決めているため、網羅的な索引にはなっていない。

事項索引

移住
　　13,15-17,75,76,130,132-135,144,146,208,250,251,267,268
稲作　76,89,118,131,146,267,270
— 栽培　136,145,264,267,268
— 志向　268,269
裏作　175,177
エネルギー　19,22,25,26
――――　摂取量　19
――――　の摂取比率　36
――――　必要量　19,36
宴会　8,119
階層性
　　2,6,28,29,83,87-89,97-99,104,114,115,117,119,121,127,129,147,155,156,178,270
開発
　　3,13,16,17,29,57-59,75,76,130,131,135,144-147,226,268
— の志向　75
河谷平野　74-76

下層民　102,103
カロリー　4,36
灌漑　77,136,138,248
旱地栽培（イモ）　237,238
勧農　80,160,251
勧農文　78,89
官僚　114,265,269
（食の）季節性　83,84,87-89
救荒作物　140,173-175,211
— 食品　173,198-200,204,215,216,218
（農民の）経営戦略　120,142,146,270
軍田　161
経済的階層　29,178,265
形態条件　43,47-50,60-62,64,65
耕起　58,79
（農民の）合理性　121
穀（分類概念）
　　28,39-41,43,46-51,54,55,59-66,68,71
穀物消費　81
――――　量　23,25,96

事項索引 コ～ノ

五穀　39,40,42,52,53,62,66
コメ志向　266,268,269
栽培形態（イモ）　237
──── 　（ソバ）　174,175
栽培サイクル　58,84,136,137,178,187,237,267
山間地　75
散水　202-204
山地
　　57,76,116,132,134-138,142-147,170,171,176,1
　　77,237,242,244,246,252,266,267,270
── 開発　57,144
── 農業　136,137,144,146,244
自家消費（用）作物
　　103,118,119,121,126,141,142,269
市場　115,126,141,142,179,194
── 価値　179
── 圏　16,17,115
屎尿肥料　79
集約的な農業　74,80,138,208,244
春花　58,70
小春　58,70
商品作物　12,13,27,119,141,143,147,177
──── 化　57,147
──── 栽培（生産）　10,146,177,179,268
食芋習俗
　　225,227,228,235-246,249-253,258,260,267
食の商品化　147
食糧作物　10,12,22,23,26,52,53,59,64,71,105
除草　78,79,174,185,204
新大陸作物　13,252,252
水田　76,80,105,135,137-139,143,145,175
── 耕作　137,138,143
水稲作　139,144-146,244
精耕細作　79
生産力（性）
　　3,13,79,80,89,118,130,134,138,139,142,176,177,
　　178,244,269,270
生産力水準　89,177
施肥　79,174,185,204
繊維作物　52,58-61
先進技術　74,80
先進性（的）　77-79
扇状地　75,76
粗放な農業　79,80
大田穀作主義　251,252
高い階層　7,8,14,27,80,97,216
棚田　144
種芋　201-204
地域性　2,29,97,129,155-157,165,168,171,270
地主　84,114,265,269
地方志
　　39,41,43,54,56,62,64-66,68,131,133,165,166,
　　168,183,184,211,228,250,254
地方都市　115
中耕除草　77,79
天水　136,138
佃農　114
都市（部）
　　7,8,14,28,29,95,97-101,104,110,114-117,119-
　　121,127,143,147,208,209,264
都市－農村関係　97,98,115
屯　161
南米　3,18,266,271
南米北麦　2,121,264
農家経営　121,269
農業開発　58,131,144,147,269
── 技術　77-80
── 経営　76,80,141,142,146,208
── の近代化　37
── の志向　146,267

- 278 -

農書　41,43,63,64,78,89,160,174,185,204,211,250
農村（部）
　　　19,23,28,29,78-82,84,86-88,97,98,100,101,104,
　　　110,113-121,123,127,143,209,263,264
農村社会　18,78-80,82,86,89,92,271
売却用作物　103,119,121,126,142,265,268,269
端境期　84,110,127,173,173,177,269
播種　58,79,85,136,160,170,173,174
畑作　74-76,80,89,138,139,143-146
―― 栽培　76,77,145
―― 作物
　　　76,80,81,88,89,136,139,143,145,155,264,265
畑地　105,145
非漢族
　　　16,130,132,168,178,181,184,240,241,245-247,
　　　249-251,257,258,267,268
低い階層　7,14,80,93,206,216
肥培管理　79
肥料　79,201,203

貧困（層）
　　　19,23,87,88,94,97,98,101-104,113-115,118,120,
　　　121,127,143,176,259,265
貧農　113,120
貧民　88,145,173,240,244
富農（層）　11,19,23,33,87-89,114,120
富裕（層）
　　　23,84,97,98,101-104,114,117,120,121,127,143,265
粉食　152,161,162
本草書　39,41,43,64,214,215
間引き　185
焼畑耕作　134,135,137
――――（イモ）　237,238,244,261
油糧作物　52,55-59
用途条件　43,47-49,55,59,62-65,71
懶者　79
陸田　175
粒食　42,140,152,161,162,164
緑肥　78,79,204

作物名・加工品名索引

アイ　41,50
アケビドコロ　195
アサ　47,49-61,68-70,76
アサ油　56,57,59,60
アサザ　198
アサ製衣料　58
アブラナ　55-58,70,105
アマ　51
アマソバ　→　フツウソバ
アワ
　　40,42,46,47,53,76,83,88,127,135,140,142,145,155,159,160,177,181,225,248
イチョウイモ　191
イヌ　7
イネ
　　3,9,11,14,27,40,42,43,46,47,53,62,74,84,88,118,136-139,141,146,175,177,187,225,261,265-268
イモ
　　22,23,26,29,36,47,48,62,66,71,105,110,113,141,146,155,156,189,190,225-228,236-254,257,258,260,262,265,269
芋（芋頭・芋魁・蹲鴟）
　　62,63,76,119,127,183,228,237-239,243,244,249,254,260
ウシ　7
ウマ　7
エゴマ　55,56
――　油　55
エンバク　42,86,140,156
罌子粟　46
オオムギ
　　32,42,83,85,86,95,105,110,113-115,118,120,121,125,126,160,264

オヤイモ　239,245,256
温淘　164
カエル　7,8
攪団　163,164
果実　4,22,23,37
カシュウイモ　195,196
かてめし　→　糧飯
カブ　55
火麻　68,69
カリントウ　102
河漏　182
甘藷（甘薯・紅薯・番薯）　62,63,116,262,263
甘䕡　239
乾豆　140,142
菊花酒　8
絹　16,52
キビ　42,46,47,53,83,127,160,172,177,238,248
蕎麦（荍麦）
　　50,76,116,157,158,165,166,179,185-187
玉蜀黍（包穀・苞谷・苞蘆）
　　42,50,116,126,127,139,144,178,188,242,252
クズ　48,52,62,140,142,165,199
クスノキ　57
クリ　238,240,242
クロガネモチ　57
クワ　76
蕨　62,63
ケナフ　51
コイモ　238,245
秔　76,178
粳　76
糕（ソバ）　163,182
――（ヤマイモ）　210,216

作物名・加工品名索引コ～シ

羹　85,247
— （ヤマイモ）　205,206,208,221,240
紅薯　→　甘藷
紅薯絲　118
黄独　194-196
コウマ　51
黄麻　60,66,68
コウリャン
　　46,110,113,115,116,120,121,135,140,142,264,271
高粱　→　蜀黍
穀稲　→　稲
穀米　→　米
穀物
　　3,13,22,25-27,38-42,26-28,50,59,65,76,81-83,
　　88,104,110,113,118-120,134,138,140-143,146,
　　159,161,162,173,177,179,225,226,238,239,246,
　　248,251,252,265,266,268,269
— 粉 （穀物粉製食品）　140,162,163,165
菰飯　85
ゴマ　47-49,56,57,60,61,64,66,68,134,271
— 油　55,56
コムギ
　　2,3,42,43,85,86,94,101,102,104,105,110,114,
　　115,117,118,120,126,159,162-164,178,180,182,
　　207,208,264
小麦粉　162-164,182
—— 製食品
　　95,101,103,104,140,162,207,208,216
コメ
　　2,3,13,14,23,27,32,80,82-89,93,96,101-103,104,
　　110,114-120,123,126,127,129,130,138,140,141
　　-143,146,147,159,162,172,173,181,208,239,
　　246,248,253,263-269,271
餛飩　86,95
ササゲ　118

雑穀　2,14,65,127,135,261
サツマイモ
　　13,23,26,32,46,47,62,105,110,113-116,118-120,
　　139,142,155,172,189,225,251,263,265,271
雑糧　62,139-142,144,172,263
サトイモ
　　26,32,47,62,119,139,142,155,183,189,225,226-
　　228,237-239,242,243,245,248,249,253,256,260,
　　261,267,271
砂糖　16,22,23,104
蠶豆　116,127,188
シソ　41,46,50
シナアブラギリ　56,57,144
ジネンジョ　191,238,245
芝麻（芝蔴）　50,60
ジャガイモ　47,62,189,225,251
シャクチリソバ　157,158
粥　83,84,100-103,114,117,122,127
— （アサ）　68
— （ソバ）　162
— （トウモロコシ）　126,127
— （ヤマイモ）　206,208,210,221,222,239
— （薏苡）　221
菽　52,85,88,116,139,141,186
秫　76
黍　42,116,188,244
薯　62,63,239,240,242,253,254
麴（麦麴）　85,86
ショウガ　238
ショウブ　199
燒　163
小米　→　粟
蒸餅　86,95,163
小麦　116,126,178,179,261
稷　52,244

- 281 -

作物名・加工品名索引 シ～ハ

植物油　17,22,25,55-57,70
蜀黍（高粱）　116,126,178,
藷飯　239
薯蕷　190,195-197,214,242,243
水稲　→　稲
青麻　60
煎餅　163
粽子　8
早稲　9,84,138
粟（小米）　76,84,88,116,119,122,238,262
蔬菜
　　　4,22,23,25,36,37,76,123,206,211,213-216,223,226,
　　　239,247,250,251
蘇子　46,50
ソバ
　　　29,32,42,47,83,87,88,105,135,136,139-142,155-163,
　　　165-168,170-181,184,186,187,190,238,265,271
― ガキ　164
― 切り　157,163,164
― 粉　87,163-165,182
― 米　161,162
ソメノイモ　195,196
粗糒　139
ダイコン　57,123
ダイジョ　194-196,217,239,245
大薯　217
ダイズ　9,37,55,57,268
── 油　37
大麦　116,126,179
大米　→　米
タイマ　47,48,51,60,66
大麻　51,56
タケノコイモ　239,245,256
ダッタンソバ（ニガソバ）　157,158,165,172,184
タデ　222

タバコ　13,16,177,268
畜産物　22,23
茶　17
チョマ　51,52,60
苧麻　51,60,66
ツクネイモ　191
稲（穀稲・稲穀・稲米・水稲）
　　　11,40,42,118,119,142,162,175,179,186,188,261
豆　42,76,119,136,139,178,179,184,188,238,242
― 飯　85,94,247
― 粉　207
湯餅　86,95,163,164
稲米　→　米
トウモロコシ
　　　13,42,46,105,110,113,115,116,118,120,126,127,
　　　135,136,139,142,143,151,155,172,176,238,251,
　　　265,271
桐油　144,145,147
トゲイモ　239,245
トコロ　194-196,199,211
ナガイモ　190,191,194-196,238,245
ナンキンハゼ　55-57
ニガソバ　→　ダッタンソバ
年糕　8
ハクサイ　57,123
餺飥　86,95,164
― （ヤマイモ）　207
麦麨　→　麨
― 飯　37,85,86,118,126,127
― 粉　→　麺
ハトムギ　47,50
飯（イモ）　141,239,240,244
―（コメ）　37,83,100,101,114,116
―（ササゲ）　118
―（ソバ）　162

- 282 -

作物名・加工品名索引ハ～ワ

―（トウモロコシ） 127
―（マコモ） 85
―（マメ） 85,94,247
―（ムギ） 37,85,86,118,126,127
パン 102
番薯 → 甘藷
晩稲（晩米） 9,50,84,105
萆薢 196
ヒシ 198
ヒマ 57
ヒユ 57
フツウソバ（アマソバ） 157,158
餅 95,140,162,207
―（ソバ） 87,140,162,163
―（トウモロコシ） 126
―（ヤマイモ） 207,210,222
米（稲米・穀米・米穀・大米）
　　42,100-103,110,116,118,119,122,162,239,240,
　　244,252,262
―粉 162,240
ベニバナ 55,56
―――油 56
ヘビ 7
包子 102
包穀 → 玉蜀黍
苞谷 → 玉蜀黍
ボウマ 51,60
苞蘆 → 玉蜀黍
マコモ 83,85
マメ
　　47,53,62,70,76,83,85,88,105,119,127,135-137,
　　139-142,145,159,160,173,175,177,238,247,248
饅頭 102,104
ムカゴ 201,203
ムギ
　　2,13,27,32,40,46,47.53.62,70,76,83-83,86,87,
　　89,102,110,114,118,119,127,135,139,143,155,
　　172,173,175,177,179,222,235,246,265,271
ムギコガシ 86
麵（麦粉） 101,104,110,119,127,163,164,182
麵條 164
麵包 103
メン類 102,164,165,182,207
麵類 100-102
ヤツガシラ 238
ヤマイモ
　　47,62,155,189,190,195-211,213-218,220,222,
　　225-228,237-239,241,242,245,247,253,256,267
―――粉 208-210
ヤマノイモ 191,194-196,217
油菜 50
ユチャ 56-58
油桐 144-146
油麻 66,68,76
ユリ 199
蕷 63
薏苡 50,63
ライムギ 42,86
ラッカセイ 55-58,119
藍子 50
栗 244,249
糧飯（かてめし） 118,141,162,239,258
涼粉 163-165
緑豆 142,165
老麦 140
ロバ 7
ワイルドライス 85
ワタ 13,16,51,52,55-59,105,119,177,268
ワラビ 47,48,62,66,140,142
割れ米 117

- 283 -

研究者名索引①ア〜フ

研究者名索引

①日本

青木正児　5,30,31,221
足立啓二　10,33,34,37,70,74,75,77,91,186
安部健夫　5,17,31,32,36
阿部矢二　127
天野元之助　10,33,37,39,65,73,90
網野善彦　14,35
石井進　35
磯貝富士男　186
一海知義　93,94,96
稲澤敏行　182
稲田清一　36
岩井茂樹　33
上田信　35,75,91
梅原郁　5,31
大川裕子　38,225,237,249,253,254,261
大澤正昭　74,75,77,79,80,91-93,96,237,255,256
大西近江　180
尾形勇　2,30
尾高邦雄　262
加地伸行　223
加藤繁　9,33
川勝守　3,10-12,30,34,70,99,122
菊池秀明　16,35
北田英人　3,10,11,30,34,75,91
北村敬直　17,36
木村春子　30,31
草野靖　75,91
桜井由躬雄　90
笹川裕史　124
佐々木高明　189,217,227,254
佐々波智子　99,122
佐竹義輔　217

佐藤武敏　58,70
佐藤達全　218
塩卓悟　5,7,31,32
篠田統　5,30,31,39,53,65,68,93,129,147
斯波義信　75,91,93
白鳥芳郎　245,259
白水智　35,259
鈴木中正　16,35,251,261
周藤吉之　3,10,30,73,76,86,30,95,221
高谷好一　74
武内房司　16,35
田中静一　31,218
谷川道雄　33
谷口規矩雄　99,121
千葉徳爾　237,255
塚田誠之　16,35
坪井洋文　226,254
長井千秋　96
中尾佐助　189,226,227,254
長瀬守　73,90
中村治兵衛　17,36
中村喬　5,8,31,32,182,221
中村裕一　8,32
中山時子　31
新島繁　160,181
西岡弘晃　73,90
西嶋定生　10,221
西山武一　35,180
布目潮渢　31
則末彰文　36
原宗子　58,59,70,251,261
原田信男　29
藤井宏　183

- 284 -

研究者名索引 ①フ〜ワ　②C〜W

藤田弘夫　121
弁納才一　122
堀田満　217,256,259
堀地明　36
増田昭子　40,66
俣野敏子　183
松浦章　99,122
水野幸吉　102,122
三田村泰助　2,30
宮崎市定　10
宮澤知之　33
村上哲見　93
村上陽子　38,225,226,253,260
森鹿三　2,30
安野省三　16,35,251,261
山田慶児　223
山田賢　16,35,251,261
山本進　16,35,36
米田賢次郎　180
渡部忠世　90

②中国・台湾・韓国

曹隆恭　70
陳光良　38,253
陳虹　226,253,261
陳文華　181
成淑君　34
鄧永飛　131,147
董文田　5,30
段超　147
方行　33
費孝通　37
傅衣凌　13,35
耿占軍　34
高寿仙　34

龔勝生　34,124,148
韓世傑　156,157
郝延平　32
胡建華　31
黄国枢　5,31
黄翔瑜　32
楽文華　32
冷幅林　32
李伯重　12,34,92
李根蟠　34,39,66,91,249,258,261
李令福　34
李慶典　38,226,253
李若虚　263,266
李穎　38,226,253
梁庚堯　73,90
林正秋　31
劉仲廉　125
陸精治　5,30
盧勛　249,258,261
馬雪芹　34,70
孟方平　156,180
繆啓愉　90
彭朝貴　34
彭伝彪　226,253
皮明庥　100
銭仲聯　82,94
尚秉和　5,30
孫安石　99,122
田炯権　147
万国鼎　39,65,181
王仁興　8,32
王社教　34
王双懐　34
王炎　34
王業鍵　5,12,31,34,32

研究者名索引②W〜Z　③

魏嵩山　90
魏秀梅　32
呉道南　114,125
呉濤　31
夏鼎　189,217,226
謝美娥　32
謝淑君　35
徐吉軍　31
徐建青　70
徐海栄　5,31
姚偉鈞　31,32
游修齢　39,66,73,90
張亮采　5,30
張玉欣　31
趙徳馨　226,253
趙栄光　31

趙文林　35
鄭成林　99,122
鄭肇経　90
周達生　30
周清明　38,226,253
朱瑞熙　93

　　　　　③欧米

マーク・エルヴィン　92
フォン・グラーン　260,261
ウイリアム・スキナー　115
H. スチューベル　262
アグネス・スメドレー　36
D. H. パーキンス　11,34
ロッシング・バック　18,19,22,33,36,37
ウイリアム・ロウ　99,121

中林　広一（なかばやし　ひろかず）
1975年生。立教大学大学院文学研究科博士課程後期課程修了。現在立教大学兼任講師。
主な論文
・「中国史上の芋類史料集成稿（一）・（二）」（『上智史学』49号・50号、大澤正昭・大川裕子・村上陽子と共訳）
・「山間集落における水の利用とその特質」（増田昭子編『中山間地の畑作農家における生活文化の変容と現代性』）

中国日常食史の研究

2012（平成24）年10月1日　発行

著　者　中　林　広　一
発行者　石　坂　叡　志
製版印刷　富士リプロ㈱

発行所　汲　古　書　院

〒102-0072 東京都千代田区飯田橋2-5-4
電話03（3265）9764　FAX03（3222）1845

ISBN978-4-7629-2989-2　C3022
Hirokazu NAKABAYASHI ©2012
KYUKO-SHOIN, Co., Ltd. Tokyo.